イェーリングの「転向」

大塚 滋

新基礎法学叢書

成文堂

本書を妻に捧げる

はしがき

　法実証主義者ハンス・ケルゼンを研究していた私が、概念法学研究に赴いた理由は、法実証主義が往々にして概念法学と混同され、どちらも社会を見下した制定法絶対主義であり、それを奉ずる者は悪しき法律家の典型であるかのように誤解されることが多かったからである。法律家が、掃いて捨てるほどいる現代ならまだしも、社会を領導する少数の超エリートだった近代法学の黎明期にそのような人物たちが法学界を席巻するはずはない。もし実際にそうだったならば、彼らの顔を拝んでみたい、という素朴な思いから、私はまず、本拠地ドイツにおいて彼らに対する攻撃を開始した自由法論者たちの告発状の精査を始めた。それが、今から30年以上も前のことだった。その最初の成果が本書第1章として収録した「現代の概念法学」である。そこにおいて、法哲学を研究分野とする者としては普段あまり馴染む機会の少ない判例を題材としたのは、当時、一介の非常勤講師としていくつかの大学で「法学（含む憲法）」という他学部用の教養科目を何年か担当させてもらっていて、いくつもの判決文を読む機会があったからである。

　そして、ちょうどその頃専任教員として大学に奉職することができたのだが、幸運にもその3年目（1987年）の夏から1年間の在外研究のチャンスが与えられることになり、私は迷わずドイツにおける19世紀概念法学、とりわけルドルフ・フォン・イェーリング（1818-1892年）の法学方法論を研究主題にした。しかし、ドイツには何の当てもないので、恩師である故千葉正士先生に留学先大学の推薦をお願いしたところ、しばらくあって、良いお返事をいただいた。それが、驚くべきことに、ギーセン大学であった。それは、先生の親しいご友人であるトーマス・ライザー教授が当時、同大学に在職しておられたので、お願いしてみたところ、千葉の弟子ならばということでご快諾いただいた、ということなのだが、この大学は、奇遇にもイェーリングが長い間在職していた大学であるだけでなく、まさに本書のテーマであ

る「転向」を経験した時期に在職していた大学であったのだ。予想外の巡り合わせに期待が大きく膨らんだ。

　ギーセン大学では、ライザー教授のお計らいでキャンパス内にある小さな木造の研究棟に一室を与えられた。そして、落ち着いた頃、いよいよ研究に着手するべく、まずは図書館に足を運び、まっすぐ目録カードボックスのコーナーに向かった。そして、著者目録の「J」のボックスを引き出し、一枚一枚調べた。しかし Jhering が出てこなかった。動揺したが、念のためと思い、隣の「I」のボックスを調べたところ、Ihering が何枚も出てきてひとまず安心した。そういえば、そう表記している文献を読んだことあったことを思い出したからである。しかし、このギーセン大学だからこそイェーリングの著書群の豊富な原典に出会えるだろうという私の期待は裏切られた。とにかく件数が少ない。そして、何よりもがっかりしたのは、第一の目当てだった『ローマ法の精神』の初版が所蔵されてなかったことである。いわゆる「転向」前に執筆開始されたその初版を読むことで「概念法学」の真実の姿に触れることができると心躍らせていただけに、当惑した。しかし、これは後日談だが、ライザー教授に伺ったところ、ギーセンという町はもともと軍事都市で、第二次大戦中、連合国軍による大規模な爆撃を受け、大学の建物もすべて破壊され多くの図書も失われた、とのことであった。

　私は、この初版を求めて、ギーセンの南に位置するフランクフルトに行き、マックスプランク研究所やフランクフルト大学図書館などで探したがやはりなかった。困って、図書館の司書と思しき女性にたどたどしいドイツ語で、これこれの本を探してここにも来たのだが、見つからない、どうしたらよいか、と尋ねた。すると彼女はにこやかな笑顔でこう言った。もちろんゆっくりしたドイツ語で。ドイツの図書館には Fernleihe（遠隔地貸出とでも訳すのだろうか）というシステムがある。あなたが探している本が西ドイツ国内のどこかにあるなら、このシステムを使えば、わざわざそこに行かなくとも、自分の留学先であるギーセン大学に取り寄せて読むことができる。ただし、1冊1マルク（当時：80円）かかる。今日はとにかく戻って、早速その手続きをしなさい、と。私は言われるとおりにした。

　ギーセン大学に戻り、すぐに Fernleihe の登録手続きを済ませ、所定用紙

にタイプライターで書名等を記入して窓口に提出した。それから1週間ほど待っただろうか。掲示板に、届いたとの告知が貼り出された。早速窓口で4マルク支払って受け取ろうとしたところ、それはできないと言う。カウンターの外には持ち出せない貴重本だからである、とのことであった。コピー機もカウンター内のものを使わねばならず、外のものよりやや高かった（1枚10ペニヒだったと思う）が、全冊コピーをした。確認するとそれらは1か所に所蔵されていたのではなく、マインツの市立図書館のものとマールブルグ図書館のものであった。複数個所に所蔵されている場合は請求元図書館に最も近い図書館から送られてくる、とのことであったから、これらの図書館にも全巻が揃っていたわけではないようである。

その後、同様にして、同書の第2版や、その他研究上必要な書籍でギーセン大学にないものも何件か取り寄せたが、これらは貴重本ではなかったので、大学外の安いコピー屋でコピーし、一定量になったならば合わせて順次船便で日本に送った。帰国後、これらのコピー群に基づいて執筆したのが、本書第5章に収録した「イェーリングからイェーリングへ」である。

そして、留学も終わりに近づき、あと1カ月で帰国という頃だった。イェーリングが若い頃に執筆したとされる何篇かの匿名論文の特定に関する論争があることを知り、是非それらもコピーして帰りたいと思い、慌ててこのFernleiheシステムを使って、問題の諸論文が掲載されている『文芸新聞[Literarische Zeitung]』を取り寄せた。すると、この雑誌はかなり貴重度の高いものであるため、監視付きの特別室でしか読むことはできない、とのことで、図書館内の小さな部屋に通された。そこには一人の監視がこちら向きに座っていて、その彼の前に並べられた机の一つにその雑誌が置かれていた。そこに座りざっと目を通した後、その監視に、これをコピーをしたいと申し入れたところ、その雑誌のコピーは許されていない、と一言。もうすぐ日本に帰国しなければならないので、どうしてもコピーが必要なのだ、と訴えると、マイクロフィルムを撮ることならできるが、とても高価だ、と言うので、値段を訊いてみたところ、記憶があいまいだが、1ショット1マルクか2マルクだったと思う。確かにコピーに比べれば高価だが、この貴重な資料を持たずに帰国することに比べれば、少しも高価には感じなかった。この

マイクロフィルムの産物が第4章の「初期イェーリングの匿名論文について」である。

わずか1年間の在外研究であったが、このように大変実りの多いものであった。機会を与えてくださった関係者の方々に心より感謝している。

ところで、このようなかなり古い、そして私的なエピソードを披露したのは、本書に収録したオリジナルの論文のいくつかの出自を明らかにするとともに、30年以上にわたる私の概念法学研究を支えていた思いを提示して本書の理解の一助にしたかったからである。そして、それとあわせて、素朴な問題意識とそれほど思慮深くない行動というものも、継続していれば、存外力があって、思わぬ鉱脈を掘り当てることもある、ということを語っておきたかったからでもある。

そのような事情から、本書に収録した諸論文は最終章の書き下ろし論文を除いて、皆相当過去のものであり、それら自身の間も最大16年の開きがある。したがって収録にあたって、体裁を最終章に合わせ表記を統一するとともに、最低限の加除修正を施したが、執筆当時の私の見解は、現在のそれとは若干異なっているものを含め、そのままにした。私の思考の歩みとして受け止めてほしい。

最後に、本書のような地味なテーマで、おそらく余り多くの読者を期待できない研究書の出版をご快諾いただいた成文堂の阿部成一社長はもとより、前著に引き続き、原稿離れが悪く朱の多い私の校正刷とも辛抱強くお付き合いいただいた編集部の飯村晃弘氏に、心よりのお礼を申し上げる。

平成28年4月

筆者

目　次

はしがき

第1章　現代の概念法学 …………………………………………（1）
　1　問題の所在 ………………………………………………（1）
　2　構成法学としての判例 …………………………………（5）
　3　自由法論者によるその批判 ……………………………（12）
　4　まとめ ……………………………………………………（18）

第2章　エールリッヒが批判した法律学 ……………………（21）
　はじめに ……………………………………………………（21）
　1　どれが「概念法学」か？ ………………………………（21）
　2　「概念法学」とはどのようなものか？ ………………（26）
　3　「あらゆる法律学の永遠の任務」と自由法学 ………（34）
　おわりに ……………………………………………………（46）

第3章　イェーリングの「転向」をめぐって
　　　　──ドイツにおける研究史概観 ……………………（47）
　はじめに ……………………………………………………（47）
　1　断絶面重視型の解釈 ……………………………………（48）
　2　連続面重視型の解釈 ……………………………………（51）
　おわりに ……………………………………………………（58）

第4章　初期イェーリングの匿名論文について ……………（61）
　はじめに ……………………………………………………（61）
　1　匿名論文発掘小史 ………………………………………（64）
　2　『文芸新聞』紙上の諸論文の概要 ……………………（67）
　3　イェーリングの著者性に関する諸論議 ………………（94）

まとめ .... (112)

第5章　イェーリングからイェーリングへ .... (115)
　　はじめに .... (115)
　　1　「転向」と『ローマ法の精神』 .... (117)
　　2　変貌せざるイェーリング .... (121)
　　2　「構成法学」者イェーリング .... (133)
　　3　変貌せるイェーリング .... (141)
　　まとめ .... (145)

第6章　「我々の任務」（1857年）について .... (149)

第7章　サヴィニー追悼論文（1861年）について .... (157)

第8章　「法学者の概念天国にて――白昼夢」（1884年）について .... (165)

第9章　「今日の法律学に関する親展の書簡」（1884年）について .... (177)

第10章　「目的法学」とは何だったのか .... (191)
　　はじめに .... (191)
　　1.『法における目的』という著作の外貌 .... (192)
　　2.　目的法学前史 .... (199)
　　3.　目的法学の実像 .... (209)
　　おわりに .... (222)

引用文献表 .... (223)
人名索引 .... (231)

【初出一覧】

第1章 「現代の概念法学」ホセ・ヨンパルト、三島淑臣編『法の理論5』成文堂（1985年）所収、89-112頁。

第2章 「エールリッヒが批判した法律学」『人間の尊厳と現代法理論』（ホセ・ヨンパルト教授古稀祝賀）成文堂（2000年）所収、539-566頁。

第3章 「イエーリングの転向をめぐって――ドイツにおける研究史概観」法律時報 第61巻第8号（1989年）65-70頁。

第4章 「初期イエーリングの匿名論文――ドイツ概念法学研究（1）――」東海法学 第4号（1989年）69-134頁。

第5章 「イェーリングからイェーリングへ――ドイツ概念法学研究（2）――」東海法学 第11号（1993年）127-170頁。

第6章 「訳者あとがき（R.イェーリング著 大塚滋訳「我々の任務」）」東海法学 第5号（1990年）194-203頁。

第7章 「訳者解説（ルドルフ・フォン・イェーリング著 大塚滋・高須則行共訳「フリードリッヒ・カール・フォン・サヴィニー」）」東海法学 第10号（1993年）89-98頁。

第8章 「訳者解説（ルドルフ・フォン・イェーリング著 大塚滋・高須則行共訳「再び現世にて――事態はどのように改善されるべきか？」）」東海法学 第19号（1998年）154-165頁。

第9章 「訳者解説（ルドルフ・フォン・イェーリング著 大塚滋・高須則行共訳「今日の法律学に関する親展の書簡――差出人氏名不詳」）」東海法学 第21号（2001年）59-74頁。

第10章 書き下ろし

第1章　現代の概念法学

1　問題の所在

　「『何某は概念法学者だね』などというときには、その人は時代おくれの頭脳のもちぬしであり、社会の現状や進展にたいする感覚も感受性も皆無の人であり、成文法の条文のあることだけを知って生きて動いている社会の進展にソッポをむいているコチコチの石頭の人だという意味のことが非常に多い。」「私も概念法学を阿呆の標本みたいに考え、それを著書論文に悪く書いたことがある。ところが私は最近、『民法総則講義』を書いたとき、この考えが動揺してきた。」（山中康雄 1956：3）

　山中康雄のこの反省的述懐の中にありありと描かれた否定的概念法学像は決して過去のものにはなっていないであろう。今なお、多くの法学者、実務家の間で根強く通用力を保持し続けているのではないか。続々と公刊される『入門書』『概説書』の中で簡単に説明される「概念法学」や、多くの『教科書』に、形容詞形で時折顔を出すそれは、たいていの場合、山中の描いたものとほぼ同じ特徴を具えていると言ってよい[1]。我々法学徒は、多かれ少な

---

1) 「裁判官の法創造的活動を厳禁する」「自動包摂機械的裁判観」（田中成明 1971：73）、「機械的裁判観」「法ないし法学を民衆の生活から遊離させる」「社会の実情を無視した、『世間知らず（weltfremd）』な解釈論」（団藤重光 1973：243, 258, 271）、「解釈的結論が本来は社会現象についての実践的決断であることを、極度に軽視あるいは無視」（川島武宜 1975：124）、「判決によってどのような社会的結果が生じるかは関心事ではない」「自分の意思活動をぬきにして、もっぱら機械的に……論理操作をするだけ」（矢崎光圀 1975：310）、「社会の実情を顧慮しない」（五十嵐清一 1979：197）等々、例は枚挙の暇もないほどある。

かれ、このような概念法学像の配合された人工栄養で成長してきたのである。

しかしその一方で、このような概念法学像を少なくとも概念法学の外面しか見ない俗説として斥ける論者たちもいたのである。例えば、来栖三郎（来栖1954：20）、山田晟（山田1956：172-173）、石井柴郎（石井1971：23）、碧海純一（碧海1973：208-209）、最近では村上淳一（村上1983：231）等が挙げられる。またそれ以外でも、磯村哲の業績（磯村1975）、村上の以前の業績（村上1964、同1976）、笹倉秀夫の業績（笹倉1979）等を一瞥するだけでも、俗説とは異なる相貌を持つ概念法学に出会うことができる。これらの論者が明らかにした概念法学の実態とは、エルンスト・フックスが定義する「構成法学（Konstruktive Jurisprudenz）」すなわち「パンデクテン法学的隠花社会学的司法スコラ学（pandektologische u. kryptosoziologische Justizscholatik）」(Fuchs 1909：256)、換言すれば、「『概念操作』のファサード」の下で「目的論的操作」を「内々ひそかに」行なう「Kryptopolitik」（碧海1973：209）なのである。したがって彼らによれば、通常概念法学の特徴とされている、制定法規からの演繹的三段論法を盲目的に用いる解釈方法は、それ以前にすでに為されている利益衡量などを外から包装しているものに他ならないのであって、概念法学はその根底においては、決して山中の述懐にあるように「社会の現状や進展にたいする感覚も感受性も皆無」だったわけではないことになる。もちろん、その利益衡量が適切か否かは別問題である。

ところが、奇妙なことに、この後者の概念法学像が先の通念的なそれとの間で緊張を惹起したことはないようである。両者は相容れないはずだが、一見無関係に両立している。あたかも名称を共有している全く別の方法論が併存しているのだが、どちらもそのことを知らずにいるかのごとくである。たしかに、「概念法学」という蔑称を造語したルドルフ・フォン・イェーリングがその名を冠したのは主に前者だったとされ（Cf. Hart 1983：265-266）、後に見る自由法論者が批判したのは確実に後者であったのだが、通俗的概念法学像がその違いを踏まえているとは断じにくい。そうではなくて、克服されたのはゲオルク・プフタ、ベルンハルト・ヴィントシャイト、前期イェーリング等の概念法学、克服したのはユリウス・キルヒマン、後期イェーリング、フィリップ・ヘック、フックス、オイゲン・エールリッヒ、ヘルマン・

カントロヴィッチ等の目的法学、利益法学、自由法学、という単純な図式を作り、その中で自己を後者の側に置き、前者を、そもそも内在する可能性のない他者つまり前期イェーリング的意味の概念法学として一括して理解していたとするのは邪推であろうか。概念法学はいわば先験的に否定性を担わされていたのであって、ほとんどの者がそのような法学の実在性を疑ってもみなかったのではないか。他でもない、わが国でも大きな影響力を持っているエールリッヒが、つとに、概念法学の論理の外面と中身を見間違わないようにと警告している（Cf. Ehrlich 1966：314）にもかかわらず、そのことがほとんど看過されているのもその現われであろう。

では、二つの概念法学像が同時に流通するというこの不都合な事態は解消されうるだろうか。山中は、「概念法学を痛烈に批判された末弘厳太郎先生の講義を拝聴して以来、批判する人ばかりから、概念法学はこんな馬鹿なことをいっているといういいかたをもって聞くのみであって、」弁護側の説明を聞いたことがない（山中1956：4）、と証言しているが、その後の我々も同様の情報の偏りの中にいたと言ってよい。かくして我々は、被告人の十分な反対尋問を経ない一方的な伝聞証拠にのみ基づいて概念法学のイメージを形成してしまったのではないか。一旦形成された心証は頑固な先入観となり、そう易々とは崩しえない。概念法学のステロタイプの生命力はまさにこの点にあるのかもしれない。だがそれだけのことなら、正確な資料に基づいて一層根気強く通念を反証し続けることで、いずれはこの事態も解消されうる、との楽観も許されるだろう。

また、磯村（磯村1975：19-23）や村上（村上1976：151）が示唆しているように、ステロタイプ化された概念法学像は、たとえ19世紀のドイツ法学には該当しないとしても、明治の「法体制確立期」の日本法学界を支配した特殊日本的概念法学＝磯村のいわゆる絶対主義官僚学派には該当するのかもしれない。しかし、そうだとしてもやはり楽観は可能である。概念法学の「特殊－日本的な変質」（磯村1975：19）の態様や原因が分析されることにより、ドイツの概念法学が浮き彫りにされ、そのかぎりで通念は修正を迫られるからである。

つまり、いずれの場合も、現在は過渡期とされ、研究の進展につれ事態は

解決の方向へ向くと期待されるわけである。しかし筆者はそのような楽観的予測をすることに躊躇を覚えざるをえない。何故なら、通念と対立する構成法学としての概念法学の論理は、その通念をもって概念法学を片付けたと思いなしている人々がそれぞれの領域での法的カズイスティックの際に当然のごとくに用いている論理と二辺狭角を同じくしていると思われるからである。この判断が見当違いでなければ、現在の不都合な事態はそう簡単に解消されないと言わざるをえない。通念の側から現状を固定化せんとする目に見えない力が働いているからである。

　克明なテクスト・クリティークによって概念法学の実像が示され、通念が虚像だと指摘されたのなら、改めればすむであろう。だがその実像が、概念法学批判の上に成立しているはずの自己の姿と似ていたとしたら、どうであろうか。ことは知識の真偽のレヴェルにとどまらず、自己の法学史的アイデンティティに関わってくるのではないか。たしかに、先に利益衡量があってその結果を法的に正統化するために、確立した法規からの演繹という体裁をとろうとする態度は、ドイツ普通法法律学の構成（Konstruktion）に限らず、ローマや英国の裁判における擬制、バルトルス・デ・サクソフェルラートに代表される中世イタリア註解学派の実用主義的註釈・助言、ジェローム・フランクが喝破したようなアメリカの裁判の実際等にも見られ、わが国のように制定法への拘束が憲法上明記されている司法制度の下では、ある意味で必然的だとも言える。だがその必然的な態度が、実は批判してきた概念法学の真実の態度と共通である、との認識は、従来の概念法学評価の撤回はもちろん、そのコロラリーとして準拠枠喪失の下での自己の方法的基礎の見直しをも要求してくるはずである。その困難さの予感こそが現状固定化方向の強いベクトルの内実ではないかと筆者は推測する。

　本章の意図は、以上の観点から、わが国の二つの判例を題材として、その中に今なお構成法学としての概念法学の論理が生き続けていることを証明することにある。この論理は裁判官だけでなく多くの法学者の思考の基底にあると思われるが、本稿のごとき企てなくして、現在の不都合な事態の包蔵する危険な問題性が注目される可能性は少なく、したがってこの事態の打開は一層困難になってしまうだろう。自己の構成法学性の承認は今や、法解釈方

法論発展の重要な前提であると考える。

2 構成法学としての判例

　ここで取り上げる二つの判例とは、昭和51年4月14日の最高裁大法廷判決、いわゆる「衆議院議員定数配分規定違憲判決」と、昭和59年5月18日の東京地裁判決、いわゆる「予防接種禍補償判決」である。どちらも、新聞報道されたために筆者の目に止った判例の中で、とりわけ、概念法学の真骨頂たる「構成」という技術を際立たせているものである。

　1　まず最高裁の判決から見てゆこう。この判決は、周知のごとく、昭和47年に実施された衆議院議員の総選挙の際の千葉県第1区の選挙に関し、選挙人が、当時（昭和50年改正前）の公職選挙法（以下、公選法と略称する）別表第一等の議員定数配分規定は憲法第14条に違反し無効である、との理由から、公選法第204条に基づいて起した選挙無効の訴えに対し、この訴訟の合法性を認めた上で、違憲性の主張を容れ、当該選挙の違憲性を宣言しながらも、無効の請求を棄却し、当該選挙の有効性を承認したものである。当時この判決は、都市圏のいわゆる「軽い一票」に救済の途を開いた画期的な判断と評価される一方、いくつかの問題点も指摘された。その中で筆者が注目したいのは、本訴訟のごとく定数配分規定そのものの違憲性を理由にした無効請求を、選挙が「選挙の規定に違反」（公選法第205条第1項）して行なわれた場合の救済手段たる公選法第204条の選挙無効訴訟として認容した点、および、公選法上明文（第219条第1項）をもって準用を排除されている行政事件訴訟法（以下、行訴法と略称する）第31条のいわゆる「事情判決の法理」を援用した点、である。

　それでは第1点から検討を始めるが、この点につき判決（多数意見）自体は決して正面から展開をしているわけではない。実は、（　）を付した箇所で次のように弁解しているだけである[2]。すなわち、公選法第204条の訴訟

　2）それは、芦部信喜（芦部1976：36-37）も言うように、この問題がこの判決の（政治的）意義にとっては「副次的な意味しかもたない」からかもしれないが、やはり「論理的に先決問題」であって、（　）の中で述べるような事柄ではあるまい。

は「同法自体を改正しなければ適法に選挙を行うことができないような場合を予期するものではなく、したがって、右訴訟において議員定数配分規定そのものの違憲を理由として選挙の効力を争うことはできないのではないか、との疑いがないわけではない。しかし、右の訴訟は、現行法上選挙人が選挙の適否を争うことのできる唯一の訴訟であり、これを措いては他に訴訟法上公選法の違憲を主張してその是正を求める機会はないのである。およそ国民の基本的権利を侵害する国家行為に対しては、できるだけその是正、救済の途が開かれるべきであるという憲法上の要請に照して考えるときは」、第204条の規定が、「同法の議員定数配分規定が選挙権の平等に違反することを選挙無効の原因として主張することを殊更に排除する趣旨であるとすることは、決して当を得た解釈ということはできない」、と（判例時報－以下、判時と略称する－808号：30）。

要するに、本件訴訟は本来第204条ではできないが、それを認めないと他に「選挙の適否を争う」手段がなくなるので、認めることにした、というわけである。憲法上明示的でない「憲法上の要請」なるものは、この実質的、政策的考慮を正統化するために持ち出されているにすぎない。確かに公選法第204、205条は定数是正訴訟を「殊更に排除する趣旨」ではないと言えるが、それは、そのような訴訟を「予期」していないからである。判決も認めていることだが、第204条訴訟の結果、当該選挙が無効となった場合は、同法第109条第4号により、同法の下での適法な「再選挙」がなされることになっており、公選法そのものに差押の札が張られることなど予想だにしていない。当該選挙が無効だとしても、また無効な再選挙をするしかない定数是正訴訟を第204条訴訟とする方が「殊更」な解釈なのである。自然に解釈すれば、天野意見にもあるように、「不適法の訴えとして却下されるほかない」（判時808：38）のである。だが、門前払いをしてしまうと、多数意見の判事を含む大多数の国民が違憲不平等と感じている投票価値の格差につき債務名義を与えられず、それを放置することになる。それを避けるために、細かいことに目をつぶったのである。全くの政治的決断であって法的判断ではないにもかかわらず、あたかもそれが公選法の解釈であるかのように繕われている。これが概念法学の「構成」である。

ところで判決の政治的決断は、債務名義を発することによって、違憲状態の上に居眠りをしている国会を覚醒させ、公選法改正に向けて重い腰を上げさせるためにすぎず、第204条訴訟の帰結たる「選挙無効判決」を下すことなど問題外だったに違いない。その判決は、訴訟外の選挙区の選挙、ましてや選挙全体とは関係がない。ところが本件の場合、定数配分規定そのものの違憲性が問題となっているのであるから、訴訟の実質は選挙全体に関わっている。それ故、違憲性を認定したとしても、その認定と、訴訟となった特定の選挙区の選挙だけを無効にするとの結論とは必ずしも整合的ではない。しかもその選挙区は不平等な定数配分で割を食っている選挙区である。定数を増やし補充選挙をさせるならまだしも、無効にするのはいかにも不自然である。とはいえ、不当利得を得ている他の選挙区の選挙、ひいては選挙全体を無効にすることは、たとえそれが違憲判断にとって最も相応しい結論であっても、第204条訴訟の枠内では不可能である。そうだからこそ、多数意見は無効判決を下さないですむ方便を案出せねばならなかったのではなかろうか[3]。その方便が、第2の問題点である「事情判決の法理」の援用であり、それによって、「違憲だが有効」という所期の目的を達することができたのである。この方式が最近の多くの定数是正訴訟における高裁判決に大きな影響を及ぼしていることは、改めて指摘するまでもない。

「事情判決」とは、行訴法第31条が行政処分又は裁決の取消訴訟に関し、取消判決が「公の利益に著しい障害を生じる場合」に認めている特殊な請求棄却判決である。しかし同条には、「この場合には、当該判決の主文において、処分又は裁決が違法であることを宣言しなければならない」とあって、本件判決の主文もその規定どおりに書かれている。しかし、本件訴訟を第204条訴訟と認めた以上、第219条があるから、この規定は使えないはずである。ところが今述べたように、多数意見の論理からすれば、第219条を適用するのでは、第204条訴訟として認めた甲斐がないのである。債務名義を発することだけが目的だからである。もちろん、岸意見（判時808：35-36）

---

[3] 多数意見自身は無効判決に伴う「異常な状態」を心配している（判時808：31）が、岡原等の反対意見（同前：34）にもあるように、それが杞憂であることは明白であり、無効判決を下さない真の理由とは考えにくい。

が提案したように、本件訴訟が配分規定そのものを対象とする抗告訴訟として提起されていれば、判決のごとき危うい論法を用いなくてすんだかもしれないが、多数意見は、そうした容器の完全性よりも、国会への早急なインパクトという中身を選んだのである。

しかしながら、明文による準用排除は、いかに多数意見といえども無視し去ることはできなかった。そこで採られた方法が、行訴法第 31 条の一般原則化と、拡張解釈された公選法第 204 条に対する同法第 219 条の妥当領域の限定であり、それによって「事情判決の法理」は高い塀を乗り越えることができたのである。多数意見いわく、行訴法第 31 条には、取消訴訟に限られない「一般的な法の基本原則に基づくものとして理解すべき要素も含まれていると考えられる。」公選法第 219 条は、「選挙が同法の規定に違反する場合に関する限り」拘束力を有する「立法府の判断」であり、本件のような場合には、その判断は「必ずしも拘束力を有するものとすべきではなく、」先の「基本原則の適用により、選挙を無効とすることによる不当な結果を回避する裁判をする余地もありうるものと解するのが、相当である。」と（判時 808：31）。本来その中に入らないものを無理に押し込んでおいて、今度は中身に容器がそぐわないとして、その容器を破壊し、その上で、汎用性を付与された「事情判決」によってその中身を持ち去ったわけである。これと同様の論法は次の一節にも現われている。「もとより、明文の規定がないのに安易にこのような法理を適用することは許されず……」（同前）。正しくは、明文の規定がないのに、ではなく、適用を排除する明文の規定があるのに、でなければならない。

たしかに、門前払いをせず、かつドラスティックな変動を起さないで、違憲状態を穏便に解消させる方策として、この法理の援用は「苦心の産物」（佐藤功 1976：14）であり、「一つの卓見」（芦部 1976：51）と評価されるべきであろう。しかしやはり、それを「およそ忠実な法解釈であるとすることはできない」（天野意見－判時 808：39）。それどころか、はっきり逸脱していると言わねばなるまい。この逸脱は、最高裁による違憲性の宣明の政治的効果をねらった政策判断を、公選法、行訴法の関係条文によって根拠づけようとしたがために惹き起されているのである。多数意見は、本件のごとき訴えに

対しても、「現行の実定法下で打開の方途を見出すべきであるとする命題を定立してこれに固執し」(天野意見 - 判時 808：39)たわけだが、制定法主義の制度の下では当然に見えるこの態度こそが、「構成」を事とした概念法学の態度なのである。概念法学は、妥当と考えた結論を正統化するべく概念を操作した。右の法理の援用は、「この異例の訴訟を妥当な形で解決するために新しく創造した理論構成」(芦部 1976：51)なのである。

2 次に検討する「予防接種禍補償判決」も構成法学の典型的実例である。本件の原告は、昭和 51 年改正前の予防接種法により国が実施した予防接種や国の行政指導に基づいた地方公共団体の勧奨によるそれを受けた結果、その副作用により、死亡する、ないしは重篤な後遺障害を持つに至った者とその両親等であり、被告国に対し、民事上の損害賠償、国家賠償、ないしは、憲法第 29 条第 3 項に基づく損失補償を求めた。この訴えに対し東京地裁は、次のような、原告の主張を大筋認める判決を下した。すなわち、被害が予防接種の結果であることは認められるが、一部を除き他のすべての被害児については、国の故意・過失は認定できない。したがって、国には損害賠償、国家賠償の責任は生じない。しかし、その被害は公衆衛生の向上という公益目的の実現のために強いられた「特別の犠牲」と言えるから、憲法第 13、14、25 条の精神に照らし、憲法第 29 条第 3 項を「類推適用」することにより、国には正当な損失補償を行なう責任が生じる、と。

この判決の場合も、「画期的」(西埜章 1984：35)と評価される一方で、やはり、いくつかの疑問点が挙げられたが、中でも最も重要なものは、言うまでもなく憲法第 29 条第 3 項の「類推適用」論であろう。第 29 条第 3 項が、個人の私有財産権を社会全体の利益のために制限する際の基準を示したものであることは自明である。これをどう解釈したところで、そこから本件のごとき生命・身体の侵害の場合の基準を捻出することはできない。たしかに、近年、「私有財産」に営業利益等を含ませ、「用いる」という概念に収用に至らない制限行為まで含ませるようになっているようだが、その拡大化の延長線上に生命、身体が位置しているわけではない。そもそも、私有財産を「用いる」のは意図的侵害だが、予防接種禍は非意図的侵害であって、このケースに「公共のために用いる」という概念を類推適用することは、いかにも無

理があると言わねばならない。

　だが判決は、その無理を承知で原告の主張を是認した。その背景には次のような判断があったに違いない。予防接種禍は極く稀であるが不可避的に生じる。しかし、伝染病からの「社会防衛」のためには予防接種の強制的実施もやむをえない。故に、政策的には、国に故意・過失を認定することはできない。すると、しかし、現行法制度の下では被害者は不十分な補償で泣き寝入りせねばならないのか。否、「そのような事態を等閑視することは到底許され」ない（判例タイムズ－以下、判タと略称する－527号：309）。本件の被害者には「過失ともいうべきものが全くなく」（同前：310）、「被害者が加害者の立場に立つことはあり得ない」（同前：311）。つまり、彼らは社会全体のための犠牲に供されたと言うべきで、最大限の補償をすることが、その犠牲の上に利益を享受している我々の使命である、という判断である。もとよりこのような判断自体に問題のあろうはずがない。しかし、そのことと、その判断を憲法第29条第3項が担えるかどうか、は別問題である。判決は強引にこの妥当な判断を、その任ではない第29条に担わせた。このこじつけこそ概念法学の特徴なのである。

　判決はまず、私有財産の公的収用と予防接種の類似性を強調する。公益目的実現のための「強制」的行為であること、被侵害者が国民全体の「特別の犠牲」と理解されること、がそれである。だがこれだけではまだ「類推適用」の理由にはならない。「私有財産」と「生命・身体」を何らかの形で結びつけねばならない。そこで動員されるのが憲法第13条後段、第25条第1項、第14条第1項の「精神」である。それに照らせば、犠牲者の損失はその個人に帰してはならず、公共を代表する国が負担すべきことになり、かくして、「財産上特別の犠牲が課せられた場合と生命、身体に対し特別の犠牲が課せられた場合とで、後者の方を不利に扱うことが許されるとする合理的理由は全くない」と結論される（以上、判タ527：308-309）。

　これはいわゆる「もちろん解釈」である。財産権でさえ正当な補償なくして収用されえないのだから、ましていわんや生命・身体をや、というわけである。だが、両者を「単に量的に比較することはできず、その間には質的な次元における相違が存するのであり、」前者に関する救済補償の法理を単純

に後者に類推すべきでない（被告抗弁－判タ 527：248）。ところで、正確に言えば、判決は類推しているのではない。判決自身がそう表現しているので筆者もそれに倣っているが、判決は、生命・身体と私有財産との間に類似性を見い出したのではなく、要保護性の点で両者をランクづけし、下位を保護する法規を上位にも適用せんとしたのである。これは憲法第 29 条第 3 項の解釈から導出される必然的結論ではなく、被害の深刻さ、それを放置しえないという法感情によって押し出された結論である。判決は、本件被害を国民全体の負担で償うものとするかどうかは「一つの政策の問題」だとしている（判タ 527：309）が、第 29 条第 3 項はその政策の好便な包装紙にすぎないのである。しかし、損失補償という形の紙は損害賠償という政策を包みきれない。はみ出す部分が必ずある。それが、補償額の中に含められた慰謝料である（塩野宏 1984：31 参照）。

　この判決には、以上に関連して、もう一つの問題点がある。予防接種法は昭和 51 年（本件集団訴訟の大半が提訴された後）に改正され、障害児養育年金等の支給を内容とした救済制度が設けられた。本件の原告の中にもこの制度の適用を受けている者がいる。判決は直接憲法第 29 条第 3 項を根拠にした原告の補償請求を認めたが、この制度ができた以上、それの頭越しに判決が下せるのだろうか。判決いわく、「右法制化された救済制度が、内容の面から見ても、額の面から見ても、現在のわが国におけるこの種被害に対する救済としては客観的妥当性を有すると認めるに足る証拠はな」く、「憲法二九条三項の類推適用により……損失の正当な補償を請求できると解する以上」この「救済制度による補償額が正当な補償額に達しない限り、その差額についてなお補償請求をなしうるのは当然のことであると解される。」と（判タ 527：310）。すでに大半の訴訟が提起された後の制度創設であるためにこのような論法になるのかもしれないが、立法機関が創設した法制度を、憲法違反の故にではなく、内容的に「客観的妥当性」なしとしてその効力を否定し、それとは別に補償額を決定する権限が裁判所にあるとするなら、その制度の意義ひいては立法機関の意義はどこにありうるのだろうか。憲法違反だと言うならばまだ諒解できる。しかし裁判所は、この救済制度と憲法第 29 条第 3 項とは、そもそも合憲・違憲が問題とならない間柄である、とい

うことを自覚していた。「類推適用」論がその証左である。とすれば、第29条第3項を根拠に救済制度の妥当性も否認できないのではないか。先の最高裁の判決にも見られた逆転した論理がここにもある。政策あるいは利益衡量を正統化するための辻褄合わせは、どうしても綻びを隠せないのである。

3 自由法論者によるその批判

こうして二つの判例の問題点を検討し、その論理のどこが概念法学的なのかを折々に指摘してきたが、そのような指摘は余りにも唐突で、俄に承服してもらえないかもしれない。そこで本節では、それを証明することにする。とはいえ本稿は、わが国の判例の指紋と19世紀ドイツの概念法学の指紋を照合する、という直接的方法は採らず、かつて通念側の証人だった者をこちら側の証人として再尋問する、という間接的方法を採る。どちらのデータもまだ十分に把握されていないからでもあるが、積極的理由もある。本稿の期するところは、すでに批判ずみであったはずの概念法学が実はその批判者の後継者の中で生き続けていた、ということを挙証する点にある。したがって考察の中心は、概念法学そのものというより、その批判に置かれる。現代の批判者がよく引き合いに出す自由法論者が、実は、どのような法学の在り方を概念法学として批判していたのか、ということを再確認し、それと上述の判例を比較することは、それ故、不可欠の手続と言えるのである。筆者がここで再尋問する証人は、田村五郎が「概念法学への挑戦」者とした（田村1958）3名、キルヒマン、グスターフ・ラートブルフ、カントロヴィッチ、およびエールリッヒの計4名である。証明すべき事実は、上述の判例が彼らの批判した概念法学と同じ方法を用いていること、である。

最初は、概念法学批判の口火を切ったキルヒマンの証言に耳を傾けることにしよう。ここは、彼が『法律学の、科学としての無価値性』と題した講演（Kirchmann 1847）で、何を批判したか、だけを確認する場だから、その批判を通じて彼が訴えたメイン・テーマ、すなわち、民衆の法生活を法律学と実定法から解放し、司法を民衆の手に返却し、「民衆の中で生き、あらゆる個人によってその範囲において現実化されている」「自然的法」を純粋に歪

第 1 章　現代の概念法学　13

曲せずに実現させよう、との主張（Kirchmann 1847：8, 28、田村 1958：10, 42-43）には立ち入らない。後の証人の場合も同様である。

キルヒマンは述べる。

> ドイツの法曹は、準訴権等々の制度を考案したローマ法曹以上に、「現在の教養を死せる構造の手馴れたカテゴリーの中に押し込む支配的な傾向」を持っている（Kirchmann 1847.：13, 田村 1958：18）。この死せる構造とは実定法のことであり、その実定法の「侍女」になりさがった法学の「十中九以上は実定法の欠缺、二義性、矛盾に、つまり、その真でないもの、古臭くなったもの、恣意的なものにのみ関わりあっている。」つまり「法曹は、実定法のせいで、腐った木材だけを食って生きている寄生虫になってしまった。」だから、「立法者の言葉が3つ訂正されれば、全蔵書は紙屑になるのである。」(ibid.：18-19, 同前：27-28)

この有名な一節の後、キルヒマンは「寄生虫」の例を数多く挙げているが、その中から一つだけ紹介しよう。それは王室枢密上級裁判所の判例で、妻の消費貸借に対する夫の「同意」は、50 ターレルを超える場合でも必ずしも文書による必要はない、とするものである。

> プロイセン一般ラント法は、50 ターレルを超える場合には、一方的な「意思表示」であっても書面によるべし、とあり、夫婦財産法にも例外は設けられていない。にも拘らず判決は、「衡平すなわち自然的法が反対の決定を要求する」と考え、「そこから自然的法を密輸入し通用させうるような実定法の抜け穴を発見するべく、ありとあらゆる明敏さ」を動員し、その結果、「同意は意思表示とは看做されない、という少々思いきったやり方」でその抜け穴を発見したのである（ibid.：20-21, 同前：31）。

わが最高裁や東京地裁もこの種の「少々思いきったやり方」をしているのではないか。両者の解釈において「消費された学識や解釈技術は…実定法がその抽象的な規定によってこの〔自然的〕法に加えている暴力をとり除くことに向けられて」おり (ibid.：21, 同前：32,〔　〕内－引用者：以下同じ。)、両者は「ただ実定法と自然的法との調停・仲介」という活動しかしていない

(Kirchmann 1847：22，同前) のではないか。「実定法は、すべての客を3つの型寸法だけで賄う我儘な洋服屋と同じである。その科学〔＝法律学〕は人のいいそのおかみさんで、彼女はドレスのきつくて不恰好なところを見つけるが、ご主人に対する尊敬の念は、彼女をして、こっそりとあちこちの縫い目を少しばかりほどいて、まちを入れることしかさせない。」(ibid.：23，田村 1958：34) キルヒマンのこの皮肉に満ちた比喩は、そのままわが判例の場合にあてはまるように思えてならない。彼によれば、実定法にこだわらず、「事物の本性から出てくる判決」(ibid.：21，同前：32) を下せばよいのだが、制定法に拘束されているわが裁判官にはそれは許されない。自然、「詭弁と非実際的な思案の邪道に陥いるばかりで、果てしのない屁理屈が出現し、あらゆる種類の瘤で法律学の文献は大いに満ちあふれ」(ibid.：25，同前：37) ることになる。

次に証言台に上がるラートブルがその論文「法創造としての法学」(Radbruch 1906) において描き出した支配的法律学方法論も、わが判例との共通点を有している。彼の主張はこうである。

> 裁判官に課せられる「裁判拒絶の禁」とモンテスキュー的「権力分立論」とは、「制定法の不完全性」を前にして両立不可能なのだが、それらを「法秩序の完全性」の想定というスコラ哲学によって調停せんとする試みによって「司法の不信」が呼び起されている。だが「法と民衆の調停」こそが課題なのであり、それは「裁判官の法創造を正直に告白すること」によってのみ果たされる (ibid.：364，366，370，田村前掲：67，70，75)。つまり、「司法の不信」が生じたのは、裁判官が法創造をしなかったからではなく、それを禁ずる権力分立論を認めながら、なおかつ秘かに法創造を行なう、という怪しげな技巧を弄したからなのである。「裁判と法学は、権力分立論にも拘らず常に法創造的であり続けたし、常にそうあり続けるだろう。そして、今日の法曹が過去のそれから、また願わくば未来のそれからも区別されるのは、ただ後二者が公然と認容することを、前者が秘密にしている、という点でしかない。」(ibid.：364，同前：67)

法が不完全であったからこそ、わが最高裁は「裁判拒絶の禁」を守り、定

数是正訴訟を合法と認め、「法創造の禁」を破った。それも、「法律を解釈するという外観を醸し出」（Radbruch 1906：364, 田村前掲：67）しながら。現行救済制度を不十分として斥け、本来関係のない憲法第29条から補償請求権を引き出した東京地裁もこの外観をとり繕い、図らずも「法秩序の完全性」のドグマの上に立ち、隠で両禁止を調停した。決して自己の「法創造を正直に告白」してはいない。未来の法曹は法創造を「公然と認容する」だろう、との彼の希望的観測は、わが国では外れたようである。

さて、ラートブルフに続くのは、グナエウス・フラヴィウスというペンネームで『法学のための闘争』という小冊子（Flavius 1906）を著したカントロヴィッチである。この著作が「法学の解放闘争」、「スコラ学の最後の要塞への突撃」（Flavius 1906：6, 田村 1958：81）を企てたもので、自由宗教運動に倣って名づけられた自由法運動の綱領的文書であることはよく知られている。そこで彼が提起している法学は、「国家権力から独立に妥当することを要求する」「自由法（freies Recht）」に基づいて、自由かつ創造的に「法生活の需要に味方する法学」、すなわち「法源としての法学」である（ibid.：10, 19-20, 同前：86, 97）。それ故彼は次のように述べる。

裁判官には自由な法創造が要請されるが、それは、裁判官に、彼自身がこれまで既に――不可避的に――為してきた以上のものを与えることを意味しない」（ibid.：42, 同前：123）。**概念法学はただそれに迷彩を施しているだけである。「意思こそが本当の役者であって、論理的推論は中身のない見せかけである。その推論が仕えているのは、真理ではなく利益である。」**（ibid.：37, 同前：118）**従って、概念法学の方法である「法律学的構成」は、「それが持つ諸帰結の帰結」なのであって**（ibid.：22, 同前：100）、**概念法学は、「個人的生命に目覚めた法曹の意見ならば独自に発見してかまわないだろうような規制を法律から恐喝する［erpressen］ために、擬制や解釈や構成で法律を責め立て」たのである**（ibid.：49, 同前：132）。

わが最高裁、東京地裁の判決においても、「本当の役者」は国会へのインパクト、被害者への手厚い損害賠償であって、そのために用いられた様々な

論理は皆、「中身のない見せかけ」と言えないだろうか。公選法や行訴法も憲法も、カントロヴィッチの意味で「恐喝」された、と言ったら言いすぎになるであろうか。彼に言わせれば、どちらの判決も「正しい目標」を持ち「正しい実践」を行なっているのだが、「真直な通りを通」らず、その実践と「全く矛盾する、本末転倒の理論」を持ち出し、「曲がりくねっていて面倒で、危険で不正直な裏道を通」っている (Cf. Flavius 1906：42，同前：124 参照)。「事情判決の法理」の援用、憲法第29条の「類推適用」、それはちょうど「法規の奇術師」 (ibid.：46，田村同前：129) のごとき観を呈している。カントロヴィッチは、自由宗教運動では「宗教改革の精神が美事に成就しているのに、自らの改革を眠って忘れてしまった法律にとっては、まだ為すべきことの大部分が残されたままである」 (ibid.：38，同前：119) と述べているが、まさにそのとおりである。

それでは、最後の証人エールリッヒに出頭願おう。彼の証言は、単に概念法学の何たるかを提示するにとどまらず、通俗的な理解に対する戒しめをも含んでいる点で欠かすことができない。彼の著書に『法律学的論理』 (Ehrlich 1918) という、主に19世紀ドイツの概念法学の論理＝「法律学的論理」の歴史的系譜の検証とその批判にあてられた一書がある。そこにおいて彼は次のように述べていた。

　　法律学的論理はそもそも論理ではなく、「法規から、そこに明白に存在している以上のものを引き出そうとする技術」すなわち「こじつけ［Trugschluß］」、「離れ技［Kunststück］」である (Ehrlich 1966：299, 314)。それは、「法規への非常な渇望」 (ibid.：50) からローマ法書を「法規の無尽蔵の宝庫」 (ibid.：52) と見立てたドイツ普通法法律学特有の発想に由来するのであって、その演繹論理を「額面どおりに判断しようとすると、少なくとも普通法法律学を誤解することになろう」 (ibid.：314)。そこにおいても「司法の変化する需要に法規を適合させようとする」力が働いていたのであり (ibid.：73)、「構成は法適用でなく法発見であり、それから生じる法曹法は法解釈にではなく法創造に基づいている」 (ibid.：162)。

以前彼は、判決の三段論法を「スコラ的思考慣行」の下で、「自由な法発

見を完全に排除するため」に擬制や構成を用いる法学的技術（Ehrlich 1903：174-176)、すなわち、「重箱の隅をほじくる機械や水圧プレスの力を借りて、法律から、そこに含まれていない裁決をひねり出す（ibid.：196）試み、ともっぱら否定的に見ていた。しかし本書では、「既存の法手段に適合しつつ、なおかつ正当な利益衡量に達する構成をやりとげる、という点にこそ普通法法曹の偉大な技巧がある」（Ehrlich 1966：72）として、積極的な評価をも与えている[4]。その彼によれば、法律学的構成とは「actioを新しい利害関係のために、つまり、その法手段を新しい裁決のために、整える普通法上の技巧的なやり方」（Ehrlich 1966：66）に他ならず、「ローマ法書という途方もない思想の宝庫を掘り出し、それを社会のその時々の需要に役立てるための手段」にすぎなかったのである（ibid.：314）。

とはいえやはり、その方法は「こじつけ」と言わざるをえない。つまり概念法学の構成は、「法規を、外見上はそれを何一つ変更せずに、それの任でない制度や利益対立に適用する術策であ」って（ibid.：144）、それによって、「新しい関係あるいは利益対立は、一切の新しい利益衡量なしに演繹論理の力だけで、古い制定法の法規によって規律されたような外観を持つ」（ibid.：266）ことになる[5]。言うまでもなくわが判例もこの種の「術策」を用いていた。

最高裁は行訴法第31条を援用する際、それを一般原則化したが、それは「法規から独立に独自の概念、すなわち、その法規で問題となっているものより一般的で、それを包括する概念を構成し、そこから新しい法制度や利益対立のための法規を引き出す」概念法学（ibid.：144）のやり方であり、その一般化のために、関連条文の関わっている「法律関係や利益対立の概念から具体的特徴や事情が削除され」（ibid.：252）た点でも概念法学と酷似している。東京地裁の「類推適用」論は、予防接種禍のための法規があるかどうか

---

[4] このような評価はすでに『法社会学の基礎理論』（Ehrlich 1913）の中にも見られる。普通法法曹は「法を生活の需要に役立たせるという、実用法律学の永遠不動の目標を追求していたのである。」（Ehrlich 1913：256, ders 1984：308)

[5] フランツ・ヴィーアッカーもこう述べている。概念法学は、「外見上は価値に無関心で正義問題から遠ざけられた裁決をもたらす」、と（Wieacker 1952：254, ヴィーアッカー1961：517)。

ではなく、「その利益対立に適合するぐらい抽象的に形成されうるような概念がどの法規の中にあるか」(Ehrlich ibid.: 253) を問題にした結果であって、「法規からの裁決の論理的演繹は実際にはほんのわずかの役割しか果たしていない」(ibid.: 312) と言えよう。こうしてみると、見せかけを真実と置きかえ、偽善を放棄するよう要求するエールリッヒは、これらの判例を見て、「この最後の一歩を、支配的法律学はまだ踏み出しきれないでいる」(ibid.: 162) と慨嘆するかもしれない。

4 まとめ

　以上で筆者の立証活動を終える。問題の2判例が、4名の証人の証言によるかぎり、概念法学＝構成法学の基本因子をかなり共有していることが明らかになったと思われる。しかしこの立証活動に問題がないわけではない。それは、概念法学の命名者イェーリングを再尋問しなかった点である。彼は、一般に、概念法学から目的法学へ転向した、と考えられている。そうだとすると本稿の立証活動には不可欠の人物のはずである。しかし筆者には、自信をもって彼を証人申請することはできなかった。彼が転向したということに確信が持てないからである。例えば彼は、転向の書とされている『法律学における冗談と真面目』(Jhering 1980) 所収の第一書簡 (orig. 1861) において、「民法上の構成」は「神秘主義的な過程によって」「民法上の人造人間すなわち概念」を産出し、「全く手に負えない『法の姿』」を現出させている」と、構成という方法を否定的に描く一方、後年付した注で、「法の形式的技術的側面、すなわち法学的技術の高い価値の強調は、法律学……の最終目標が実践的なものだということの認識——私がそれを欠いたことなどなかったが——は完全に調和する」といった、それとは相容れない趣旨のことも述べている (Cf. Jhering ibid.: 7-10)。筆者には現在のところの縺れた系を解く能力がないことを素直に認める[6]。この点の解明は、先に触れた指紋照合の問題

---

[6] すでに触れた村上と笹倉の間でも、イェーリングのこのヤヌス性をめぐって微妙な喰い違いがあるようである（村上 1964: 24-26, 同 1983: 223-231, 笹倉 1979: 399 参照）。

とともに、今後の課題としておきたい。

　それはともかく、わが判例は、自由法論の影響もあってか、底にある利益衡量を示すなど必ずしも「隠花的」とは言いきれない部分も見受けられはするものの、やはりその利益衡量の結果を法的推論の枠の中に押し込もうとする志向性において、「隠花社会学」の血統に属する、との結論は一応の信憑性を持ちうると考える。フランツ・ヴィーアッカーは、「概念法学あるいは構成法学」は「一九世紀のパンデクテン法学を……圧倒的に支配し、かつ、重大な方法論的危機……にも拘らず、今日もなお力を持っている」と述べており（Wieacker 1952：193，ヴィーアッカー1961：343）、山田晟も「実際上妥当な結果をうるように概念を確定し、これに事実をあてはめるという方法は現代の法学にもしばしばみられるところである」（山田 1956：173）としているが、それは、わが国のような制定法主義の司法制度の下では、構成という概念法学の方法が、「良い法発見の方法だったからではなく、人の持っていた唯一の方法だったからにすぎない」（Ehrlich 1966：160）のかもしれない。

第2章　エールリッヒが批判した法律学

はじめに

　本章は、オイゲン・エールリッヒが批判したとされる概念法学の、法解釈方法論としての普遍性を、彼自身の論著の分析を通じて確認することを目的としている。

　「エールリッヒが概念法学を批判した」ということは、法学史上争いのない事実なのだが、彼がどの法学を概念法学と呼び、それのどこを、どのように批判したのか、という点に踏み込むと、途端に答えに詰まる、というのが、従来のエールリッヒ理解の通り相場であった。いや、たいていの場合、勝手なエールリッヒに勝手な概念法学を批判させてきたにすぎない、と言った方が正確かもしれない。つまり、実生活に無頓着で、法の無欠缺性信仰を持ち、形式論理至上主義的な解釈を行う、「近代」の法学的象徴のような概念法学に対して、実生活の必要の視点から法の欠缺を認め自由な法発見を高らかに主張する「現代」の法学的騎士たるエールリッヒが批判の闘いを挑み勝利した、と[1]。しかし、現実はそれほど単純ではない。

1　どれが「概念法学」か？

　では、実際エールリッヒは何をしようとしたのか。それを明らかにするために、何よりもまず、彼がどの法律学をもって概念法学と呼んだか、を確定しておく必要があろう。

1）このような「勝手な概念法学」「勝手なエールリッヒ」が氾濫する中で、法社会学者六本佳平が、本論で示すような概念法学像、エールリッヒ像を簡潔に描いていることは、特筆に値する（六本 1986：21 参照。）。

ところが、彼は、その議論を展開するに当たり、その最初期の論文「法の欠缺について」(Ehrlich 1966. orig. 1888、――以下、「欠缺」論文と略称する。) 以来、何らかの法学方法論を「概念法学 [Begriffsjurisprudenz]」という名称で言及することは何度もあったが、『法律学的論理』(Ehrlich 1966. orig. 1918、――以下、『論理』と略称する。) に至るまでは、その場合に不可欠のはずのそのリファレントを特定することはほとんどなかった。そして、文脈からある程度の特定ができる場合でも、それは大方の期待を裏切るものでしかなかった。

その主著『法社会学の基礎づけ』(Ehrlich 1966. orig. 1913、――以下、『基礎づけ』と略称する。) 第13章「前期普通法法律学」において、彼はこう述べている。

「継受期の法律家」は、法律事件に適合した判決を「ローマ法大全の中に求めた」が、「新しい法をそれとはまったく無縁な法的関係に接合する困難性」は、註釈学派がある程度克服していたとはいえ、まだかなり残っており、「その困難さが概念法学の揺籃となった」(Ehrlich 1913：240, 242, 243)。「抽象的な概念形成は、法律学にとって、ローマの規範を別の社会の必要に適合させるための、全くなくてはならない方便」であったが、その概念法学にも「限界」があった。「もっぱら中世や近代の法に属している法的諸関係」については、それを「ローマの法概念に包摂することが全く不可能」だったからである。そして、「ドイツの17世紀と全く同様、後期註釈学派とともに」「ロマニスト的法律家が実践的法適用をもがものとするようになったとき」、「単なる概念法学ではもはや間に合わなくな」り、必要に合わせて「ローマの概念を歪曲」したり、「ローマ法の様々な形成物を合体」したり、「解釈を通じてローマの裁決規範を変造」する方法が採られ、かくして「構成法学」が登場する (ibid.：248, 249)。

ここだけを読むならば、概念法学の時代とはまさに12世紀から14世紀頃までの「註釈学派」以降「後期註釈学派」以前の時代、ドイツでは17世紀以前の時代で、それ以降は構成法学の時代になった、ということになる。だが、これでは「勝手な歴史認識」と一致しない。だから多くの研究者たちも

このあたりの彼の論述は迂回して通り過ぎたのであろう。

ところで、一般には概念法学の担い手と目されてきた歴史法学派の方法を、エールリッヒは次の第14章「普通法法律学の歴史的傾向」において、「法律学的概念数学」および「体系学」と特徴づけているが、その際に、前章で何度も用いられた「概念法学」という表現は、不思議なほど用いられていない。彼いわく、

> 「それまでと全く同様、直接的観照つまり一般化をもって作業し、定評ある手本に従って、それを概念形成と構成〔Konstruktion〕と装った。」「伝統的な法と現代との間」の「橋は、主として、法律学的概念形成と構成が概念数学と構成的体系学へと鋳なおされることによって架けられた」(Ehrlich 1913.：260-261，強調-引用者)。

まず概念数学について。プフタや初期イェーリングなどの「歴史学派を代表する最も重要な人物たちは圧倒的に数学者であった。」彼らは、「法律学によって、本来それがそのために存在している必要性を満たすつもりなどなく」、高等解析や整数論が提供してくれそうな「高度の精神的享楽」を法律学を通じて手に入れようとした。その最盛期は、「法形成をすべて立法者に留保しようとした時代」だったが、それ故、「ローマの立法者や近代の立法者が提供したものによっては、司法がやってゆけなかった場合」は、サヴィニーとプフタの学問法の理論におけるような、「概念からのみ導出されたと自ら称する法形成」が概念数学に許された。だからそれは、「もっぱら所与の概念からの論理的演繹に他ならないような規範発見」に自己限定したにもかかわらず、「その目標を実際に達成したことは決してなかったのである。」(ibid.：263-264，266-267)

次に構成的体系学について。「体系的一般化は法律学的構成とたいそう近しい関係にある」が、「ドイツの歴史学派はこの一般化を一歩踏み越え」、特定の事実と特定の法効果を「切り離して考察し」、他の法的関係のための構成要素として用いた。この「体系学は、体系の無欠缺性という見方にとっては概念数学よりも一層重要であった。」というのも、「法源の素材をそれに合った秩序において叙述するのではなく、その代わりにまっ

たく新しい内容を叙述しようとした」からである（Ehrlich 1913：268-270,強調－引用者。）。

　少々長くなってしまったが、以上の引用から、エールリッヒがその主著においては、歴史法学派を、概念法学としてではなく、彼自身が概念法学と特徴づけた前期普通法法律学の逸脱形態として捉えていたことが明らかになったと思われる。だが、ここで次のような反論が出てくることが予想される。すなわち、「概念数学」「体系学」という特徴こそ他ならぬ「概念法学」の特徴であって、彼が歴史法学に対して直接「概念法学」という表現を用いたかどうかは重要な問題ではない、と。しかし筆者は、本書で「概念法学」という表現が用いられていないのならまだしも、この直前の章で前期普通法法律学の特徴づけとして用いられている以上、この反論は成り立たないと考える。引用文中、筆者はいくつかの箇所に下点を付したが、それらは、歴史法学と、彼が前章で「概念法学」なり「構成法学」と特徴づけたそれ以前の法律学とを彼が一応区別していたことを示している。

　ところが彼は、『論理』では、何の説明もなく態度を変え、「古典的ドイツ法律学」すなわち19世紀ドイツ私法学を「概念法学」として特徴づけた。いわく、

　　ドイツでは、「ドイツ以外では決して存在しなかったような概念法学」が形成された。「それはすでにサヴィニーとプフタの中に明確に認められる」が、「テールが、自由主義的法理解を目指して、立法者の意思の探求を法律の中に表明された社会の意志の探求に置き換えることにとりかかったとき、概念法学の指導的思想の一つをも初めて表現したのである。」その概念法学が「その終焉」を迎えたのは「『自然科学的方法』という、イェーリングによる他の追随を許さないその理解」においてである。それは、彼が、利益法学へと転向して、その「概念法学に嘲笑を浴びせかけた」からである（Ehrlich 1966：130, 134, 135）。

　明らかに、前書と異なり、フリードリッヒ・カール・フォン・サヴィニー以降、（前期）イェーリングまでを概念法学全盛の時代と規定しているが、

ここで重要なのは、初めて概念法学と名指された歴史法学とそれ以前の法律学との関係がどのように捉えられているか、ということである。この観点から見ると、本書での彼の力点は、歴史法学を概念法学と規定することよりも、むしろ、その歴史法学とそれ以前の法律学との連続性を再確認することに置かれていることが解る。彼は述べる。

> 「中世の法律学」は「神学の道を歩」み、「後期普通法法律学」はその方向を「歩み続け」、「概念法学は、その観念に認識論的衣装を着せただけである。」概念法学の方法は「普通法法律学のそれの純化」、「戯画化」にすぎないから、「概念法学の構成」と「普通法法律学の構成」はたいていの場合符合する。概念法学は、ただ、「訴権法、普通法上の法規への拘束、国家的法理解といった既存の礎石に、法全体の統一性という一つの新しい礎石をさらに付け加えたにすぎ」ず、「普通法法律学、国家的法理解、および概念法学は本質的に同種の出発点から明らかに同一の目標に向かって邁進したのであ」って、三者の相違は「表現の仕方」にしか存在しない。概念法学の諸概念は、「ただその表現がやや抽象的で、観念論哲学の手法に倣っているだけである。」(Ehrlich 1966.：136, 144-146)

この点はこれまで十分に強調されてこなかったことだが、以上から明らかなように、エールリッヒにおいては、概念法学（歴史法学）とそれ以前の法律学との間には本質的な違いはないのである。すなわち、彼によれば、「歴史法学派のパンデクティストたち」は「まさに時代の子であり、おそらくさらに重要なことであるが、11世紀から18世紀までの実務家たちの相続人だったのである」(Ehrlich 1913：273)。

こうして『基礎づけ』と『論理』における概念法学のリファレントを確認してきたが、それが、相互に本質的連続性の認定されている前期普通法法律学から歴史法学へと変化した、という点から見ても、彼の場合、概念法学という呼称そのものは、さほど重要でないことが解った。それ故、彼を近代限定的な意味での概念法学批判者と規定するのは不当であるとの批判を免れないことになろう。むしろ大事なのは、彼がそれぞれ一度は概念法学と名指したことのあるそれらの法律学が「構成」という方法を共有している、という

彼の認識だと思われる。彼の批判の矛先はこの「構成」にこそ向けられていたのではないだろうか。

2 「概念法学」とはどのようなものか？

　エールリッヒにおける概念法学が法学史的には存外レンジが広いという、本章の目的にとって非常に重要なこの点を踏まえた上で、次に、彼が、概念法学と呼んだ法律学の特徴をどのようなものと捉えていたのか、その点を調べてみよう。

　エールリッヒは、概念法学を、というより、前期普通法法律学と歴史法学が共有している「法律学的論理」の核心をなす「構成」という方法をこそ批判しようとしたのではないか、と今述べたばかりだが、実は、彼は「欠缺」論文においては、概念法学と構成が結びついているとの認識を示す一方で、構成という方法自体を、意外にも、批判するどころか、法の欠缺補充の方法として積極的に承認していたのである。こう述べている。

　「法律学的構成はずいぶん長い間『概念法学』の最愛の子であった」。しかし、それが「概念法学の嫡出子であるという見解からしてすでにまったく根拠がない。」逆に、「法律学的構成の方が一貫した発展の結果概念法学になったのである」。「どのような形にせよ起こりうる問題をすべてあらかじめ規律することができなかったり、数少ない法律規定でもって可能なかぎり多くの事例を裁決するという、それ自体確実に健全な傾向が残り続けたり、あるいはまた、法律の中に解決がない問題の判断の際に裁判官に完全なフリーハンドを許す決心をしないでいたりするかぎり、法律学的構成は法科学にとって不可欠の補助手段であり続けるだろう。」したがって、「法の欠缺性は法律学的構成とともに概念法学の正当性の根拠であると同時に限界であり、そのかぎりで、法律学的構成の理論は法の欠缺に関する理論の中に入れられるべきである」（Ehrlich 1888：150-151）。

　「坊主憎けりゃ袈裟まで憎い」ではないが、概念法学を批判するあまり、法律学的構成までも一緒に片づけようとする当時（19世紀末！）の風潮に対

して、彼は紛れもなく、後者を救出して、彼の構想する「法科学」の武器の一つに加えようとしている。彼は、自分の議論が概念法学者当時の「イェーリングの結論の発展というよりも、彼によって考慮されなかったところの、法における欠缺の補充にとっての法律学的構成の意義の叙述を意図している」（Ehrlich 1888：151, Anm. 191）と述べつつも、「科学的構成」のなすべきことは、「レトリック上の付属品をすべて取り払えば、イェーリングの法律学的構成の理論の深奥の意味内容でもある」（ibid.：154），と認めているが、このことからも彼の初発の問題意識が概念法学批判どころか、概念法学とかなりの親和性を持っていたことが解るであろう[2]。この時点のエールリッヒはまだ、「法律の中に解決がない問題の判断の際に裁判官に完全なフリーハンドを許す決心」（＝自由法学）がついていなかったようである。

新しい方法論、自由法学を展開している「自由な法発見と自由な法科学」（Ehrlich 1903）の論述も、その意味では「勝手なエールリッヒ」像と合致しない。というのも、概念法学を完膚無きまで論破しているはずなのに、ここには、「技術的法発見」（Ehrlich 1903：186）や「法律学的構成」（ibid.：187）は何度も出てくるが、「概念法学」という表現は一度たりとも登場してこないからである。ただ、次の一節で、イェーリングが概念法学を揶揄する際に用いた表現（イェーリング 1996①：180, 186参照）を借りて描いた従来の法律学に、かすかに概念法学の影を見ることができるだけである。

法律においては、「そこで決定されていないことはそこではまさに決定されていない、ということが承認されるならば、毛髪細分機や水圧機の助けを借りて法律から、そこに含まれていない決定をひねり出すいかなる理

---

[2]「概念法学批判者」エールリッヒのこの一節がどうしてこれまで見過ごされてきたのだろうか。エールリッヒ法社会学の最も包括的な祖述を行った磯村哲はさすがにこの箇所に—注の中でではあるが—言及しているものの、「彼は『法的構成』を法律学にとって不可欠の補助手段として一応は承認している」（磯村 1975：303）というような不正確な要約をして、そこで言及されている概念法学の問題には触れずじまいであった。M・レービンダー（Rehbinder 1986）に至っては言及すらしていない。邪推かもしれないが、それはこの部分が「勝手なエールリッヒ」像と整合しないからであろうか。

由もなくなる」(Ehrlich 1903：196)。

　たしかに、ここでは概念法学の地平からの離脱を可能にする考え方が示されている。しかし、「概念法学への反駁としての自由法学派」(Rehbinder 1986：88) と称するには物腰が柔らかすぎる。むしろ、固定観念が邪魔して踏み切れないでいる概念法学の背中を叩いて、一歩踏み出す勇気を与えようとしている、という印象すら受ける。ましてや、「普通法の学問」は「畏敬の念を起こさせる」ものであり、それこそが大陸ヨーロッパでは「あらゆる自由な法発見にとって、ほぼ一回限りの出発点」であった (Ehrlich 1903：195)、との言明をも考慮に入れるならば、エールリッヒの意図が「勝手なエールリッヒ」の意図とまったく異なっていたことは明らかだと言わざるをえない。

　次に、前期普通法法律学を概念法学と規定した主著において概念法学がどのように定義されているか、という問題だが、実は、その定義が積極的にはなされておらず、「構成法学」とひとくくりでなされている以下の解説がそれを推測させる手がかりとなっているだけである。このことは、エールリッヒにとって「概念法学」という名称がいかに重要でないか、ということのみならず、彼が問題にしたかったのは「概念法学」と「構成法学」の共通部分だ、ということをも示していると思われる。そして、もう一つあらかじめ指摘しておきたいことがある。それは、この解説もやはり、両法学を批判するどころか、むしろ擁護している、と言ってよい趣を持っている、ということである。すなわち、こう述べている。

　　「外見上は」、「概念法学も構成法学も、実生活において生起することの直接的認識を得ようと努力していない。」それらは、「法的諸関係の『概念』を確定し」、しかる後、それらを「ローマの概念に包摂し、ローマの裁決規範をそれらに適用している、と称している。だが、これら〔の外見の－引用者：以下、同じ〕すべてはその大部分がやはり仮象にすぎず、現実ではない。概念法学と構成法学が純論理的操作すなわち『概念による計算』に没頭していたと言えるのは、それらがローマの裁決規範を、帰結が適切か否かを考慮せずに、近代の諸関係に適用してしまった、ということ

第 2 章　エールリッヒが批判した法律学　29

があったときだけである。しかし、事実はそうではなかった」。「実生活における法的諸関係をある程度観照することなしには、そもそもいかなる法律学も存在しない。」「この実生活に関する知識がはじめて、註釈学派や後期註釈学派に見られる概念形成や構成に基礎を与えたのである。」「近代的法的諸関係に関する概念は、彼らによって無邪気にローマの概念に包摂されているのではなく、この操作の帰結はあらかじめ計算に入れられているのである」(Ehrlich 1913：251-252)。

そのとおりだとすると、それのどこがいけないのか、と反問したくなるほど、ここでエールリッヒが描いている概念法学は、実生活に無頓着な「勝手な概念法学」と相貌を異にしている。それどころか、彼は冒頭でその「勝手な概念法学」像らしきものを、仮象にとらわれた見方として斥け、実生活に関する知識こそが、概念法学の行った概念形成や構成の基礎であるとさえ述べているではないか。この点は是非ともここで確認しておきたい。

とはいえ、ここでは構成法学と区別された特殊概念法学の規定を我々は知ることができなかった。リファレントは異なるが、概念法学の定義は、やはり『論理』ではじめて見ることができる。すでに指摘したように、この著作での概念法学は、前者における概念法学の同種逸脱形態と捉えられているのだが、それ独自の特徴も当然ながら描かれている。大まかに両特徴づけを対比しておくと、同種性の指摘が概念法学の客観的パフォーマンスに注目していたのに対して、独自性の指摘は主観的意図に焦点を合わせていると言ってよいだろう。ついでながら、この主観的意図を客観的パフォーマンスと取り違えたためにできあがったのが「勝手な概念法学」像だと筆者は睨んでいる。彼は独自性をこう特徴づける。

概念法学と特徴づけられる「古典的ドイツ法律学」によれば、「法律学の課題は法規範を概念から論理的に、あるいは概念の運動から弁証法的に導出し、外的世界を法的概念世界の中にはめ込んで、無理矢理概念世界の論理的法則ないし弁証法的法則に従わせることである。」したがって、「概念法学」は「その法律学的概念を繰り返し現実に照らして吟味することをなおざりにした。」つまり、「法律学的概念が事物とどれほど合致している

か」ではなく、「それらが相互に合致しているかどうか」だけを問うたのである。そして、「前もって概念に純化されていなかったものは何もそこには属していない」と考えることで、概念法学は、「その最終的結論である法体系の無欠缺性」に到達したために、「法曹法のための余地を持たなかったのである。」(Ehrlich 1966：130, 133, 135-136)

この部分だけ見れば、「勝手な概念法学」は「勝手」ではなかったかのようである。ところが、概念法学は実際にはこの意図を貫徹できなかった、というのがエールリッヒの認識なのである。それはこうである。

「概念法学は、そうしたくはなかったのだが、法の無欠缺性と統一性の概念を通り抜けて再び、構成と法曹法に到達してしまったのであ」り、「自分では、法規の基礎にある永遠の概念に立ち戻る、と称していたが、やはり、まさに欲せられていたものを生み出すというように概念を形成するのが常だったのである。」概念法学は「ローマ法書の文言の中に閉じこもろうとしたし、この概念形成の実務的使用可能性よりも首尾一貫性の方に気を配ったし、至るところで純粋な論理ないしそれがそう看做したものでやっていけると信じ」た。「そのため概念法学の仕事はしばしば、世間離れだとか、行き過ぎだとか特徴づけられた。」しかし、誤ったやり方で現実から獲得された概念も、「結局は現実から獲得された概念に変わりはない」(ibid.：145, 146, 強調－引用者)。

概念法学は、主観的には、普通法法律学の伝統に抗して、非常識にも法律学的概念、法律学的論理の世界に自足的に閉じこもろうとしたのだが、結局はローマの法律学から連綿と続く滔々たる常識の大河に流されていた、ということであろうか。彼は、歴史法学派を「概念数学」と特徴づけていたときも、やはり同様に、「概念数学はその目標を実際に達成したことは決してなかった」(Ehrlich 1913：267) と捉えていた。このように主観的意図と客観的パフォーマンスを区別することで一応、概念法学すなわち「古典的ドイツ法律学」とそれ以前の法律学との間に一線を引くことはできるかもしれない。しかし、このような説明を学問は安易に受け入れてはならない。

たとえば、「法律学的概念を繰り返し現実に照らして吟味することをなおざりにした」者たちの概念が、どうして「現実から獲得された概念」たりうるのか。「法体系の無欠缺性」を想定して、「法曹法のための余地を持たなかった」概念法学が、どうして「法の無欠缺性」の観念を「通り抜けて再び、構成と法曹法に到達してしま」えるのか。その機序の説明が欠落している。しかし、より問題なのは、彼が自分は概念法学の主観的意図を見抜いていると思いこんでいることである。強調を施した引用部分は、誰か概念法学者の証言ではない。彼の勝手な決めつけである。「法律学的数学者」が、社会の「必要性を満たすつもりなどなく」、数学が提供するような「高度の精神的享楽を法律学を通じて手に入れようと」した、などという前節で引用した言明（Ehrlich 1913：263）とても概念法学者の自白ではない。

このような、根拠薄弱な歴史法学の主観的意図なるものに概念法学の否定性を担わせようとする彼の試みには説得力がない。しかし、もしかすると否定面の指摘という彼の試みは、学問的確信に基づいた戦略というより、はじめから歴史法学と自由法学との違いを無理にでも際立たせるための苦し紛れの戦略だったのかもしれない。

そもそも彼の歴史法学派理解はアンビヴァレントなものだったのである。『基礎づけ』において彼は、一方で、歴史法学の概念数学性についてこう述べている。

> サヴィニーとプフタの「全生涯にわたる業績は、おそらく無意識的で、決して明示的に表明されているわけではないが、実用目的に向けられたあらゆる法理論へのはっきりと際立った軽蔑を示している。」（ibid.：12）したがって、その法理論は、裁判官に「法規に生命を与える権利を否認し」、裁判官は単に慣習法と制定法を「適用しうるだけである」、とする（ibid.：143）。つまり、彼らは「法律学の任務」を「法規を生み出した者の意図を探求すること」と考えていたために、「その構成ないし体系的規範発見の結果が自分たちの正義感覚と一致しているかどうかに無関心」であった（ibid.：271-272）。

ここでもやはり、不明瞭なその主観的意図だけを問題にしているが、彼は

歴史法学を、実用など一顧だにせず、専らローマ法研究に没頭し、裁判官に対してもその機械的適用を要求した救いがたい学問、すなわち「勝手な概念法学」そのものと捉えているかのように見える。ところが、彼は他方でこう述べているのである。

「近年、『パンデクテン学』についてはかなり多くの辛らつな批評が聞かれる。」私は「その責任の相当部分が私にあることを知っている。そうであるからこそ、パンデクテン学が成し遂げたすべての偉大な業績を指摘することが私の義務だと思っている」(Ehrlich 1913：274)。

そして、その義務感から彼は、先ほどの歴史法学像とは食い違う実用法律学としての歴史法学像をも描いているのである。その例をここに挙げよう。

「プフタによれば、法律学的学問が法創造的であるのは、それが純粋に学問的なものでなく、合目的的であるときだけである。」プフタいわく、「『裁判官職が、かの法を最大限に拡張する際に（既存の法を解釈する中で）、補充を必要とすることは言うまでもない。そうしなければ、たいそう多くの事例において裁決の規範がないことになろう』、と。」サヴィニーはより詳細にこう述べている。すなわち、「法曹身分の実質的な働きとは、『民族の法創造活動の大部分がその身分に独占され、全体の代表者としての彼らによって絶えず実践される、というものである』が、それはその形式的、純学問的な働きから区別されねばならない、と。」後に彼は、「法曹の理論的な仕事と実践的な仕事とを対照」し、前者は、「法源のテクストの確定と解説」などの純学問的な研究であって、それは新しい法を生み出さず、既存の法を純粋に認識するだけであ」って、後者は、「法の内容と、『それらが介入すべき生きた法状態との』関係を、『つまり近代の状況と必要を、視野に入れた』あらゆる研究のこと」であるとする。サヴィニーはさらに、「実践的傾向を持ったロマニスト的法科学」を次の「二つの構成部分」に分けようとする。「『第一の部分は健全な性質のものであり、状況の多様性……から自ずと生じたような新しい必要に基づいている。……もう一つの部分は、もっぱら、……不完全な学問に由来している。』……『実

務的法のうち、私が健全なものと呼んだ構成部分は、上記で理論的な仕事に帰せられたのとは全く別の重要性を持っている。それは……新たに形成された法を実際に内包している』、と。」(Ehrlich 1913 : 359, 370-372)

　ここでエールリッヒが引用しているプフタとサヴィニー（『　』で示した。）は、明らかに、彼自身が一方でそう決めつけてきた概念数学者ではない。彼らは「実用目的に向けられたあらゆる法理論への、はっきりと際立った軽蔑」(ibid. : 12) など示すどころか、実用的、実践的志向を正面に打ち出しているではないか。概念数学はやはり虚像だったのである。
　そもそも彼は、歴史法学の概念数学性を原典からの引用をもって例証するという努力を怠っている。この怠慢と、それに対する学問的無頓着が、今日なお影響力を失わない、概念法学に関する誤ったイメージの温床となったと言わざるをえない。
　ところが彼は、その決めつけに引きずられて、ここで引用されたプフタ、サヴィニーに対してさえも、これらは「すべて、もはや学問的説明とは呼べないような代物であって、当惑して口ごもりながら語られたものだ」(ibid. : 372)、と非難を浴びせる。この非難の非学問性の方に「当惑して口ごも」ってしまったのは筆者だけであろうか。
　では、彼は偉大なプフタ、サヴィニーの一体どこが気に入らないのか。それは、彼らの所説が、「伝統的な法から裁決規範を獲得する手段にのみ関係しており、新しい法を発見ないし発明する手段には関係していない」からである。しかし彼は、「法科学の創造的力を擁護したこの偉大な学者たち〔プフタとサヴィニー〕の最も重要な任務は、本来的な法創造に関する法律学的方法を入念に設計することだったのではないか」、と述べている（ibid. : 372)。その「方法」とは、言うまでもなく自由な法発見のことである。先に彼が、パンデクテン学の成し遂げた「偉大な業績」と呼んだものは、自由法学へと連続しうる、法科学の創造性に対するこの「擁護」のことなのである。だから、この評価は歴史法学における概念数学的意図の摘示とは正面から対立し合うことになる。
　以上、エールリッヒの諸著作をその「欠缺」論文から辿って、彼が概念法

学をどう定義し評価してきたかを確認したが、明らかになったのは、1913年の『基礎づけ』までは、総じて、実生活に関する知識に基づいて概念形成し構成する概念法学は比較的に好意的に受けとめられていたこと、ところが、1918年の『論理』に至り概念法学とされる、概念数学たる歴史法学に関しては、彼の態度はアンビヴァレントであり続けたこと、この2点である。

　彼の、この期待を裏切るアンビヴァレントな態度は何に由来するのだろうか。その原因を探り、概念法学に対してエールリッヒがとっていた本当のスタンス、したがって、彼の目指した自由法学の核心を知る手がかりとなるのが、次の点である。すなわち、実は彼は、批判されるべき概念法学といえども「あらゆる法律学の永遠の任務」を遂行していた、という肯定的な認識を持っていたのである。最後に我々はこの認識を精査しなければならない。

3　「あらゆる法律学の永遠の任務」と自由法学

　もし概念法学が「あらゆる法律学の永遠の任務」を遂行していたとすると、他の法律学から区別された特殊概念法学が批判される理由が果たしてあるのか、が問題になってくる。そして、そのことと関連して、彼の提起した自由法学は、はたしてその「永遠の任務」を概念法学とは違ったやり方で遂行するもう一つの「法律学」なのか、それとも、その意味での「法律学」とは別の何かなのか、ということも問題になる。

　そこでまず、前期普通法法律学を概念法学と規定した『基礎づけ』に注目しよう。そこには、こうある。

　　この〔前期普通法〕法律学は、自ら「法源の内容の単なる叙述と説明」であると振る舞っているが、そのとおりなのはほんの一部だけであり、「はるかに大きな部分でそれは、法を実生活の必要に奉仕させるという、あらゆる法律学の永遠の任務を新しい時代のために遂行する新しい法律学なのである。」ツァジウスらは「無意識な概念の歪曲と規範の偽造」という非学問的な手段を用いたが、「それを非難できるのは、彼らが学問をす

るつもりだったときだけである。しかし、**彼らは、法を実生活の必要に奉仕させるという、実用法律学の永遠で確固不動の目標を追求していたのである。**」(Ehrlich 1913：254, 256, 強調－引用者)

ここで確認すべき点は3点ある。まず第1点は、エールリッヒにとって概念法学とは、意外にも「法を実生活の必要に奉仕させる」という任務を遂行した法律学であって、「勝手な概念法学」のように実生活に無関心な法律学ではないことである。それ故、少なくとも消極的には弁護されているようにさえ見える[3]。第2点は、そのような実用的任務はあらゆる法律学が遂行してきたのであって、概念法学は何ら特別な法律学ではなかった、と彼が捉えていたことである。だから、概念法学のリファレントが後に何の断りもなく変化したとしても何ら怪しむには足りなかったのである。

確認すべき第3点は、あらゆる法律学が「法を実生活の必要に奉仕させる」というときの、その「奉仕」のさせ方が決して公然とした素直なものではないということを、彼が認めていたことであって、その非公然性を彼がどう評価していたかが問題なのである。彼はローマの法律学に関わらせて次のように述べている。

「**ローマの法律学**」は、あらゆる法律学と同様、「**不承不承**」にしか、実

---

[3] しかし、従来のエールリッヒ研究はなぜか彼のこの認識から目をそらした。たとえば磯村は、「エールリッヒの理論形成の出発点は、……概念法学的法律実証主義、……一切の法的事件の既存の制定法規への論理的包摂という裁判観（したがって、裁判官の創造的活動は形式上表面化しない）の批判」であり（磯村 1975：297）、「彼が到達した自由法学」は、「「法を法生活の特殊な要求に奉仕せしめる」・「法を社会発展の要求に対応せしめる」技術として正しい裁判のための規範獲得をめざす」（同前：325）、としている。これでは、あたかもエールリッヒは自由法学だけを「永遠の任務」を遂行する法律学と規定したかのようである。それが、本文での引用箇所の単なる見落としによるのかどうか、知る由もないが、定評あるエールリッヒ研究者によるこの「祖述」が、概念法学像と概念法学批判の真の意味を歪めるのを助長してしまったことはたしかである。

そのような中で、国家というユニークな観点からエールリッヒを再解剖した法社会学者大津亨が、一般的意味で「法律学の永遠の任務」に関するエールリッヒの言説に注目していることは特筆に値する（大津 1990：36, 81参照）。

生活の抗しがたい要求に屈服せず、「どうしても不可欠なこと以上は決してしない。そして、そのどうしても不可欠なことも、それは隠密裡に行うことを好む。つまり、無理な解釈や擬制、構成の助けを借りて、新しいものを古いものと仮装するのである。」「ローマの法律学は、既存のものでやりくりするという、それのみならず、その他にもあらゆる法律学が固有している努力の中で、不可欠なことを一歩も踏み越えようとしなかった」が、この態度が「様々な点で普通法法律学の模範となった。」(Ehrlich 1913 : 217)

ここで指摘された「既存のものでやりくりする」という態度は、内容的には、彼が概念法学の客観的パフォーマンスと捉えていたその創造性、実践性と完全に重なり合う、と言ってよい。しかし、ここではその創造性も、「隠密裡に」、「無理な」などの表現が示しているように、その非公然性がかなりネガティヴなニュアンスで描かれていることに注意しなければならないとはいえ、エールリッヒは、概念法学だけが「仮装」という批判されるべき方法を用いたのではなく、法律学はすべてそうする、と捉えていたのである。

以上のように、『基礎づけ』における所説から判断すると、エールリッヒは、概念法学が他のあらゆる法律学と共有している実用的任務を積極的に評価する一方で、その任務を非公然に遂行するためにそれが用いた擬制や構成などの手段を否定的に捉えている、という一応の理解が成り立ちそうに見える。だが、この理解は妥当ではない。というのも、彼は別の論文で、その手段・方法についても積極的な評価を下していたからである。

「欠缺」論文において彼は、数少ない法律規定でもって可能なかぎり多くの事例を裁決することを健全な傾向だとし、法律学的構成は法科学の不可欠の補助手段であり続けるだろう、としていたが（Cf. Ehrlich 1888 : 150）、この認識は構成というその手段に対する彼の積極的評価の現れと見ることができる。また、いわゆる綱領論文においても彼は、イェーリングの表現（イェーリング 1990 ② : 193 参照）を借りながら、こう述べている。

　　あらゆる法発見は、「単なる法適用と振る舞っている場合にも、不可避的に創造的である」。つまり、「意識的にせよ無意識的にせよ、現行法を通

って現行法を越えることをあらゆる法科学は努力しているのである」、と (Ehrlich 1903：194)。

ここに言う「現行法を通って現行法を越えること」が、先の「既存のものでやりくりする」こととその主旨——法適用の体裁のもとでの法創造——を同じくしていることは言うをまたない。ただ、この場合のニュアンスは、「努力」という表現が示唆するように、決して否定的なものではない。だとすれば、「構成」などの問題の手段・方法はまさにその努力の結果だから、それに対する評価も同様に否定的ではないはずである。

『論理』においても、やや抽象化された表現ながら、法律学の同じ任務・目標が語られている。すなわち、

「司法の確実性と安定性の必要と、司法の継続的発展に向かう自由な道の必要とを同時に満たすこと」が「あらゆる法律学の最も重要な任務」である (Ehrlich 1966：118)。

言うまでもなく、これら両方の必要を同時に満たすことはまさしく法適用の体裁のもとでの法創造に他ならないが、ここでもこの任務遂行の手段・方法がかなりポジティヴに描かれていることに注目したい。

例えば彼は、ローマにおける「神聖賭金法律訴訟」の「一般訴訟」化に関してだが、「既存の法手段を新たに生じた利益のために」利用することは「法曹にとってやりがいのある任務」である、と肯定している (ibid.：24)。それは、本来は利用できない既存の訴訟を、知恵を働かせて利用するという、難度の高い仕事だからであろう。

さらに、普通法法律学（後期註釈学派）における同種の任務遂行手段である「構成」に関してもこう述べている。

普通法の法曹は「ローマの訴権と防御手段をかなり恣意的に別な利益と結びつけた。」「訴権を新しい利益のために、つまり、法手段を新しい裁決のためにしかるべく整えておくという、普通法上のこの技巧的なやり方が法律学的構成であ」る。そして、「既存の法手段にぴったり適合しながらも、結果として正当な利益考量になるような構成を生み出す能力にこそ、

普通法の法曹の偉大な技芸の本質がある」(Ehrlich 1966：63, 66, 72)。

ここでは「恣意的」といった批判めいた表現が一部に見られもするが、基本的にはやはり「構成」についての肯定的なニュアンスが強く感じとれる。そして、この普通法法律学は、それ以前の概念法学と同類とされていたのであるから、概念法学の用いた手段・方法も同様の評価を受けるべきものであった、と言えるだろう。

歴史法学を概念法学としたこの『論理』に至り、はじめて、歴史法学も「あらゆる法律学の永遠の任務」を果たしていた、と認められたが、それだけでなく、それが構成という偽物の論理を用いてその任務を遂行したことがやはり正当化されてもいる。すなわち、こうである。

　　概念法学は、「裁判官が社会の変動に追随していくことができるために必要となる自由を彼に許すような法規をいつでも備えておくこと」という「法律学の永遠の任務」を「新しいやり方」で果たした。つまり、地上の出来事を残らず捕捉するために人類の上に垂らすところの、「法規から作られた概念の巨大な網」を編んだのである。概念法学も、「あらゆる法律学がなさねばならないことをなさねばならない。」すなわち、「利害対立のための法規がある場合は、それはその法規から裁決規範を取り出すが、そうでない場合は、法創造を通じて裁決規範を獲得する。しかし、どちらの場合でもそれは、その裁決規範を、法規、とりわけ法律が規定していたようなそれだと称する。つまり、法律学は不可避的に創造的なのだが、そのことを白状してはならないのである。」「それは、その諸前提からして、正しい論理をもってしてはそれが必要とする結論には到達できないが故に、偽物の論理でもって正しい結論に至るのである」(Ehrlich 1966：135, 154-155、強調−引用者)。

以上、エールリッヒの主な論著を調べることによって、彼が概念法学を、一貫して、かの永遠の任務を果たす法律学の一つのヴァリエーションにすぎないものと捉えていたことが確認できた。そして、その任務自体はどうやらポジティヴに描かれているが、その非公然的遂行のために用いた手段・方法

第 2 章　エールリッヒが批判した法律学　39

の評価は、ネガティヴ、ポジティヴ、両様であることも確認できた。しかしそうだとすると、彼の概念法学批判の真意がどこにあるのか、見えにくくなってくる。そこで、この霧を晴らすべく、あらゆる法律学が共有したとされる方法、「法律学的構成」についての『論理』における解説の中に現れる彼の基本的な考え方を見定めようと思う。あらかじめ結論を述べておくならば、彼はその方法を単純に批判しようとしたのではなく、あえて言えば、弁証法的に乗り越えようとしたのである。彼はこう述べている。

　「**新たに生じてくる需要に合わせて、必要な法曹法を形成し続けていくためには、法律学はある程度の自由を必要とする。その自由を普通法法律学が獲得したのは、それがそこまで完成させた法律学的構成という技術を通じてである。**」しかし、「厳格なツンフト規則がその自由を告白することを絶対的に禁止していた」。「それ故普通法法律学は、その生存法則に従って、自由に発見した自らの裁決もまた法規に基づいていると偽りの申し立てをするよう常に義務づけられているのである。」このツンフト規則が「『法律学的論理』であり、その成果が法律学的構成である。」その任務は「単に何かの見せかけを作ることである。」すなわち、「他のあらゆる構成と同様、概念法学の構成の本質も、ある法規を、外見上は何ら変えることなく、そのために定められたわけではない制度や利害対立に適用する術策にある」(Ehrlich 1966.：73-74, 144、強調-引用者)。

つまり、構成という方法は、まさに「あらゆる法律学の永遠の任務」を遂行するための永遠の方法ということになろう。彼自身も、次のようにこの方法の不死性を認めている。

　法典が発布された直後は、法律学は必要ない、と言えようが、「**法典には何も答えがないか、少なくとも満足のいく答えがないような新しい問題**」が生じたとき、「**法律学は再び、法を実生活の必要に奉仕させるという任務の前に立つことになり、この任務を、ずっと以前からそれで果たしてきたのと同じ手段で果たすのである**」(Ehrlich 1913：350)。

この「手段」が構成であることは言うまでもないが、このような認識の反

面、彼は構成という方法を「こじつけ」として次のように否定的に評価しもする。

> こじつけの本質は、法規から、「その中にあるそれが認めている以上のものを引き出そうとする技術」であって、「底なしで果てしない」ことになり、「裁判官権力が濫用される場合」、それに対して「常に法的根拠を用意してしまう」危険性がある。普通法の構成がこれまで持ちこたえてきたのは、「それが良い法発見の方法だったからではなく、使える唯一の方法だったからにすぎない。」その「素朴な詭弁法はその小細工が見破られた瞬間に死んでいる。」(Ehrlich 1966：160, 258, 299-301, 304)

このように、結局彼は、法律学的構成、法律学的論理、そして概念法学に対して終始アンビヴァレントだったのである。だが筆者は、このアンビヴァレンツは彼によって意図されたものかもしれない、と考えている。推測される彼の意図は次の通りである。

法学方法論の歴史は、唯物史観における社会の歴史に類比できなければならない。概念法学が資本主義的生産関係で、自由法学は社会主義的・共産主義的生産関係に当たる。社会主義革命が、資本主義的生産関係内部にあってその矛盾を背負い込まされた労働者階級によって担われるように、自由法学への転回も、概念法学内部に身を置きその矛盾に突き当たった者によって担われる。社会主義革命を促すものが資本主義的生産関係の中でそれが桎梏になるまで増大した生産力であるように、自由法学への転回を促すものは概念法学の中でその手段が桎梏になるまで重大化した「法律学の任務」である。

このような弁証法的法学方法論史を、彼は自ら実際に生きようとしたのではないだろうか。若い頃からK．マルクスを研究した者（西村1979：61参照）としてはありえないことではあるまい。だから、彼にとって概念法学は「あらゆる法律学の永遠の任務」を遂行しながらも、否定すべき意図を固有するという矛盾を担っていなければならず、その核心たる構成という方法も、その任務を遂行する不可欠な手段であると同時に、否定されるべき詭弁である

という矛盾を担っていなければならなかった。

　しかしこのように無理に作られた物語はかならず破綻する。まず指摘できるのは、「あらゆる法律学の永遠の任務」の遂行に対する彼の肯定的評価の矛盾である。彼はこう述べている。

**　普通法法律学が「2千年以上にわたるその価値豊かな仕事によって成し遂げたことは将来の社会学的法科学が救出しなければならないだろうが、その法科学たるやもはや法律学ではないだろう。しかし、法を刻々変化する常に新しい実生活の必要に奉仕させるというあらゆる法律学の永遠の任務は残るだろう」**(Ehrlich 1913：273)。

　彼の自由法学はあらゆる法律学の永遠の任務を遂行する、という宣言である。しかし、それは不可能である。その任務は「法を実生活の必要に奉仕させる」ことである。この「法」は現行法＝既存のもの以外ではありえない。自由法学は、概念法学のように、現行法を実生活の必要に奉仕させる方法なのか。そうではないはずである。というのも、上の引用文の直ぐ後に彼はこう断っているからである。「抽象的概念形成や構成という笑うべき仮装大会など、将来の法律学はおそらく永遠に止めてしまうだろう」、と（ibid.：273-274）。概念形成や構成は、まさに上記の任務を遂行するためにすべての法律学が愛用してきた手段である。それ以外の手段で、どのようにして現行法を実生活の必要に奉仕させることができるのか。いや、彼はそのような法規拡張的な手段などまったく眼中にないのである。彼の意図は、むしろ逆に、現行法の効力範囲を最小限に押し止めることだったからである。

　筆者はこれまで本節で、「あらゆる法律学の永遠の任務」に対するエールリッヒのアンビヴァレンツを、彼の所説に従って、「任務」自体に対する評価と、その遂行手段に対する評価の対立、さらに後者における態度の揺らぎとして表現してきた。しかし、今やそのアンビヴァレンツの表面に隠された彼の真意を抉り出さなければならない。

　彼が肯定的に評価したのは、実は、「法を実生活の必要に奉仕させる」という「任務」なのではなく、〈奉仕させようとする心構え〉つまり、実生活の必要を捉え、その必要に適った〈法曹法を生み出そうとする創造的態度〉

であって、彼は、法律学におけるこの〈心構え〉は肯定的に評価しつつも、その「必要」に現行法を奉仕させるというアイデアそのものには批判的だったというのが本当のところなのではないだろうか。ところが、法律学のこの〈心構え〉だけでなく、その法曹法を現行法から調達しようとしたことまで誤って肯定してしまったために、今度は概念法学の否定面を強引に担わすべく、本来切り離すことのできないその「任務」遂行とその方法とを切り離してしまうことになり、それがアンビヴァレントな解説になったのではないか。筆者はこう推測する。

ただ、このように捉えることで、このアンビヴァレンツは解明できたとしても、前節で取り上げた、特殊歴史法学に対する彼のアンビヴァレントな態度——主観的な意図と客観的パフォーマンスの区別——までは解明できない。それには別の原因が作用している、と思われる。それは、「国家的法理解」に対する批判となって現れるところの、近代政治原理とりわけ三権分立の原則に対する彼の反感である[4]。

エールリッヒからすれば、「法律学的論理は、主に国家的法理解の所産なのである」(Ehrlich 1966：287)。そして、「通俗的な国家的法理解」はすでに「ビザンチン時代」に生じ、「ロマニストの法律学」はそれに捕らわれていたのだが、「モンテスキュー」によって「法規への拘束」が独自な形で形成され（ibid.：81, 83, 84)、その「強化された国家的法理解が出現してはじめて、立法者意思の探求が法律学の中心となった。この発展の終着点が、歴史的解釈に関するサヴィニーとプフタの学説なのであ」り、どれほど本人たちが「その歴史的業績や方法論的業績において国家的法理解を学問的に克服したとしても、彼らは内面的にはそれに捕らわれてい」たことになる（ibid.：96, 97)。

なんと、サヴィニーとプフタは、彼から批判されるために、本人たちの否定にもかかわらず、モンテスキュー以降の強化された国家的法理解を内面に

---

4) 西村稔は、その先駆的業績（西村 1979）において、「エールリッヒが自由法論＝『偉大な裁判官』論によって民主主義＝議会主義に対抗しようとしたこと」を明解に摘示している（西村同前：64 以下参照）。

強く持たされてしまった。前節で指摘した、歴史法学の概念数学的な主観的意図についての無理矢理な解説の淵源は、この根拠のない思いこみにあったのである。たしかに19世紀初頭のドイツの法学者たちが、フランス大革命に影響されていないわけはない。彼らが時代の大きな流れの中で、立法機関が制定した法を裁判所は適用するだけで法創造はしない、という建て前を強く守ろうとしたとしても何ら怪しむに足りない。しかし、エールリッヒも知ってのとおり、司法や法曹はしたたかである。その建て前のもとでも、その顔を立てながら彼の言う「あらゆる法律学の永遠の任務」を果たそうとするし、現に果たしてきた。彼もこう断言している。「法規に完全に拘束され、意思なき道具のように身を委ねる裁判官など一人もいない」(Ehrlich 1913：140)。「普通法の法曹における国家的法理解は、口先だけで奉じた信仰以上のものではないのが常であった」、と (Ehrlich 1966：86)。

　まさにそのとおりである。エールリッヒは、しかし、そのことを十分に知りつつ、裁判官に窮屈を強いる国家的法理解も、その窮屈に甘んじているようにしか見えない概念法学も許せなかった。マルクスが人間を解放しようとしたように、彼は法律学を解放したかったのである。

**　「我々は、構成が法適用ではなく法発見であることを、構成から生まれた法曹法が法律の解釈にではなく、法創造に基づいていることを見抜いた。だから今や、真理が仮象に置き換わり、偽善とそれに付随するすべてのものが放棄されるべきである、と要求する。」「しかしながら、支配的な法律学にはまだこの最後の一歩を踏み出す決心がつきかねていた。それでもやはり、それはすでに自由な法発見へと非常に接近してきており、それとの間にはあと薄い紙一枚の壁があるだけである。」**(ibid.：162-163)

　彼はその「一枚の壁」を打ち破って、自由な法発見に基づいて法曹法が形成される世界に踏み出そうとするのである。しかし、自由な法発見と言っても、磯村やレービンダーが強調しているように（磯村 1979：298, Rehbinder 1986：92f）、決して contra legem（法律違反）の法発見を正面から主張しているわけではない。彼自身、主著で、「自由な法発見は、そう考えられてきたのとは違って、法律から自由な法発見ではなく、抽象化や構成の中にある

意味のない余計な締め付けから自由な法発見である」(Ehrlich 1913：274)、と明言していたし、それ以前にも、自由な法発見が登場すべきなのは、「現行法の中に明確な準則が含まれていない場合だけである」(Ehrlich 1903：187)、と述べているからである。

しかし、筆者は次の理由から、彼の目指す世界は、結局、contra legem になると考えている。第1の理由は、現行法に準則が含まれている場合の解釈方法たる「歴史的解釈」が恣意的でありうるということである。彼はその「歴史的解釈」を次のように説明している。

　「法規が存在するならば、適切、不適切を問わず、それが適用されるべきである」って、「その際法律は、立法者の真の意図に従って限定的に解釈されねばならない」(Ehrlich 1966：215)が、この意図は「審議録」などに残された、「法規の作成者がその知識を前提としたところの付随事情と人的関係」から導かれる。それに基づく解釈が「歴史的解釈」であり、この方法は「司法の目的とまったく適合する」(Ehrlich 1968：12, 13, 29)。

法の欠缺領域を、つまり自由な法発見の活動領域をできるかぎり広く取るためには、既存の法規が適用される範囲を限定しようとするこの解釈方法が不可欠なのである。自由法学の狙いはまさにこの点にある。彼はこう述べている。

　歴史的解釈がなされるならば、「しばしば慨嘆されることの多い『耐えがたい』決定が簡単に出てくることはないだろう。」「大陸ヨーロッパの判決において『耐えがたい』決定が生じるのは通常、法規が、極度に詭弁的な『法律学的論理』のおかげで、その作成者なら決して適用するつもりはないと言ったであろう事例に適用される場合だけである」(ibid.：27)。

この主旨は、どう考えても法律学的論理の、つまり「あらゆる法律学」の全面否定であって、そのもう一つの法律学のヴァリエーションの提起ではない。エールリッヒが提起した法学方法論は〈現行法の限定的な歴史解釈＋法の欠缺領域における自由な法発見〉と表現できそうである。この彼の方法論は、磯村やレービンダーがそう描こうとしているように、存外モデレートな

ものに見える。だが、そう見えるだけである。一体我々は、常に確実に「立法者の真の意図」など把握できるのだろうか。結局その「意図」は、主観的に推測することしかできないわけで、その推測次第で法規の領域が本来の地平線より狭くなることもありうる。法規が退いた部分で自由な法発見による裁決を行えば、それは、contra legem である。彼は「客観的解釈」についてはその主観性を見抜いているにもかかわらず (Ehrlich 1968 : 29)、自分の解釈方法についてはまったく気づかなかったのだろうか。

　エールリッヒの自由法学が contra legem に帰着するとの主張のもう一つの理由は、彼がこの歴史解釈すら実は無条件に押し通そうとは考えておらず、次のように、自由法学が「法規を無視する」可能性を認めていることである。

> 実際には法規はそれほど強力ではなく、「裁判官は法規の単なる下僕ではな」いのであって、「ときには現行法規に反抗する社会的諸力に従う。」サヴィニーやプフタが強調したように、「法曹法も、現行法が定めている慣習法の条件を満たせば直ちに慣習法になり、そのようなものとしてそれ以前の法を無効にすることができる。」この「サヴィニーとプフタによって主張された〔廃棄的慣習法の〕学説が基礎となって、その上で自由法運動は仕事を継続しなければならないだろう。」「廃棄的慣習法の前提が存在する場合」には、判決は「法規を無視することが許されるのである」(ibid. : 48, 53-54)。

裁判官が、ある法曹法が慣習法になった、と独自に判断でき、それを理由に現行法規を無視できるとするなら、自由法運動は contra legem を目指していると言わざるをえない。こうしてみると、エールリッヒが打ち破ろうとした「一枚の壁」とは、〈法の支配〉原則であったことが解る。その壁の向こうにあるのは言うまでもなく〈人の支配〉である。エールリッヒは言う。

> 「裁判官の人格の中以外に司法を保障するものは存在しない。」「自由な法発見は偉大な個性の創造的思考からの何かをも期待しているのである。」「だから、自由な法発見は、実体法の問題なのではなく、裁判官職に任命

される者の選択の問題、つまり、最終的には、その強い人格を発揮させる裁判所組織の問題なのである」(Ehrlich 1903：188, 194, 195、強調‐原著者)。

そして彼は、「民主主義的潮流に抵抗」して、「司法において裁判官の優れた人格のためにすべての方向への自由な余地を作り出してやる」ことのできる裁判所組織の理想型を、皮肉にも、〈法の支配〉原則の祖国英国に求めたのである。それは何故か。英国の裁判官は「司法の一機関をはるかに超え」、「英国人民」及び「英国の国家と英国の法の良心」であり、彼の持つ「権力手段は、大陸から見ると、途方もない」ものだからである (Ehrlich 1912：455, 463, 464-465)。彼は、結局、「王のような裁判官」(ibid.：462) による裁判を夢想していたわけである。

おわりに

「エールリッヒは概念法学を批判した」という、法学史においては常識とされる命題を反証し、「エールリッヒは法律学そのものを批判した」という非常識な命題を少なくとも疎明することを本稿は試みた。この疎明が果たして成功したかどうかは、読者諸賢の判断に待たなければならないが、少なくとも、「エールリッヒは概念法学を批判した」という命題だけは、もはや、無条件に語ることが困難になったのではないか、と筆者は踏んでいる。それでもまだ、その命題を唱え続ける者たちのために、筆者はエールリッヒに無理を言って、少々オーバー気味のプレゼンスを承知願ったのである。

第3章　イェーリングの「転向」をめぐって
―― ドイツにおける研究史概観

はじめに

　ヴェルナー・クラヴィーツは、現在もなお「先入見」が概念法学の正しい評価を妨げているとして、こう述べている。「概念法学は、その評判と比べ、全く別のものではないにしても、ずっと良いものである！」(Krawietz 1976：8, 10) この「先入見」はわが国でも根強いが（本書1～4頁参照。）、その解体は、現在支配的な「利益法学、評価法学の基礎への徹底した反省」(Krawietz ibid.：4) のための前提であり、そのまた前提が、概念法学から目的法学へ「転向」したとされるR・v・イェーリングの法思想の克明な再検証であると言えよう。本章はそのような観点から、19世紀末から最近までのドイツにおける主なイェーリング「転向」解釈を辿り、その問題点を指摘しようとするものである。

　イェーリングの「今日の法律学に関する親展の書簡」(1861～1866年；以下、「親展の書簡」と略称。)、『ローマ法の精神』（以下、『精神』と略称。）第3巻第1分冊初版 (1865年)、同第1巻第2版 (1866年)、同第2巻第2分冊第2版 (1866年)、複数の書簡等を見るかぎり、1860年前後に彼の方法論の上で「何か」が変わったことは間違いない。しかし、一体何が何に変わったのか？　そして、何が変わらなかったのか？　後述のように、これまで多くの研究者がその解釈を試みてきたが、必ずしも成功しているとは言い難い。偉大な思想家の変遷の的確な把握は容易ではないが、イェーリングの場合はとりわけ難度が高い。何故なら彼は、上掲の文献の中で、自らがその推進者であった構成法学を実践から遊離した概念法学として揶揄し、その論理崇拝を批判する一方で、その核心たる構成という方法を詳述した『精神』の版を重ね続け、『法律学における冗談と真面目』(1884年) においても、自分が法律

学の実践性の認識を欠いたことなどない、と述べているからである（Cf. Jhering 1980：9）。要するに、彼の法思想の発展史は断絶面と連続面が不明瞭に絡み合っているからである。この縺れた糸を解くには、彼があたかもサウロからパウロに変わったかのように考える偏見、概念法学と目的法学を水と油の関係と捉える考えを捨てねばならない、と筆者は考える。

1　断絶面重視型の解釈

これまでの「転向」解釈には、断絶面を重視するものと連続面を重視するものとの二つの類型があったと言ってよい。そこでまず前者の類型を概観し、その問題点を析出したい。

(1) E. ランズベルク

彼は、イェーリングは当初「厳格に論理的な構築理論［Baulehre］」に導かれていたが、後にこの立場の「一面的に論理的な構成」の中に「根本的誤謬と呪い」を発見し、「親展の書簡」でその愚行に対して「嘲笑」を浴びせ「野卑た論難」を行ったとし、その法思想を「構成的概念法学」の初期とその批判たる「現実功利主義」の後期に分けている（Landsberg 1910：791, 807-808, 825）。ところが、初期についての彼の解説はこの筋書と相容れない。何故なら、彼は、初期に属する1840年代の作品の中に「実践的な論調の驚くほど早い面影」を認めているからであり、『精神』第1巻初版（1852年）の中にも、後に彼を「構成原理と決別させたモメント」たる、「法の実際的使用可能性」を「法の論理的技術価値」に優先させる考えの存在を認め、その時期にイェーリングが法規と「実際的な法生活」との最善の一致を問題にしていたことを何度も強調しているからである（ibid.：791, 799, 796-797）。そうだとすると、イェーリングは「一面的に論理的」に構成していた、とは理解できなかったはずである。

だからランズベルクによると、初期イェーリングは、「構成」＝概念法学と「生産」＝功利主義という、相容れない公準の結合可能性を、つまり、「閉じた構成を同時に目的奉仕的に遂行しうる」ことを無益にも信じていた、

ということになってしまう (Landsberg 1910：798, 799)。だが、そもそも構成と生産、概念法学と功利主義とが本来的に相容れないという前提自体に問題がないだろうか。人は何故、法規の文言に拘泥するのではなく、その文言から抽象的な概念を構成しようとするのだろうか。ローマ法の精神を、「その文言や個々の法規に対する厳しい批判をするための、それらを越え出て新しい法形成に至るための手段」と考えていたとされるイェーリング (ibid.：793) が、生産と無関係な自己目的的な構成の表象を保持していたとは考えにくい。

後期についても同様である。彼は、イェーリングを始めから実際的な法律学者だったとしているのであるから、概念法学を「実際的な生活」との接触から断たれた「幽霊」として揶揄した『法律学における冗談と真面目』は筆者自身には向けられていないと理解せねばならないことになるのに、彼自身も揶揄の対象であったと安易に認定した上で、この行為を彼の「全くせっかちに沸き上がってしまう、無思慮に向こう見ず」な人格に帰する (ibid.：822) ことでこの重要な問題点から逃避してしまったのである。

(2) H. カントロヴィッチ

彼はイェーリングの「転向」を、「二重譲渡事件」における危険負担問題に関する彼の改説（1859年）と結びついたところの、「概念法学」——カントロヴィッチによるとこれは「実生活に疎い」初期歴史法学派を克服した「進歩的・創造的な」法律学の手続きなのだが——から、「実際的な結果を考慮」した「自由な法発見」、「目的論手続き」への転換と捉えるのだが (Kantorowicz 1914：84-87)、「創造的な」手続としての概念法学から「実際的な」考慮をする目的法学へとイェーリングが「転向」したという説明にはあまり説得力がないと言えよう。

(3) H. ランゲ

彼はイェーリングの法思想の遍歴を、G. F. プフタ的「概念法学の魔力」の下で「世間に疎い」「論理的方法の狂信者」であった「初期歴史法学派」時代（〜1852年）、「歴史的・論理的認識欲求」と「目的意識的形成欲求」と

の「格闘」たる「法律学的構成」を行う「生産的法律学」を主張した、過渡期としての「後期歴史法学派」時代（〜1858年）、「概念法学に対する闘争」、「権利における利益モメント、法における目的思考」の強調などの特徴を持つ「後期」（1859年〜）、の3期に分けるが（Lange 1927：6, 12, 14, 23, 24, 68, 71, 135）、この区分がほとんど無効であったことは、彼自身の次の言葉が示している。すなわち、第1期にすでに、「立場変更の初期的予兆」たる「実践的側面」への「強い傾斜」を示す業績や、文字から自己を解放」し「不毛なドグマティズムと権威への奉仕を打倒した」歴史法学派を擁護する匿名論文があり（ibid.：16, 19, 20）、第3期にいたっても「なお多くの概念法学的、構成的誤謬」が見られる（ibid.：127）ように、彼の法思想の漸進的発展は何重もの「矛盾」に貫かれ、「その矛盾は最終的解決を見出さなかった」、と（ibid.：135）。ランゲにとってこの第1期の概念法学と第3期の目的法学の連続性は処理不能だったらしく、その間の第2期のイェーリングを「破滅」した「双面の頭［Januskopf］」に仕立て上げる（ibid.：31, 44）という安易な解決が図られてしまった。

　それは、ランゲが概念法学を、結果を無視して厳格な形式論理的一貫性だけを追求する「文字法学」と理解してしまっている（ibid.：12, 100）からである。筆者には「ドグマーティクと目的論的考察方法は互いに排除しない」（ibid.：98）ことは初期イェーリングにとっても自明だったと思われる。そうでなかったならば、最初期の彼が歴史法学派を文字からの解放者として擁護するはずはないし、概念を操作する構成を行うはずもなかったのではないだろうか。

(4) K. ラレンツ

　彼はイェーリングの方法論に関して、単にプフタ的「形式的概念法学」の前期と「実用的法律学」の後期の相違点を挙げるのみで（Larenz 1991：24, 43）、その詳細な「転向」過程には興味を示さない。ただ、「自然史的方法」により発見された新しい法規は「拘束性」を持ちえないということが自己批判の原因だとしてはいるが（ibid.：27）。しかし、詳しい論証はない。言うまでもなく連続面の検討もない。

2 連続面重視型の解釈

以上の概観で明らかになったのは、イェーリングの「転向」を根本的断絶と見ると連続面を前にして破綻する、ということである。では次に、この連続面を重視する方の解釈のタイプを概観しよう。

(1) A. メルケル

彼は「親展の書簡」における概念崇拝批判をもって「転向」とは捉えない。彼によるとイェーリングは当初より、「目的モメント」を「至上命令」として主張する実際的な法律学者であり、継受ローマ法に対する「精神的自立の努力の代表者」、「実際上の利益に奉仕する」「創造的法律学」の提唱者であった (Merkel 1893: 13, 16, 20)。しかし、「論理的要素」を「過大評価」し、法律学を、「思弁的才能」がその自己法則に従うことによって「実践的任務に最もよく奉仕する学問」と考えたために、その任務の障害となっていた「純実定的なもの」から解放されるべく、素材の「論理的加工と濃縮」という方法をとった (ibid.: 11, 16, 17)。メルケルによれば、これが「法学的論理主義」＝「概念法学」の思考形式であり、その源泉は、「法学の技術的課題」の他に、形成主体たる理性が概念をもって「固有の生命や予定された多産性を持つ存在」と考える傾向の中にもある。イェーリングは後者の誤りを犯し、後にそれを自己批判的に揶揄したのだが、概念法学は、彼のようにロマニストに責任を負わせるのではなく、法一般の「非論理的性質」を立証することによって克服されるのである、とする (ibid.: 37-38)。

こうして彼は実際的、創造的法律学者としてのイェーリングの一貫性を強調するが、「創造的法律学」と概念法学の関係も、イェーリングが「全情熱を込めて」(ibid.: 38) まで概念崇拝と闘わねばならなかった理由も不明瞭のままである。

(2) F. ヴィーアッカー

彼にとって「転向」は「心理学的謎」であった。何故なら、イェーリング

は一方で「構成をまだ真面目に考えている」のに、「自然史的方法を自殺的に」非難したからである (Wieacker 1942：36)。彼はこの謎を解明すべく、「概念形成の自律性」と「この概念の生活目的への奉仕的従属」という外見的に対立するものが「イェーリングの思考の強制になりえた」理由を探った結果、「概念」は元来「道具的」なものであって、「構成」は「創造行為」であったということや、最初期の構成理念も、解剖学的考察と生理学的考察との矛盾も、実は「目的への展開」の準備であったということ、そしてこの目的が明確になるにつれ概念の自律性の信念が色褪せていったということを確定した (Wieacker 1942：25, 47)。だから、「転向」の意義は相対化され、概念法学を批判したとされる「親展の書簡」も単なる「不平の書」、「失望した感情の出口なしの表現」に他ならないということになる (ibid.：36)。かくして彼は、「自律的概念形成と、法を自然主義的価値の単なる道具とする解釈」は排斥し合うどころか「相互に必然的に要求し合う」ものであると結論する (ibid.：48)。

　なるほど概念形成の道具性、創造性についての洞察には概ね賛成しうるとはいえ、やはり「親展の書簡」が書かれた必然性が了解できない。イェーリングが概念法学から目的法学へと漸進的に成長したと捉えてしまうと、この「書簡」は感情レベルの問題に解消されがちだが、それは安易なやり方である。単に連続面を強調するだけでなく、それと断絶面との整合的な理解が必要だと思われる。

(3) E. ヴォルフ

　彼も転向を重視せず、「親展の書簡」を「心理学的にのみ表明され」た「絶対的ニヒリズム」の書と捉える (Wolf 1963：644)。彼によれば、イェーリングは当初より一貫して、プフタや B. ヴィントシャイトと同様、「法実務への奉仕」、「生活の法的な秩序づけ」を問題としていた (ibid.：631, 632, 639)。だからヴォルフは「書簡」の執筆を心理的次元の問題としてのみ処理しようとしたのである。いわく、あるときからイェーリングには解釈的な仕事が「生活隔絶的、世間知らず」に見えてきて、彼は「興奮」状態になり、「自分自身と自分がかつて崇拝したものに対する乱暴な公判」を開いたので

ある。それは「真実の精神的危機の言明というより気質的苛立ちの消散」に他ならない、と（Wolf 1963：643, 644）。だが、この「興奮」が一体、彼の仕事のどのような点に起因するのかを彼は立ち入って究明していないし、そもそも「親展の書簡」を書き続けた7年間も「気質的苛立ち」が持続した、という彼の説明には説得力がない。問題の核心からの逃避と言う他ない。

(4) W. フィケンチャー

　彼によると、イェーリングの方法論的立場は一応1860年頃までの「構成方法的段階」とそれ以降の「目的方法的段階」とに分けることが可能だが、この移行は、従来の「通説」が誤解しているような「極端な概念法学」から社会学的「目的理論」への「改宗」などではなく、両立場は「根本的には統一性を示している」。すなわち、イェーリングは一貫して、法は「時間において生き」、「必要とともに変化する」と考え、その法の発展に「批判的に」「参加」することが「法律学者の任務」だとの確信を持ち続けたのである（Fikentscher 1976：120, 137, 201-202, 194）。

　この批判的な「参加」の手段が『精神』第2巻第2分冊初版で展開された〈分析－濃縮－構成〉という方法であるが、遺稿『ローマ法発達史』が示しているように、イェーリングは、「道は分析、濃縮、構成の上を通ってゆく」との根本テーゼを後期も捨てなかった、とされる。当初より、この「道」の到達点たる「システム」は、法内容上の一般命題を供給するが故に、「新しい素材の無尽蔵の泉」、「法の継続発展の鍵」とされており（Cf. Jhering 1858：412）、一貫して法は批判的な法律学者の構成したシステムを「通ってそれを越えて」発展してゆくものとして、換言すれば、「構成」は法の進歩の「方法論的乗り物」として捉えられていたことになる（Fikentscher 1976：199-200, 225-226, 229, 249）。

　フィケンチャーによれば、法律学者の任務が「批判的」と形容されたのはまず、イェーリングが法の「方法的継続発展」の背後にある「実体的原理」として、超実定的な「実践的目的」を、初期の匿名論文（1840年代）や『精神』第1巻以来一貫して想定し続け、法は「目的に従って絶えず発展する」——もっともこの目的はシステムにおける一般化を通じて法発展へと変換さ

れるのだが——と考えていたからである (Fikentscher 1976：195, 198, 200)。さらに、初期、後期を通じて目的思想にとっては「一般的生活原理」だけが重要だったのでなく、その「目的」概念自体が「自然法」的なものであって、『精神』第3巻第1分冊や『法における目的』や講演「法感覚の発生について」等に現れているように、法感覚をその源泉とする「客観的に人倫的なもの」であると捉えられていたからである (ibid.：198, 202, 238, 242, 247)。要するに、「正義と人倫という実質的イデー」を、法の構成や発展を「操舵している本来的モメント」と考えていたからである (ibid.：236)。だからイェーリングにとっての問題は、「法の発展における法の構成」、「法の目的の理論」、「法感覚の理論」からなる「三和音」だったのである (ibid.：246-247)。

次に断絶面についてはどう考えていたのか。フィケンチャーによると、イェーリングは1859年には「純粋に構成的な」方法論の「自己批判」を行い、システムとの関わりや「法の論理的側面」の「過大評価」を反省しはじめた (ibid.：123, 194)。その結果、無理な構成方法的手法が鳴りを静め、関心が「技術的なもの」から「合価値的なもの」へと向かった。しかしそれは、「社会的目的に従って体系的に時間の中で発展する法の解明」という確固不動の目標がこれまでの方法では達成不能と気づいたためになされた、彼本来の傾向への「向き直し」に他ならない (ibid.：123, 202)。だから、彼の目的思想への傾斜は、始め「自明」であった「実践的目的」を「問題化した」だけのことであって、法を時間内システムとする確信の撤回ではなく、彼には必然的なその「補完」なのである、と (ibid.：194, 226-227)。

彼によるとこの「向き直し」は、構成とシステムについてのイェーリングの思想を「哲学的基礎の拡大」により補充するものなのだが、それが「悲劇的コンフリクト」になったのは、本人が法の目的に関する哲学的問題設定を、哲学的なものとしてではなく方法的に扱ったからである (ibid.：202, 244)。このボタンの掛け違い故にあの概念法学批判がなされた、と彼は言うのであろうが、何故イェーリングが掛け違ったのかについて説明がない。また、そもそも何故イェーリングはこの「向き直し」をしたのか、という問題も残る。フィケンチャーのように一貫性を強調する立場にとってはこの問題

はアポリアになりがちであるが、彼は正直に次のように述べている。「イェーリングに、構成を越えて法の他の『創造的』源泉を求めさせ、自分の著述家としてのプログラムを変更させる本当の刺激を与えたものは何か、を解き明かすことは難しい」、と (Fikentscher 1976：239)。連続面を詳細に論証した彼もやはりその断絶面を捉えきることはできなかった。

(5) R. オゴレク

彼女によると、プフタが「学問の法」を法源としたのは、「必然的な継続発展を妨げずに法的安定性を守る」べく、制定法に対する裁判官の審査権を弁護し、「国家から自由な法創造」であるところの「学問的法生産」を正統化するためだったのであるから、彼の理論には「実生活からの疎隔」ではなく、「実生活に最も好意的な成分」が認められる (Ogorek 1986：201, 204, 208, 210, 214)。概念法学から目的法学へのイェーリングの変転は、この「プフタ的意味の学問的法生産」が抽象的な構成から解放され、「社会的に条件づけられた形成手続き」に解釈し直される過程に他ならず、その変転は「法律学者の活動の創造的特徴に関しては原則的な考え直しをもたらさなかった」(ibid.：221, 222)。彼女もやはりフィケンチャーとほぼ同様の意味でイェーリングの一貫性を強調しているのである。

彼女によれば、イェーリングは「我々の任務」(1857年)や『精神』第2巻第2分冊初版 (1854年) においては、「法律学者による法の自由な継続形成」を「法律学的構成」として、まだ「概念法学的表象」を用いて描写していた。彼はそれを、「実際的な生活が常に新しい反応を要求するが故に」法律学に課せられた、「実定法を補充する任務」のための「自由な技芸」、「法律学の形成的技芸」と考えた。だから彼は、往々誤解されているのとは違って、上記の『精神』初版以来、「制定法実証主義」や「形式的導出が持つ合理性保証力への極度の思い入れ」とは無縁で、論理は「下位の役割しか果たしていなかった」(ibid.：221, 223, 226)。ところがこの「控え目」が『精神』第3巻第1分冊初版に至って「徹底した不信任」となり、「実定的なものに論理的なるものの後光」を与えることを「法律学的弁証法のまやかし」と非難し、「すべての法は利益、必要、そして目的に仕える」と考えるよう

になった——もっとも「法考察への目的と必要の導入」はすでに『精神』第1巻初版（1852年）に見られるが——。しかし、このような考えにとって「法律学的論理の静的な法則との結合が禁忌された」のは当然だが、「法律学の創造的力と任務についての彼のイメージはほとんど変わらなかった。」(Ogorek 1986：226-228)

また、彼女によれば、『精神』第2巻第2分冊初版当時は認められなかった、「法の社会的適切性への心配り」という任務が法律学者に委ねられたのだが、後期におけるこの「機械的裁判官像の拒絶」は「法学的経験主義への転換」に起因するのではなく、「自然史的方法」も「創造的、法形成的法律学者から発している」のであり、法律学者が法の生産者でありうることを示したのは、目的志向的な利益法学が初めてなのではなく、学問志向的な概念法学である（ibid.：228-229）。

かくして彼女はこう結論する。すなわち、イェーリングの仕事は「概念法学者から法社会学者への著者の転向に基づいて明確な区切りを見せているものの」、「法律学者の関与という点では法発生理論の応変をもたらさなかった」、と（ibid.：231）。

このようにオゴレクは、イェーリングが学問的法生産というプフタ的基本思想を一貫して持ち続けたという興味深い指摘をする。しかし、その一貫性と概念法学から目的法学への「転向」との関係が今一つ明確でなく、「転向」の必然性を了解しにくい憾みがある。

(6) O. ベーレンズ

彼は、イェーリングは「彼の危機〔いわゆる転向〕の後も概念法学者のままだった」、という大胆な見解を提示する（Behrends 1987：256）。

ベーレンズによると、「我々の任務」における「自然史的方法」とともにイェーリングは危機に陥り、その方法の根本的変更によってこの危機から脱出しようとした。この過程は彼の伝記において「人の心を捕えて離さないもの［Faszinosum］」だが、彼が危機に至るまで信じていたものを明らかにすることによってそれを理解する望みを持ちうるとし、ローマ法素材から獲得しうる原理があれば、問題はローマの法曹がしたようなその一貫した芸術的

第 3 章　イェーリングの「転向」をめぐって　57

適用だけだ、とするサヴィニーの信念＝「原理信仰」こそその信念であると論定する。ただ、サヴィニーは原理を「超実定的指導理念」として扱い、構成を「任務の思考連合」として自由に捉えたので、「不当な帰結」に対して自己判断力を行使しえたのに対し、イェーリングは原理を「実定的・実体的ルール」と捉えてしまったために、原理に強く「束縛された」ことが「危機」の原因だとする (Behrends 1987：246, 249, 250, 252, 253)。

　この「原理信仰」を彼の心から引き離したきっかけは二度目の「二重譲渡事件」であり、その結果彼は、法律学の仕事を原理の定式化と必然的一貫性を持ったその適用とする信念を捨て、「不適切な概念の帰結に対し抵抗する自然的法感覚」研究と、「原理の正しい限界づけ」や「目的を満たす構成的法形式の定式化を達成する目的研究」とに向かったのだが、これは単純な断絶ではなく、法原理は「直接的法妥当」を失っただけで、「法感覚と法目的という批判的審級」の中で生き続けている、とする。また「親展の書簡」の中で論難されたのは、イェーリング自身は免れていた「実践からの隔離」という当時の法律学の欠陥や克服済みの「原理信仰」、すなわち、裁決を「結果」の考慮の下で定式化した形式概念からは演繹しない「概念実在主義」であって、「理論」や「概念性」、「構成」からは決別しておらず、低次の法律学と高次の法律学、すなわち、「単なる制定法適用と理論的・教義学的な概念法学との区別」はその後も妥当したままである、ともしている (ibid.：254-256)。

　こうしてみると、危機後における目的と概念の関係、目的法学と概念法学との関係が問題となるが、ベーレンズによると、それらは〈目的－手段〉関係の中に位置づけられる。すなわち、概念は、高く評価されたままだが、「法律学的世界の支配者、創造神」から「目的によって統御される」ものになった。法律学も同様に、「法制度と法概念」を手段とし「その外部に存在する正義」を目的とする、「目的のための手段の理論」となった (ibid.：255-256)。目的法学とは、目的＝正義によって統御された概念法学である、ということになろうか。しかしベーレンズは、『法における目的』における「形式主義」——法妥当を原則的に「定立された形式」に基づかせ、法目的は「例外」的にしかそれを破らないとする——に見られるように、この「統御」

が例外的なものであり、この立場の背後にある形式性と自由との結合に関する信念が『精神』の概念理論への「更なる信仰告白」であることを指摘することによって（Behrends 1987：264-266）、連続性を強調する。

　この転向物語の中で、危機後も残存した概念法学的要素と目的法学との関係についての部分は魅力的である。しかし、危機以前の概念法学があたかも無制約に不適切な概念を産出していたかのような描写は納得できない。彼も一方では、この時期のイェーリングが実践から遊離しておらず概念を手段と捉えていたことを認めているが（ibid.：255-256）、もしそうなら危機が訪れるはずはなかったであろう。

おわりに

　こうしてドイツにおける主な「転向」解釈を見てきたが、その都度指摘したように、何れも説得的とは言えない。断絶重視型は、「親展の書簡」を境として方法論に根本的な変化＝「転向」があったとの先入観の故に、その前後を貫く連続性の処理に窮し、連続面重視型は、逆に、正しく一貫性を強調するのだが、今度は断絶面を持て余す。この迷路に果たして出口はあるのか。――筆者はその出口発見の指針として、これまでの研究者たちの努力の成果を踏まえつつ、イェーリングの方法論を戦略のレベルと戦術のレベルに分ける、という仮説を提起したい。前者の戦略は、実生活を考慮した法創造を法適用の体裁の下で行う、というものであり、これが連続面である。後者の戦術とはその確信の具体的実現形態で、あくまでも実定法的概念の操作＝構成によるとする概念法学の戦術から、法の目的への依拠を許す目的法学の戦術への変化、つまり断絶面はこの次元に属している。

　実定法的概念の操作という戦術は、法外在的であいまいな法目的の援用に比べ、非常に拘束性が高く、妥当な結論に導くのには高度の職人芸が要求される。イェーリングは、二度目の「二重譲渡事件」で自分の職人芸の限界を絶望的に思い知らされたが故に、未練を持ちつつも、より容易な戦術へと転換せざるをえなかったのではないだろうか。匿名の「親展の書簡」における歪んだ揶揄、暗い皮肉はこの絶望の破滅性を示しているだろうし、『精神』

の版が重ねられたことは、それにもかかわらず自分の前半生をかけた方法への思いが容易に捨て難かった、ということを現していると思われる。

第4章　初期イェーリングの匿名論文について

はじめに

　我々は、過去の出来事や人物がしばしばその実像からおよそ掛け離れた姿で描かれ、かつそのようなものとして多くの人々の記憶に深く刻み込まれてしまう、という「伝説」化の現象が日常的にも歴史学上も存在していることを体験的に知っている。この「伝説」化には様々な原因が考えられるが、最も考えられるのは、話を単純化し分かり易くするためにも、あるいは話を面白可笑しくするためにもなされるところの誇張である。この場合、描かれる対象のうち非本質的と思われた部分は捨象され、本質的と思われた部分だけが、場合によってはかなり潤色された上で、強調される。もちろん、何が本質的で何が非本質的かという選別には、語る者の主観が当然入り込んでいて、特に歴史学の場合、歴史が歪められて伝えられる可能性はあるが、歴史［Geschichte］が物語［Geschichte］である以上、この誇張に基づく「伝説」化はある程度は不可避であり、それほどの罪もない。

　ところが、「伝説」の中には、語り手と聞き手の多くに共通の利害に誘導されて意識的、無意識的に形成されたものもありうる。いわゆるフレイム・アップである。この種の「伝説」は、それが物語られているコンテクストの深層の構造に支えられているために、誇張に基づくアド・ホックな「伝説」と違い、その「伝説」性を指摘されても容易に抹消されえず、乾燥しきった山地での野火のように、必死の消火活動をしても完全に鎮火させることは極めて困難である。その「伝説」はあくまでも真実として信じられ続けるか、「伝説」であることは知られても、「真実」の役割を担った「伝説」として通用し続けるのである。

　法律学の世界におけるこの種の伝説となっているものの一つが概念法学で

ある。言うまでもなく、概念法学とは〈形式論理崇拝〉、〈実生活からの疎隔〉、〈法の無欠缺性信仰〉等を本質特徴とする法学のことである、という伝説である。筆者はすでに別の機会にわが国におけるこの伝説の蔓延状況について触れている（本書第1章1-4頁参照。）ので、それについてはここでは繰り返さないが、わが国ばかりではなく、概念法学の祖国ドイツにおいてもほぼ同様の状況であった。

そのことは、1970年代以降に盛り上がりを見せている概念法学見直し機運から逆に推測される。例えば、法社会学者ニクラス・ルーマンはその著『法システムと法解釈学』(1974年) の中で、そのシステム論的見地から次のように概念法学を誤解の淵から救出しようとしている。

> 法解釈学は、「法システムの二つの中心的要請」、すなわち、「生活」に奉仕するという要請と、法規範への拘束という要請の何れをも満足させねばならない (Luhmann 1974 : 15, 17)。つまり、「法秩序から離れ」ずに「批判的距離」を捻出せねばならない。それを可能にするのが「解釈学的概念性」であり、「法適用関係の関係化 [Relationierung von Rechtsanwendungsrelationen]」である (ibid. : 16, 18)。概念は、「通俗的には概念法学の誤謬」とされているように、そこから導出された裁定の完全性を保証するものではなく、「様々な過重な意味要求の拒否という仕方で裁定の自由性だけを組織する」ものである (ibid. : 22-23)。したがってこのような法解釈学は、「一貫性を持った裁定と一致しうるかぎりにおいて複雑性を高める、という命令」たる「正義」に適うことになる (ibid. : 23)。また、事例は裁定を必要とするかぎり、「解釈学的に構成される」が、その構成は、「同様ないし類似の事例において裁定の可能性が繰り返されることを——この意味において正義を——保証する。」(ibid. : 37)

法解釈学一般についてのこのルーマンの解説は明らかに概念法学の擁護を意図したものである。というのも彼は、利益法学、社会学的法律学、目的論的解釈方法論、等々の「アウトプット指向」、「結果指向」をもって、「法の機能及びシステムの分化＝自律化と矛盾」する可能性のあるものと捉えているからであり (ibid. : 29-30)、何よりも本書の日本語版序文において、本書

が利益法学によって立案された「『概念法学』の歪められた姿」を「もとどうりに修正」するべく書かれたことを述懐しているからである（ルーマン 1987：iii）。

さらに、1976 年に概念法学に関するアンソロジーを出版した W. クラヴィーツはその序文の中で大略次のように述べている。

> 「法律学とくに概念法学を特徴づけるものは現行法の技術的・構成的取り扱い、つまり法律学的構成の能力であ」り、「他の法律学的方法論の諸方向も明らかにその法律学的技術と構成なしでは成り行かない」のである (Krawietz 1976：6)。20 世紀初頭の「法律学方法論争」はこの「概念法学とのザッハリッヒに徹底した対決」を果たすべきであったにもかかわらず、「利益法学、評価法学」の影響力のために、それは「今日までまだ為されていない」(ibid.：3-4)。そのため、「概念法学的方法論の一時的誤用」に対する批判が不当に「一般化」され、概念法学は「ステロタイプ化」され「否定的価値アクセント」を担わされている。こうして「概念法学の偏見のない評価は現在もなお常に多くの先入見によって妨げられている。」このアンソロジーは何よりもこの「先入見構造の解体」に寄与するものである (ibid.：8-9)。

やはりドイツにも概念法学伝説はあったのである。概念法学は法律学「愛用の方法論的『とが負い小姓 [Prügelknabe]』」(Bydlinski 1982：109) にされていたのである。

こうした一連の見直し機運が最終的にいかなる成果をもたらすか、あるいは何ももたらさずに終るか、は全く予想できないが、法律学方法論が自己の在りうる姿を確認するとともに、在るべき姿を構想するために、自己の辿ってきた過去の道のりを客観的に正しく捉えることは決して無駄な作業ではないと思われる。そして、すでに重要な成果も出はじめている。その一つが本稿で紹介する R. v. イェーリングの初期匿名論文とされる論文数編の発見である。

イェーリングは、通常、1860 年頃に、概念法学から目的法学へのドイツ法律学の方法論的転換を自ら先駆的に遂行した——「転向」した——と理解

されている。もちろんここで言う概念法学とは伝説としての概念法学である。これらの匿名論文はまさにこの「転向」前、つまり、まだ彼が概念法学者であったとされる1840年代――なお、彼の公式の処女作は26歳の時の『ローマ法論集』(Jhering 1844)である――に書かれたものである。だから、もしこれらの論文がイェーリングの手になるものであるならば、それらは概念法学伝説を裏付けるものでなければならないはずであった。

だが、後に詳しく見るように、それらの内容はその予想を完全に裏切るものであった。それらの著者は論理を崇拝もしていないし、生活から疎隔しているどころか、その疎隔を批判して、生活と学問の緊密な関係の必要を訴えており、法の欠缺の補充を問題にしているのである。その中に伝説上の概念法学の徴候を発見することは極めて困難である。とすると、イェーリングは概念法学者ではなかったことになるのか。概念法学者でなかったとすると、一体何者であったのか。そして、あの1884年の『法律学における冗談と真面目』(Jhering 1980、以下、『冗談と真面目』と略称)等における、自己批判的な概念法学批判――周知のごとく概念法学という蔑称は彼がはじめて考案した――は一体何だったのか。その点を考えれば、やはり彼は概念法学者だったと考えざるをえないだろう。

すると、残された可能性は、批判された概念法学が伝説上の概念法学とは異なっている、ということだけではないだろうか。したがって、この初期匿名論文は、イェーリングの転向の実態を知る上に不可欠の資料であるにとどまらず、ドイツ概念法学の真実の姿を照らし出す重要な手掛かりの一つになると言えよう。

1　匿名論文発掘小史

イェーリングが1840年代に幾つかの匿名論文を発表していたことは古くから分かっていたはずであった。というのも、彼自身が1879年の『法律学論集』の序文において次のように述べているからである。「私は昔、幾つかのもの〔法律学的内容を持った小論文‐引用者、以下同じ〕を諸雑誌に、特に40年代にベルリンで公刊された文芸新聞に〔in der literarischen

Zeitung]、あるものは署名入りであるものは無署名で、発表した。」それらの中には「幾つかの長めの論文、例えば、歴史学派に関する6号連載のもの」がある、と（Jhering 1879：v）。

　ところが、これらの匿名論文がドイツ19世紀法学の研究者はもとよりイェーリング研究者の関心を惹くことはこれまでほとんどなかった。わが国においても馴染みのある F. ヴィーアッカーや E. ランズベク、E. ヴォルフの研究書（Wieacker 1967；Landsberg 1910；Wolf 1963）の中にそれらをフォローした形跡は見当たらない。それ故わが国においても長い間この匿名論文問題は気付かれないままであった。しかし早くからこの問題に関心を示した研究者も2人いたのである。ただ、彼らの匿名論文への言及は単発的でしかなく、大方の無関心を打ち破るには至らなかった。

　イェーリングが61歳になってその匿名を暴き例示した、20歳代に自身が執筆していた論文のことに言及したのは H. カントロヴィッチが初めてであった（Kantorowicz 1914：361）。ただ彼は、イェーリングが「初期歴史法学」を「正当化しようとした」匿名論文を書いていた事実を摘示しただけで、論文名も掲載雑誌名も具体的には示さなった。このカントロヴィッチに示唆されて約10年後、この例示論文を『文芸新聞［Literarische Zeitung］』[1]の中から捜し出し、その内容をその著『法の理解におけるイェーリングの変遷』において詳しく紹介したのは H. ランゲである（Lange 1927：17-22）。彼によって初めて、カントロヴィッチの適示した論文が1844年の「法律学者の歴史学派」（Anonymus 1844b、本章における（5）論文）であることが明らかにされたのである。しかしこの論文は、内容は別にして、5号連載であって、イェーリング自身が示した号数と合致していない点に問題を残している。

　とはいえ、この論文は場合によってはイェーリングの初期思想を知りうる極めて重要な手掛かりとなりうる一級品の資料である。ところがランゲの業績が学界の共有財産とはならず、それから40年以上、この論文がイェーリング研究の中で一顧だにされなかったことは摩訶不思議なことと言わざるをえない。ランゲがその論文の名を挙げた後すぐに複数の研究者によってその

1）1842年から1849年までベルリンで発行。週2号。編集者 Karl Brandes、発行人 E. H. Schroeder。以下、『新聞』と略称する。

分析、考証が行われていたならば、歪んだイェーリング像や概念法学伝説は早い段階で解消されていたかもしれない[2]。

ところがイタリア出身の有名なイェーリング研究者である M. G. ロザーノが1970年にこの論文を忘却の淵から救出した。2人の先行者への言及がないことから判断するに、彼はおそらく彼らに触発されたのではなく、独自にイェーリングの『法律学論集』を手掛かりに『新聞』から捜し出したのであろう。そして彼はそれをヴィーアッカー等の編集にかかる『イェーリングの遺産』におけるイェーリングのビブリオグラフィーに加えるのみならず、その他に『新聞』誌上の次の2編の論文を、「イェーリングのものとされうるだろう」候補として新たに挙げた (Losano 1970：255)。それらの論文とは、1842年の「現在の学問的並びに実践的・政治的激動におけるその位置から見た『歴史学派』」(Anonymus 1842b、本章における (2) 論文) と、1845、6年にかけての「ローマの法律学と現代の法律学」(Anonymus 1845b、本章における (6) 論文) である。

このロザーノが投じた一石以来、西ドイツにおけるイェーリング研究は新たな局面を迎え、『新聞』という鉱脈の発掘が盛んになった。まず1973年には後年の大著『法の方法』で知られる W. フィケンチャーが (2) 論文の前編である「現代国家学の発展過程における主要転換点」(Anonymus 1842a、本章における (1) 論文) を発見、イェーリング法思想を知る上の重要な資料とし (Fikentscher 1973：374)、更に、1977年には再びロザーノが慎重な仕方で、1844年の「現在に対する法律学の立場」(Anonymus 1844a、本章における (4) 論文) を匿名論文の候補の列に加えた (Losano 1977：569-570)。

1982年にはヴォルフガング・プライスターが『イェーリングの著作における人格、意思、および自由』というそのディッセルタチオンにおいて、次の2論文を追加し、詳細な考証を行った (Pleister 1982：125 ff, 143 ff)。すなわちその論文とは、1843年の「ローマ法に対する近時の攻撃」(Anonymus 1843、本章における (3) 論文) と、1847年の「ドイツの法律学に対するクリスチャン・トマジウスの意義」(RJ 1847、本章における (7) 論文) であ

---

2) ちなみにわが国においては長谷川史明がこの論文を紹介した (長谷川 1982) 以外、笹倉秀夫が若干言及している (笹倉 1979：246, 317) 程度である。

る。この最後のものは、他と違って完全な匿名ではなく、イェーリングを思わせる「R. J.」のイニシャルが文末に記されている（Cf. RJ 1847：287）。イェーリングは署名入りの論文のあることも示唆しているから、これがイェーリングのものである確度はかなり高いと言えよう。

　以上がイェーリングのものとされうる匿名論文候補の発掘史の概略である。それらの中にはすべての考証子が一致してイェーリングの著者性を認めるものもあれば、その逆に一致して認めていないものもある。しかし本稿では予め候補論文を取捨選択することなく、すべてを平等に読者に提供しようと思う。

2　『文芸新聞』紙上の諸論文の概要

　以下、こうして発掘された匿名論文計7編の概要を『新聞』掲載順に紹介することにする。それらについての幾人かの研究者の議論、考証は次節において各論者ごとに整理することにした[3]。

(1) 「近代国家学の発展過程における主要転換点」(1842. 7)

　この論文は1842年7月下旬に2号連載の形で発表された約9シュパルテ（新聞紙面の縦の段。本誌は2段からなる）の小品である。但し、その文中2箇所で、この連載の続編の論文の発表を予告しており（Anonymus 1842a：686, 708）、さらに、この論文の約2か月後に同誌上に発表された、次の（2）論文においても、この（1）論文との継続性が強調されている（Anonymus 1842b：825）ほか、全体の結論部が（1）論文のそれの敷衍となっている（ibid.：868-869）ところを見ると、これらの両論文は少なくとも同一の著者によって書かれたものであること、そして、内容的には単一の論文と見た方がよいことが明らかである。しかし、それぞれに別の表題が掲げられ、一応、形式的には独立の論文の体裁になっているので、こうしてその形式に従って分けて扱うことにした。

　3）なお、各項の冒頭に記したイェーリングの伝記部分については山口鈍彦『イェーリング法思想研究（1）』の「イェーリング年表」（山口1977：47-85）を主に参照した。

ところで、仮にこの論文がイェーリングの手になるものだとすると、彼は若冠23歳11か月でこれを書いたことになる。ハイデルベルグ、ミュンヘン、ゲッティンゲン、ベルリンの各大学での4年間の勉学を終えて僅か2年、教授資格を取得してからも僅か1年足らず、さらに、ラテン語で書かれた『占有相続について』と題する学位請求論文で博士号を取得する半月足らず前のことである。翌1843年には着任早々のプフタのいるベルリン大学でローマ法の私講師として初めて教壇に立つのだが、言うまでもなくこの年はまだ一介のドクトラントにすぎなかった。果たしてこのような若き法学徒が、それもこのような重要かつ微妙な時期に、自分の専門と決して無関係とは言えないにしても、国家学ないし政治学を主たるテーマとする論文を書くだろうか。このように状況的に見たかぎりでは、この論文に関するイェーリングの著者性には疑問の残るところではある。しかし、それはともかく内容を見てみることにしよう。

　この論文の著者の目的は、「現代の国家学の原理」の生成と、「その原理の内部でも哲学派と歴史学派とが離反していること」を我々が習得するために、その「主要転換点」に注目すること（Anonymus 1842a：686）であり、「共通のより高次の原理それ自体」すなわち、歴史的原理に基づいて両派の「仲裁」（ibid.：685）を試みることである。その議論を要約すると、以下のとおりである。
　現在〔＝当時〕の全学問の特有の考え方は「歴史的」という述語で特徴づけられうる。実生活においても、現代の発展衝動における「どこへ？」という問いに関しては「どこから？」という問いの考察が最も確実な情報を与えてくれる、と考えられている。ところが、「この一般的な歴史学派の内部で、とりわけ国家学と法学において、いわゆる『哲学』派といわゆる『歴史学』派との分裂に遭遇」する。この両派は、相互に相手を一面的に呪うだけで、「共通の歴史的原理の要求」に従って不可欠の補完者と見ることなく、「自由のより深層の構造［Gestalt］における統合」を明らかにすることもない。この原理を奉じているが故に、両派はともに「法のあらゆる有限な教条主義」と相容れないのだが、実際には、この教条主義や実践的生活の領域に必

然的であるところの「排除と分脈」の虜になっている。この必然性から解放されることこそが「学問の歴史的原理の」「至福の自由」なのである。だから、「両派を仲裁する努力は何ら折衷などではなく、」「共通のより高次の原理それ自体の自由で力強い帰結」なのである（以上、ibid.、強調＝原文イタリック‒以下同じ）。

　近代政治学の発展過程を辿るならば、その始点はマキャヴェリに設定される。すなわち、中、近世から近代への移り行きは、人間の意思が「自然のままの直接性および幻想的な耽溺から思慮深い生活規制へと上昇する」過程であるが、しかし近代政治学においては、人間は法律の権力の下にあるのではなく、「その内的無限性において立法者と一体になっていること」を自覚している、という「近世全体を貫く意思の真なる内容」は保持されている。だが「ロマン主義の理念」は打ち砕かれた。ダンテはこの古き理念の衰退に対し満身の怒りをもって闘ったが無駄だった。そして、まさにこのダンテが闘った場所で、マキャヴェリはその『君主論』を携えて「国家の英知」を説いたのだった（以上、Anonymus 1842a：687-688）。

　このようにして登場した近代政治学の発展過程は、3段階に区分できる。第1段階はこのマキャヴェリの影響下にあった段階で、そこでは「思慮深さ」はまだ自分自身だけしか内容として持たず、そのため「確たる聖なる内容」を欠き、「利己的な粗野」や「知性のない豪華」が登場した。この政治に携わる人々は内面的には自分たちの「国家権力の思考」に支配され、そのかぎりで「手段は彼らにとって目的と符合」していた。ルートヴィッヒ11世の場合のように、教会の、よそよそしい実証的な神的意思に対する古い信仰が最高目的とされていたのか、マキャヴェリの場合のように、そのような最高目的が在るという信仰が全く欠けていたのか、のどちらかである。この時代全体を通じて「道徳法則」という概念は知られていなかったのである（以上、ibid.：688）。

　第2段階は「理性法」の段階と呼ばれる。すなわち、「自然的な有限の意思」の第1段階に対し、「**理性的で**一般で**永遠的な意思と目的**」の段階である。その画期をなしたのは「宗教改革」であるが、理性法が育った土壌は、ドイツ的精神とかルター主義ではなく、カルヴァン派、それも、「神的

なものの実現を人間の協力に依存させ」た「レモンストラント派」であった。唯一重要な点は次のような段階全体に共通する考えである。すなわち、「国家は一つの『**目的**』を持っており、この目的は**非恣意的、一般的**であるが、それにもかかわらず、恐らくや恣意はこの目的を意欲することもできないだろうから、そのような非意欲に対して保証を発見することが政治学の任務になる」、と。だが、「一体この非恣意的目的の内容は何か？ 法の内容は何か？」フリードリッヒ大王は「共通の福祉」や「国家の繁栄」だとしたが、ルソーは、非恣意的な「自由」だとした。そしてフィヒテは、国家を、市民たちの善意思をまったく当てにしてはならないところの「法の自然秩序」だとしたが、その意味で彼は「この段階の頂点」に立つ。しかし、彼の言う「理性法則」がますます、神的なものの、現実的意思における全く人格的な啓示」になり、彼がますます、「合目的的に打算する国家機能から離れ、国家の歴史的かつ実定宗教的把握へと傾斜していった」という意味では、彼は「より高次の段階への移行点」でもある（以上、Anonymus 1842a：689-690）。

　最後の第３段階は「歴史的」段階と言われ、「ドイツ精神およびそのルター主義において確立された、精神的なものと自然的なもの、自由と感性、との神秘的な統一」として特徴づけられる。ここでは自我と非我の対立の残滓が解消されてしまうので、「国家目的」も合理主義的政治学における「全く古い意義」を失った。つまり、法の自然的秩序を構築するために、人工的な国家機構を案出する必要はなくなったのである。「我々は法の中で生き動き存在しているのであり、法自体、国家と歴史における唯一現実的なものとして生きており、歴史自体が『自由の有機体』」だからである。かくしてシェリングとヘーゲルが合理主義的理性法と革命的妄想に対して反乱を起こしたのである。「非歴史的な合理主義に対する異議という**この**意味で、現代の学問的意識全体は『**歴史的**』と名付けられる」。問題は「狭い意味」の歴史学派と哲学派の違いであるが、それは、「自由」が常に「歴史の魂」だったことを知っているか否か、である。前者はそれを知っている。例えばAd・ミュラーは、すべての法は「実定的」であり、本質的に諸利益間の闘争から生じる「生きた和解」に他ならないとして、理性法という表象を非難したE・

バークに倣いながら、さらにその思想をドイツの「同一哲学」と融合させて、「進歩してゆく和解」を、「永遠の神法」と「人間の永遠に予定された調和」との「進歩してゆく啓示」とした。だがこの歴史学派は、合理主義からの解放の喜びおよび想像的自由の予感の熱狂の中で「度を過ごし」、自由を恣意に変質させ、政治においては、利己的な利益と絡み合ってしまった。これに対し哲学〔派〕は、「現実的なものは理性的である！」との命題を振り回して、「存在しているものの防衛」を引き受けた。その命題の核心は、「**概念だけが現実的であり、概念化されないものは非理性的**でもある」という点にあるが、我々は今や「法の内容についての意識」を保有しており、人間がそれ自身の中に「聖なるもの」を持っていることを知っている。それは、たとえ「概念化できない」としても「愛がそれに対し目を開くところの神的で不死なるもの」、すなわちフィヒテ言うところの「**人道とキリスト教的人倫の真なる本質**」なのである（以上、Anonymus 1842a：705-707、〔　〕内‐引用者：以下同じ）。

　かくして匿名子は次のように結論する。すなわち、現代における「法意識の一般的立場」は、「非歴史的合理主義」を克服し、その一方で「自然主義と単純なプラグマティズム」に陥らず、「神的秩序として歴史を支配している」「聖なる一般的意思」を受容するかぎりで、「歴史的」である。だが、それは歴史学派と哲学派の分裂を含んでおり、前者は反合理主義のあまり、「自然主義に傾き」、自由を「概念化できない同一性」として、人々を結合させる「一般性」を「自然発生的なもの」あるいは「もっぱら法王によって意識されるもの」とのみ捉えてしまった。哲学派はこの自然主義への反感から「合理主義に傾き」、自由を「概念」として捉え、現実的な人格性を「抽象」に解消してしまった。このように両学派は、どちらも創造的人格性の充溢した自由」を原理にしているように見えながら、「逆の仕方で一面的で一貫していない」、と（以上、ibid.：707-708）。

(2)「現代の学問的ならびに実践的‐政治的激動におけるその位置から見た『歴史学派』」（1842.9）

　この論文は1842年9月に3号連載（11シュパルテ半）で発表された。各

号の表題を目次化すると以下のとおりである。
　Ⅰ　ことの起こり——党派分裂
　Ⅱ　ハラー理論
　Ⅲ　闘争——仲裁

　すでに述べたように、実質的には前論文の続編である。したがって、論文執筆時期に彼が置かれていた状況の観点から前論文に対して提出されたイェーリングの著者性に関する疑問も、すでにこの時点では彼が学位を取得しているという点を別にすれば、ほとんどそのままこの論文にもあてはまる。

　この論文の目的は、広い意味での歴史学派の「全面的評価」を成し遂げるために、「当今の諸傾向や諸利益の実践的・政治的闘争に巻き込まれている」その原理を理解し評価することであり、以て、分裂している狭い意味での歴史学派と哲学派の「より深い統一が発見されるであろう点を予見」することである（Anonymus 1842b：825, 869）。その議論を要約すると、以下のとおりである。

　この目的のために「歴史的原理の一面性」を最も極端に歪ませた「復古主義者」、K. L. v. ハラー[4]の思想を検討しようと思うが、その前提としてハラー的歴史学派の生成過程を簡単に辿っておかなければならない。広い意味での歴史学派は合理主義の「非現実的な当為からの精神の解放」であり、「人格性の完全な享受」を切望して全く新しい「ロマン主義的国家学」を構築した。時代的には合理主義政治の絶頂ともいうべき「ナポレオンの帝国」の崩壊後にあたる。中央の各フラクションの中には合理主義的国家を主張する人々が残ったが、その外に、「哲学的・本質主義的で古典的な政治に対立する**人格主義的、ロマン主義的政治**」を目指す左右の両翼ができた。それらは何れも「存在するものに敵対的」であるが故に「革命的」と言える。「右翼」は「後向きに」自由を求め、「国家のない封建的な荘園領主の時期」への回帰を願い、「諸個人の**閉じられた人格性**」に固執して、それらの「調和」を

---

[4] Karl Ludwig von Haller（1768-1854）、スイスの法学者。主著は *Restauration der Staatswissenschaften*, 6 Bde., 1816-1825。フランス革命や自然法論に批判的な立場から、復古的、正統的国家理念を主張した。

「不可解な彼岸」の問題とした。この立場は「歴史的ロマン主義」と呼ばれるべきもので、シュタイン、ニーブール等がそれに属する。他方、「左翼」は「前向きに」国家を考え、すべての「強制支配」が解消され、「人間性」すなわち「愛において自由な人格性」だけが王位を導くことを望み、人格性自体を「調和の自由の創造者」と規定する。この立場は「理想主義的ロマン主義」と呼ばれるべきもので、シェーン、バイメ等がそれに属する。右翼の立場を最も極端に追求したのがハラーだが、そのハラーが重要なのは、その思想の中に、我々が目指す、自ずからなる「和解」の可能性があるからである（以上、Anonymus 1842b：825-828）。

　ところで歴史学派の「本質」とは何か。それは、合理主義に対立して、「理性と自然、義務と衝動、当為と存在、という固定的な悟性的対称」や「社会契約」論を否定し、哲学派に対立して、「個人の人格性」の権利、「神的精神、教会の主権」を強調し、ロマン主義的政治学の内部では、「理想主義学派」の、「信仰や愛の中での創造的な人格性」に対立するところにある。この本質はハラーの思想の中で際立っている。彼においても本質的なのは、第1に、「国家契約と国家目的の政治学に対する異議と、**自然や現実への固執**」である。第2に彼は、世界を支配しているのは「盲目的自然力」ではなく「神の法則」であり、それが「すべての者の自由を……保護、実現し」、「**人倫的**人格性の自由」すなわち「義務」という永遠の法を与える、とする（以上、ibid.：849-850）。

　だが、この「神の法則」の内容に関してハラーは混乱している。実は彼は法則を意欲しているのではなく、諸人格の「閉じられた絶対的な離在［Auseinandersein］」を意欲し、「肉的なもの、現世的なもの」に対しては、それを「知られざる神の秩序」として尊敬しつつ無関心でいようとする。その消極性から、「原則的に根拠がなく限界のない所有」が認められ、公法関係は私法関係に還元され、国家は形式的に否定される。道徳と法も引き裂かれる。つまり彼は、すべての人間の「神的なもの、無条件的なもの」を「国家のすべての侵害」から守るために、「国家を徹底的に否定し、所有という怪物を構築する、という極端」に陥ったのである（以上、ibid.：582-583）。

　このハラーの欠点は、彼が国家との関係で主張したことを「教会との関係

で」は洞察しなかったことである。したがって、「人間の胸の中での法則の生き生きとした啓示」すなわち「現代の良心」しか問題となりえなかった。それ故、彼の「所有」は「真実性と現実性のない合理主義的フィクション」に他ならない。彼は「神の法則」を、その師 Ad. ミュラーと共に、「**歴史においてその内容を啓示し合法則的に進展してゆく、神の帝国における人間的諸個人の完全に自由な人格への調和化**」と定義せねばならないはずである。そうすれば、彼は直ちにフィヒテの「道徳的世界秩序」の傍らに立ち、「各人の胸の内でこの**調和が意識的に意欲されうる**」とする「反対の極端」に接することになるだろう。これらの両極端の「統一」は、歴史学派が、「歴史の中で神的に生成する調和と自由が、同時に各時代の良心の中にその段階に応じて啓示されることを認め」、他方、理想主義学派が、「良心は、単に神の啓示の源泉であるばかりでなく、むしろ、神的な歴史の経過の中で自ずから浄化されねばならず、その経過の考察において自分自身を解ってもらわねばならないことを認めること」のうちにある（以上、Anonymus 1842b : 853）。

　ここで再び学派の争いの歴史を振り返ろう。すなわち、その始め、すべての政党は「祖国の理念」で一つになっていたが、やがて反乱が起き、「**国民性と公的自由**」を共通の旗印とした者たちが勝利を収めた。ところが彼らは、「集権化と主権」に異議を申し立てた「反動・歴史派」と、それらを主張し公的自由と国民性に異議を申し立てた「合理主義的官僚派」に分裂した。ハラーは前者にとっては福音であった。この前者は行政中枢部の歩みを妨げようとしたが、この中枢部はその支えを「哲学」に捜し当てた。しかしその哲学は、「合理主義」と「それが奉仕すべき官僚制」を打倒し、「現代の歴史的原理」、「公的自由」、そして「現代の一般的国家公民の立場」を主張したのである。哲学はこの一般的立場の内部で「ロマン主義的政治」ないし「人格主義」と対立関係に立ち、ここではその「本質主義」は勝利しえなかったが、「偉大なヘーゲル」の影響の下、「アナーキーな人格主義」の誤り、とりわけ「ハラーの混乱」を簡単に証明してしまった。とはいえ、その主張によると「人間は国家の中に全く吸収される」ことになってしまう。だから、この人格主義と本質主義を「統一」することが最善の道であって、それは、「制定法の人倫的要求も自由な聖霊のそれも同一の満足を見出すような、

人格的神と歴史的哲学の理念を求めて努力する」ことである。この道はまだ「グノーシス派的」、「神学化的」に見えるが、それまでのすべての歴史の流れには一つの「傾向」があることは否定できない（以上、ibid.：865-867）。

つまりこういうことである。「民族生活の発展と実践的諸傾向の発展は結局は定常的に同じ方向に進歩してきた」のであって、「反動」といえどもその進歩を止めることはできなかった。その方向とは、「個人の自由」と「国家権力の力」の双方が増大し、「意識的かつ計画的な立法」への要求がますます承認される一方で、官僚制に対立して国家への参加権たる「公的自由」や精神的自由権が声高に叫ばれてきた、ということである。だから「国家権力の強制を制限下に置く」という見解が「実践的意義」を持ちえたのであろう。この時代意識はますます「全体性」へと集約してゆくから、我々は「実際的政治において分裂の循環が間もなく終わるものと考えてよい。」こうして匿名子は哲学派と歴史学派とを「現代の一つの特定の自由理念における二つの等しく本質的なモメント」として説明しえたとする（以上、Anonymus 1842b：867）。

最後に匿名子は全体の考察を総括する。すでに述べたように、それは前論文の結論部の敷衍と言ってよく、すべてを繰り返す必要はなかろう。ただ、その中で彼自身の立場を知る手掛かりとなる見解が披瀝されているので、それだけは紹介しておこう。

彼によると、「個体における一般と特殊、歴史的な法における自然主義と合理主義の同一性」を前提とするなら、原理になりうるのは、「概念すなわち対自的一般」でも「非概念的なものとしての個体」でもなく、「個体としての一般、具体的、自己意識的なものとしての力、すなわち、**人格性**だけ」である。外面的には「成長する平和」として現象するものには、「内的には成長する理性と認識も対応する。」そのかぎりで歴史における法の進歩は、「根本に存在する人間の神的秩序の客観的啓示であり、もともと予定されていた調和の啓示であ」って、「原初的統一の深みへの理性の回帰」である。現代が持つ意義は、「学問と生活」、「宗教と実定法」が同じ歩みをしてきたことを認識し、この「生きた平和」を可視的にした法体制を構築したことである。しかし、人格性を「最高のもの」とすると、国家は人格性の「世界的現

存在の全体性における単なる一つのモメント」に降格され、「**最高の平和**」は、「無限の自明性への無限の献身、すなわち、無条件的人格性への無限の献身を通した個人の再生としての宗教の平和」となる。この平和は、すべての者同士の「共通の内的統一への信頼の絆、すなわち**教会のそれ、歴史の啓示のそれ**」であり、それによってあらゆる者は「あらゆる単なる外的な法則から解放される」（以上、Anonymus 1842b：868-869）。

これが本論文の匿名子の見解である。

(3)「ローマ法に対する近時の攻撃」（1843.7, 11）

これは1843年7月下旬と同年11月下旬の2回に分けて掲載された、Ⅰ合理主義、Ⅱ純粋主義の二部からなる計約12シュパルテの論文である。

もしイェーリングが、ローマ法を直接のテーマとするこの論文の著者だとすると、その時期は彼の25歳の誕生日前後にあたり、彼がベルリン大学で私講師としてローマ法の講義と演習を担当しはじめた時期とほぼ符合する。

この論文の匿名の著者は、近代の学問はかつての「密教的孤立主義」によって損なわれた、と捉え、「学問は生活に手を延べねばならず」、「時代の真の要求を認識し正当化する」方法について報告をせねばならない、と考えている。その観点から、「遙かに完璧な法を自分の理性から構成する」ことを自負する「合理主義」と、法に対して「国民的である」ことを要求する「純粋主義」の双方からなされたローマ法に対する攻撃に対して、ローマ法の「正当化を試み、ドイツにとってのその歴史的意義を証明」しようとする（Anonymus 1843：921）。その正当化の試みは以下のとおりである。

「合理主義」の立場は、歴史学派によって「とっくの昔に無効化」されているにもかかわらず、ある者は、「自然法はあらゆる立法の基礎である」との考えから、「書かれた制定法では間に合わないような場合には、理性すなわち道徳の命令が欠缺を補充することができかつそうせねばならない」と主張する。だが、このような「愚かな」「主観的な感覚」が裁判官席に座ると、それは「国民への服従を拒み、その好みに応じて法を産み出す」ことになってしまい、国家の意思は個人に対して無力になるだろう。「我々はローマ法

の中に法典を持っているのではなく、学問を持っているのである。」(以上、Anonymus 1843：922-924)

　攻撃者の一人、カウルフス[5]は「ローマ法の学問的価値」について次のように述べる。ローマ法にとっては「理論と実践によって継続発展する」ということが「欠点」であり、ローマ法の言葉は、あるところでは「明確性と厳密性」を欠き、あるところでは「取り止めもなく」「冗漫」で、「矛盾」まである。要するに「ローマ法には統一性が欠けている」、と。しかしこれまでは、それらの「言うところの欠点の故に、ローマ法は他の法より優れている」とされてきたのである。カウルフスはさらにローマ法研究の弊害も挙げる。すなわち、そこにおいては「カースト的排他心」が幅を利かせ、「堅実な知」が地歩を築くことは稀であった、と。そして、ローマ法は法律学者たちに「祖国的直感ではなくローマ的直感」を授けることで、彼らを「生活を知らない理論家」に仕立て上げたと言う。だが、もしローマ法がそれ程欠点に満ちているなら、その習得しにくいローマ的直感をどうして2、3回のローマ法講義で自分のものにしうるのか。またカウルフスは、学生は試験合格後『市民法大全』を投げ捨てると言うが、それ程反感をもってローマ法を勉強した者がどうして「生活から疎遠になることを誇りに思う」ようになるのか。こうしてカウルフスは「現代的ディレッタンティズムの特徴づけに向けて非常に役立つ貢献をしてくれた。」(以上、ibid.：925-927)

　さて、考えるに「正しい立場」は、法が国民性によって決定されていることを完全に看過している合理主義と、「もっぱら自分の生命力で発展する法形成を要請」し、ローマ法継受を「危険な事実」と決めつける純粋主義の「中間」にある。その立場は、民族の「個別性」を全部認めるが、「外国の要素を受け入れることによるその補完と鍛錬」を排除しない。純粋主義の起源は19世紀初頭に法の発生とその国民性との関係について立てられた理念、すなわち、「歴史学派」がその普及と適用を任務とした理念に求められる。この純粋主義は反対されねばならないが、その中には、多くの真実を担い、「我々の法律学と民族の性質の中に二つの有害な方向に対する反動であると

---

5) Kaulfus(s)、この人物については、*Das römische Recht am Hermanns-Denkmale*, Berlin, 1842の著者である、ということ (Cf. ibid.：922) 以外不明である。

いう大きな功績を持った見解」があることに敬意を払わないわけにはいかない。その有害な方向とは、「民族の中に根づいている実定法」の代わりに、思い付き的に空中楼閣を立てようとする「法律学的合理主義」であり、外国の制度の受け入れに対する「過剰な乗り気」である（以上、Anonymus 1843：1517-1518）。

　純粋主義はローマ法の「帰結と内的完全無欠性」を否定しないが、その継受がドイツの国民性と法に不利な結果をもたらしたとして、この「侵入者の追放」を要求するが、生活やある国民の精神の中に外国の偉業が入り込む余地があるかどうかを検討すれば、その要求は反駁される。いかなる民族も他の民族から自己の形成にとって重要な要素を「借用」しているが、「この借用には限界がある。」それを求める「需要」がなければならず、その要素の習得も「同化作用」でなければならず、外国のものは、「いつまでも余所者として表面に出てしまうようなその形式を拭い去らねばならない。」また、法領域で言えば、家族法には外国法の押しつけは認められないが、債権法は「国民的特性に対してかなり無頓着」であり、「合目的性の考慮と一貫性によってマスターされる」が故に外国法の継受可能性は大きい。これらの諸要素が満たされるかぎり、ローマ法の受け入れは国民性に対する危険性を持たないであろう（以上、ibid.：1518-1519）。

　ところで実際のローマ法継受はどうであったか。その動機は、「十字軍時代」に呼び起こされた活気に満ちた生活と取引が「鍛えられた法」を求める、という「実践的なもの」であった。複雑な法関係の豊かなカズイスティックの上に立ち、最細部に至るまでよく鍛えられたローマ法はこの需要に輝かしい充足を与えた。ただ、この継受が債権法のみに限られていたならば問題はなかったのだが、ローマ法に対する「情熱と驚きが法律学を誤導し」、国民的特性を破壊するようなローマ法の承認まで要求させたこと、特に、「ドイツ的な法概念の純粋性がローマ的見解によって曇らされたこと」、は否定できない。しかし、ドイツが被ったすべての悲惨の責任をローマ法に押し付けようとするやり方には反対せねばならない（以上、ibid.：1519-1520）。

　かくして匿名子は、以上を総括して次のように述べる。すなわち、堂々とした歴史的考察は、ローマ法を「古代の価値豊かな贈り物」と見て、それ

に、「古代の教養を近世に橋渡しした導き手」としての功績を認める。ドイツの法律学は、たとえ現在それなしで十分やって行けると感じても、「ローマ法がその支えであり学校であったことを忘れないで欲しい。」ある民族のために必要な外国の要素といえども、「摂取され同化され」ねばならないから、ローマ法も形式の破壊という危険を冒してでも「ドイツの衣装を纏」うことが望ましい。「もし立法が純粋主義的傾向から出発したり、ドイツ法の押花標本を再び植え栄えさせようとするなら」、前世紀の言語復活運動が体験したのと同じ運命に遭遇せねばならない（以上、Anonymus 1843：1521-1522)、と。

(4)「現在に対する法律学の立場」(1844. 1)

　この論文は1844年1月下旬に発表された僅か4シュパルテ余りの短文である。この論文に関し特記すべき事項は、「我々の新聞」という表現でもってこの『新聞』自体に言及し、その任務を宣言していることである。例えば、「我々のこの新聞は……現在の法意識に関わるものに向かって努力すること」を要請されている、と（Anonymus 1844a：105)。このことは明らかに、この論文の筆者がこの『新聞』の編集に何らかの形で関わっていることを示す。

　イェーリングはこの年の後半に解釈学上の論文を収めた処女作『ローマ法論集』(Jhering 1844) を出版している。また、スイスのバーゼル大学から正教授に招聘され、それを受諾している。ベルリン大学私講師となって僅か1年後である。

　この論文は、19世紀に入って、「法律学と国民」の間にあった相互無関心の状態が双方から非難されるべきものとして認められ、両者の間に歓迎すべき「接近」が生じてきて、間もなく「自然に適った関係」が再建されるであろう、という予感（Anonymus 1844a：101) に基づいて、過去の法律学の欠陥を指摘し、現在の法律学の任務を明らかにすることを目的としている。この匿名子は次のように述べる。

　「過去の法律学」は次のような欠陥を抱えていた。すなわちそれは、「民族

に仕え」「その利益のために闘う」どころか、「民族から疎遠になっていた。」この「疎隔衝動」に基づいてそれは、世間の雑音から離れてその「偶像崇拝」を行う「神殿」を建て、そこから「素人」を見下し、その「カースト的排他心」から素人の入場を拒んだ（ibid.）。さらにこの法律学にとって、法は民族の個別性から発する客観的世界ではなく、「立法者の反省の産物」であり、立法者に対する理想は「自然法の実現」であった。だが立法者は、自然法のためになりさえすれば、「民族全体に由来する法」を「廃止」することができることになってしまい、法曹は、民族に対しローマの教会における聖職者と素人と同じ関係に立ち、不十分な知恵を主人に仕立て上げようとした（Anonymus 1844a：102-103）。

この法律学は「歴史学派とヘーゲル哲学」によって完全に地に落とされ、「民族の中に働いている人倫的イデーが法の中に、反省なしに対象化される」ことになり、法は「国民性の型」を担うことになった。だが法関係が次第に複雑になるにつれ、人々が法を知見するのが困難になってくる。そこで「完璧な知見」は「研究」によって再生産されねばならないことになる。しかし、それを行う「固有の身分」が形成されても、法の本質は「国民的法直観の総体」であり続ける。もちろん「学問」はそれを「一貫した加工によってさらに形成する」が、それはその主人としてではなく、その「奉仕者」としてである（以上、ibid.：103）。

かくして匿名子は、次のように現在の法律学の任務を確定する。すなわちそれは、「言葉と行いによってドイツ民族の法意識を明らかにし、さらに形成すること、生活の市場と日々の闘いのアリーナに入ること」である（ibid.）。「もちろん学問は、その進路を実際的生活の必要によって指示されるべきではない。」だが、目は過去に向けるとしても、「心臓は現在のために脈打つべきであ」る。「現在が学問の奉仕を必要としているところでその奉仕を否定することは背信行為である。」（ibid.：101）つまり、「現在の私生活を捉え、その欠陥を暴き、治療薬を指示すること」がその任務である（ibid.）。「もし生活と学問が一つになって相互の緊密な結合を創り出すなら」、ドイツの知性は、その所業を図書館のみならず戦場や市場にも見出す必要のある一つの力になるだろう（ibid. 105）、と。

(5) 「法律学者の歴史学派」(1844. 2-5)

　この論文は 1844 年 2 月中旬から 5 月初旬にかけて 5 号連載の形で発表された計約 24 シュパルテの作品である[6]。各号の表題を目次風にまとめると次のとおりである。

Ⅰ　無題〔歴史学派と非歴史学派〕
Ⅱ　歴史学派の活動の範囲
Ⅲ　歴史学派の活動の特徴
Ⅳ　成果の概観
Ⅴ　歴史的見解と進歩

　この論文の掲載時期のイェーリングについては前項で紹介したとおりである（前出 79 頁参照）。

　この論文の基調音を成すのは、いわば〈歴史法学派を通って歴史法学派を越えて〉というスローガンであると言ってよいだろう。すなわちこの匿名子は、「文献学的・古書的研究に法律学の救いを見出し、あらゆる哲学を嫌忌し、一度存在した状態を永遠化するために現代の自由な発展を妨げようとする」歴史法学派、という当時の人々が抱いていた悪しきイメージ（Anonymus 1844b : 197）から歴史法学派を救いだそうとしているのだが、それは歴史法学派を擁護せんとする「党派的」意図によるのではなく、あくまでも「局外の第三者の不偏不党性」をもってなされる（ibid.）が故に、それを救出することばかりでなく、この学派が「非歴史学派」との闘いという歴史的任務を終えたとの認識に基づいて、その「体系的方法」を手掛かりにしたその「一面性」の克服の方向性を提示することも目的としているのである（Cf. ibid. : 200, 407, 424, 425, 536）。この匿名子の主張を要約すると、以下のとおりである。

　「歴史学派」はサヴィニーによって、「非歴史学派」は A. F. J. ティボーに

---

6) この論文の概要（但し、5 号連載中 3 号半ばまで）はすでにわが国でも紹介されている（長谷川 1982）。

よって代表される。両者はいずれも「実践的動機」に関わっているのだが、相互に「敵対的」にそうしていた。「非歴史学派」は、単なる法典に「生活と学問のどちらにも有効な救いの力」を帰するが故に、「ドイツの法典の欠如にすべての悪の根源を見」た。しかしその見解は「理想主義的」であり、次のような「ナイーヴな理念」から出発している。すなわち、「理性はすべての民族において同一である」が故に、法もまた、その理性の発露として、「すべての民族、すべての時代にあって同一でありえ、またそうでなければならない」、という理念である。そうすると、結果として、法は何時でも「立法権を持つと見られる諸人格によって恣意的にもたらされる」ことになる（以上、Anonymus 1844b：197-200）。

これに対し「歴史学派」特にサヴィニーは、この「非歴史学派」が囚われているところの、法と立法に関する見解の誤りを証明しようとした。それによると、「非歴史学派」は、現行法を「それに内在する個別性に従って認識し秩序づけることができなかった」が、大事なのは「法の個性、国民性」である。法の素材は「国民自体の最内奥的本質とその歴史から生じ」、それぞれの時代の活動は、「内的必然性をもって与えられたこの素材を通観し、若返らせ、新鮮に保つことに向けられねばならない。」というのも、あらゆる時代は、「現在の特定の恣意に依存して」はならず、「常に生成し発展する全体としての民族のより高次の性質によってもたらされている」何らかの「所与」を承認せねばならないからである。その要請が満たされるならば、この立場からでも「法典化を是認し望むことはできる」。また、「歴史学派」によってはじめて「ドイツ法が再び名誉を回復した」のである（以上、ibid.：198-201）。

しかし、今や「歴史学派」と非「歴史学派」との対立はやみ、それ故「歴史学派」の歴史的任務は終わった。「現在支配的な方法」が多様な個別性に応じて上首尾に適用されるなら、学派の対立はもはや可能ではない。しかし「歴史学派」の「歴史的原理は生きている」。ところで「歴史学派」は「古き方法を打倒」し「固有の方法を鍛錬」するという二つの任務を持っていた。そのうち前者の任務は果たされた。そのため、「古い時代の不毛のドグマティズム、その権威志向、伝統の無批判的神聖化」は今や「タブー視されてい

る」。だが、後者の任務はまだ果たされておらず、その活動はドイツの現行法、すなわちローマ私法とドイツ私法の「歴史的、解釈学的加工」に限定されていた。そして、自己の理論を哲学的に基礎づけることなく、現象に満足して「概念を疎かにした」のである（以上、Anonymus 1844b：405-406）。

　しかし、「歴史学派」は哲学を否定しようとしていたのではなく、「『自律的思考の至福』に耽」る代わりに、「根底的なディテール研究」を通じて真に役立つ哲学的方法を準備していたのである。たしかに「歴史学派の一面性」は直に乗り越えられるであろうが、それはそのような「歴史学派〔という木〕に〔鳥のように〕止まりえたときだけである」。つまり、これまで「素材の獲得」にのみ向けられていた法史的研究を、その「利用」にも向けることによって乗り越えられるのである。だから「歴史的研究」は法律学に対し次の二つの目的を持つことになる。すなわち、「過去の時代の法システムをその全体性において再生産する」という「純歴史的目的」のみならず、「現在の法をそれ自体によって説明する」という「実践的目的」をも持つのである。そして後者の目的のためには、まず第一義的には「現在のシステムの立場」を採り、それによる説明が不可能な場合にだけ「過去に遡る」ということが任務となるから、それに対する「アナクロニズム」という批判は当てはまらないことになる（以上、ibid.：406-410）。

　古い法史的知見には「体系的な形式」が欠け、それは「骨董品」と呼ぶにふさわしいものであった。18世紀末にはG. フーゴーによりその欠陥が認識され、「共時的方法」による秩序づけが行われたが、そこにはまだ「法史」が欠落しており、それは「記録的、在庫目録的方法」としか呼べないものであった。我々は「より高次の統一」を発見せねばならない。それは、すべての法変化の基礎にあり、「すべての法生活、つまり、学問や生活や立法を支配している動機」、言い換えれば、「有機体の中に刻印された民族個性の思想」である。それを自己の研究と叙述の「導きの星」とする方法こそ、「歴史学派」固有とされる「有機的ないし体系的方法」である（以上、ibid.：421-422）。

　この方法にとっては「民族生活の一側面の発展を、全体の発展を常に配慮しながら追求すること」が任務になる。本来「歴史学派が遂行せねばならな

かった」この任務は、歴史的研究に、法源の内容をまとめることではなく、それを「吟味すること、いやむしろそれを超出すること」を要求する。かくして「歴史的思考連合（historische Combination）の本分は欠缺を補充すること」になり、法史家にとって真実性の基準は「もはや文言ではなく内的必然性」となる。しかし法史学における「生産的活動」は何よりも「ファンタジー」を必要とする「技芸（Kunst）」となり、古代ローマ法は「自由な狩人の猟場」、「妖精の王国」、「幻想の王国」になってしまった。何故なら、そこでは、才気に溢れた法律学者の名を汚すことなく、「不可能を可能として」主張してよいからである（以上、Anonymus 1844b：423-424）。

しかし、「それ自身では正しい方法も誤解を免れない」し、それがカリカチュア化することはその方法自体と矛盾しない。すなわち、上に指摘した「行き過ぎ」も、過去の時代が陥っていた対極の悪であるところの、「伝統への盲目的信仰と文言への奴隷的奉仕」とは比較にならない「偉大なもの」をその基礎に持っている。その偉大なものとは、法はもともと「調和と統一」を持ち、「知られたものから知られていないものを推量することを許す」、とする思想である。「やりすぎや過ち」はその思想の「代価」なのである。「文言から自己を解放し、直観の完全性と内的真実性を達成せんとする努力」、これこそ「新しい法史的研究に特徴的なもの」、「体系的方法の必然的手段」、我々が「その効果的な適用を現在の法律学の重大な任務と特徴づけたもの」である。その任務を最初に試みたのは J. クリスチャンセンとプフタである。ただ前者は「文芸上の急進主義［Sansculotismus］と、構成することにおける底無しの厚かましさ」で際立っているのに対し、後者は「才気あふれた考え方とエレガントな叙述」で際立っている点に違いがある（以上、ibid.：424-425）。

これまでの議論を要約するならば、それは以下のようになる。「歴史学派」の法史的活動の最終目標は「有機的方法の実現」であったが、実際の成果はその目標に対し間接的関係しか持たなかった。進歩はだから「体系的方法の遂行」にも求められるが、それ以上に「個々の問題や諸部分の根本的取り扱い」に求められる。古代ローマ法がその余地を与えているのだが、たしかに現在の法史家の「予言し構成する活動」は「狭く軟弱な基礎の上に目の眩む

ような高い建物を築き上げること」になってしまった。だが、歴史的研究は解釈学に大変役立つ。その解釈学の現在の立場を今世紀初頭のそれと比較すれば、それを「非実際的な文献学的・古本的傾向」などとは言えないだろう。たとえある者が道を誤り、「些事詮索［Mikrologie］という禁じられた領域」に踏み込んだとしても、「歴史学派」は「不毛なドグマティズムと権威奉仕」を打倒したのである。しかし、そうして勝利したことにより、つまり、それが「学派として成立しえた対立図式」を片付けたことにより、学派として衰退したのである。「法律学の将来はこれまでのとは別の対立図式に属する。」(以上、Anonymus 1844b：533-536)

　最後にこの匿名子は、「歴史的見解と進歩」という表題の下で、法律学の進歩の方向性を指し示す。すなわち、歴史法学派は現代を「過去のくびきに押し込めようとする」との批判があるが、当たっていない。何故ならサヴィニーは、「法学の歴史的見解」の本質は「あらゆる時代の価値と独自性をむらなく承認すること」にあり、「現在を過去に結び付ける生きた関連」の認識こそが最重要である、と述べているからである (Savigny 1981：xiv-xv)。「歴史学派」は「立法者専制」に身を委ねた古い見解、すなわち、「国家権力が法の領域においてすべてを産み出しえ、かつそうしなければならないとの信念と、歴史的無前提性の夢」に対立し、過去が既に「将来の萌芽」と「進歩の強制」をその中に担っている、との見解に基づき、決然として「根拠づけられた進歩の要求」を立てたのである。そして、「現在の有機体の必要を満たすこと」を真の進歩とした (以上、ibid.：565-568)。

　しかしこの立場は決して「静寂主義」ではない。我々は果実を手にするために格闘すべきである、として、匿名子は次のように述べる。すなわち、進歩のためには「存在しているものを幾分か犠牲に供することに疑問を抱いてはならない。」存在しているものが「現代の必要にもはや適合しなくな」ったならば、「この嘘を暴き追撃すること」が急務となる。何故なら、「学問の仕事は、生活を規制することではなく、それを若返らせ形成し続けることであり、学問が要求し予言した変化に準備をさせ、そのことによって間接的にその変化を招来することなのである。」しかし、この学問の「勝利が困難」で、歴史から学ぶことが困難であるならば、「獲得物を守り、偉大な努力によっ

てはじめて勝ち取られたに違いないものを軽々しく犠牲にしないことが義務となる」、と（以上、Anonymus 1844b：568-569）。

(6)「ローマの法律学と現代の法律学」(1845. 9-1846. 3)

この論文は1845年9月下旬から翌年3月初旬までの間に4号連載の形で発表された計27シュパルテ余りの最も長い論文である。各号の見出しを目次風にまとめると、次のようになる。

　Ⅰ　ローマの法律学の神格化
　Ⅱ　現代の法律学の活動
　　1　ローマの法律学の再生産
　　2　法律学的技芸［Kunst］——生産性
　　3　歴史的諸関係の有利、不利——技芸としての法律学と学問としての法律学

この論文が掲載された時期のイェーリングは、バーゼル大学正教授として活躍中で、彼がその著者だとすると、彼はもはや自分の居住地ではない遙か遠くのベルリンの新聞に投稿したことになる。ただ、(4)の匿名論文も彼のものだとして、そこに表明されているように（前出79頁参照。）、彼がこの新聞に個人的な関わりを持っていたとすれば、決してありえないことではないだろう。

この論文の目的は、「法律学者でない者」に対し、ローマの法律学と現代のそれとの違いを説明するとともに、それぞれが歴史的に特有の「任務」を持ち、それぞれに「功績」を立てたことを明らかにすることである（Anonymus 1845：1189, 304）。それを要約すると、以下のとおりである。

まず、ローマの法律学を簡単に特徴づけるならば、これほど、「生活に対して、非常に決定的でそれ自体を非常に長持ちさせる影響」を与えた学問は稀であった。そしてそれが辿った運命は、ちょうど「ある巨匠によって描かれた歴史上の有名人物の肖像画」のごとき「独自の魅力」を持っている。最

第 4 章　初期イェーリングの匿名論文について　　87

盛期のローマの法律学は、「実務と立法」に最大の影響を与え、「共通の法生活の魂と推進力」であったが、このことは生活と学問のどちらの側にとっても「健康の証」であった。また、ローマの法律学を偉大なものにしたのは、それ自身によって最も慎重に配慮された「生活との親密な結合」であった。もともとそれが、「自由な空の下、生活の大地の上で育った」、「民族の中で生きている法感覚の高貴な学問的表現」だったからである（以上、Anonymus 1845：1189, 1190）。

　この法律学は 3 世紀後半以降、幾多の試練を経て浮き沈みを繰り返し、辛うじてイタリアの大学（12、13 世紀）の中で細々とその火が守られていたにすぎなかった。ところが、そこで学んでその「尋常ならざる輝き」に目を眩まされた幾人かの学者の手によってローマ法は再び頭をもたげ、各国の「裁判所に入り込んだ」のである。たしかにこの学問は「生活に対して尊大に振る舞い、火と剣をもってよそよそしい偶像崇拝を生活に押し付けようとした」のだが、そのことによって、「現代の法律学の母と主人になる能力を持った一つの学問がその偉大さと卓抜さをその最も輝かしい状態で守」ることができたのである（以上、ibid.：1191-1193）。

　次に「現代の法律学の活動」を特徴づけるならば、それは一言で「ローマ法の再生産」と表現できる。現代の法律学は、ローマ法研究への没頭によって「盲目的なファナティズム」と紙一重になったことも稀ではなく、「自国の法に対する継母的取り扱い」をも行った。だが、現代の法律学がローマのそれをただ「コピー」していたのかというとそうではない。もともと法律学というものは、その「実践的任務すなわち生活への依存」故に、その誤りからある程度免れている。むしろ現代の法律学が受けるべき非難は、それがその手本をほとんど「見習わなかった」ために、その「真の長所」を引き出せなかった、ということである。「手本の正しい利用は自分の個性を損ないはせず、反対にその個性の多面的な展開を要求する。」しかし、ローマ法という建築物は「時間」と「人間の手」によってその統一性が破壊されていたため、現代の法律学はその建築を「再構築」する必要があった。その仕事は次の 3 段階からなる。第 1 段階は最も簡単な作業で、発掘物を白日の下に晒し、ばらばらの瓦礫を集め、その埃を払う。第 2 段階はより難しい、その芸

術品の「復元」作業であり、その「思想」の中に入り込み、そこから破壊された「統一性を構築」する。最終段階は、「自分の芸術的様式」において、その芸術品の「受精的な力」を証明し、そのことによってその「真なる歴史的生命」を呼び覚ます作業である。だが、現代の法律学はこれらの任務を全く果たしていない。それは「固有の生産の衝迫」をまるで感じずに、その活動は「もっぱら再生産的性質」のものであった（以上、Anonymus 1845：1441-1443）。

　つまり、ドイツの法律学は今日なお第2段階の仕事に関わっているが、このローマ法の学問的復元に不利に作用してきたのは、ローマ法が中世以来現在まで享受してきた「実践的妥当性」すなわち「制定法的権威」である。本来いかなる法律学も、例えば、「法規の獲得のために使用する制定法的素材」では間に合わない場合や、それが「内的矛盾やその一般性と無形式性の故に」完全な使用が不可能な場合には、「その尊厳を少しも損なうことなく」、立法という「同盟者の協同作業」を要求する権利と義務がある。学問が難問を解けないときは、「制定法という刃物で無理矢理解決する以外に道はない。」しかし、ローマの法律学はこのような同盟者を持っていたのに対し、現代のそれは、立法者の協力の必要な場合にも、「専ら自力に頼らざるをえ」ず、「シジフォスの仕事」を運命づけられた。というのも、常に「学問は不完全な手段でしか〔論争を〕操作できない」からである。この事情は場合によっては学問の活力を鍛える働きをなしうるのだが、ローマ法の実践的妥当性はそれを許さず、学問は、ローマ法を通して「実践的必要に応じることなしに」、また「学問的関心を満足させることなしに」、あくせくせねばならなかった。かくして現代の法律学は第2段階の仕事の遂行に失敗した。それは、「純粋なローマ法ではなく今日のローマ法」を叙述しようとしたため、その仕事の「本質的部分」、「ローマ法に不死性を保証しているその純粋の核心」を覆い隠してしまったからである（以上、ibid.：1443-1446）。

　こうして描かれた今日的形態におけるローマ法は「学問的歴史的関心」も満足させず、立法の補助なしでは「実践的な必要」に対して十分なこともできない。学問的要求と実践的要求というローマ法のこの「二人の主人」の間の衝突は、「現代のロマニスト的法律学の歴史を解く鍵」である。すなわち、

その法律学はこの両極の間を絶え間なく揺れ動く「振子」であり、常に「一面性」の誤りを犯していた。ところが17世紀末以降のドイツで起こったこの闘いは様相を異にしていた。何故ならそれは「一面性」に、つまり、「それぞれの方向の排他的主張」に向けられたからである。したがって、もしかすると「ローマ法の真なる使命を確信している崇拝者」が待ち望んでいる日の到来は遠くないかもしれない。その日とはつまり、ローマ法がその「実践的妥当性を喪失」し、「学問も復権される」日のことである。そうなれば、学問が「ローマ法の悪い部分、移ろいやすい部分を忘却に委ね」、ローマ法が「それによって偉大になり、常に法律学的形成の尽きることのない源泉であり続けるだろうところのもの」に自己の全力を傾けることを妨げる理由は何もない。そしてそのとき学問は、法システムを「その純粋性と真実性において再生産する」、というローマの法律学の任務を果たすことができ、そうして初めてローマの法律学は、歴史のプラン通り、その学問にとって「その教師であると同時に、その教師なしで済ます手段」になるだろう（以上、Anonymus 1845：1446-1448）。

　では、上に言う「法律学的形成の尽きることのない源泉」とは何か。それは「法律学的技芸」であり、それこそローマ法研究の「最終目標」である。たしかにローマ法の「学問的蘇生と再確立」は現代の法律学の「一つの業績」ではあるが、それはローマ法から法律学的技芸を学びとり、「ローマの法律学の精神を身につけること」を怠った。その法律学的技芸とは、法律学者特有の「能力［Fertigkeit］」であり、その核心は、「法素材を加工すること、すなわち、それを具体的事例に適用しもすれば——この場合法律学的診断が働く——、その中に隠れている諸原理を明るみに出し一貫して展開することによってその素材をさらに形成しもすること」である。ローマの法律学者にあってはこの技芸は「法の真なる造形的［plastisch］な直観」と結びつき、「彼らがそれを以て計算していた概念」は「ある程度生命を持った存在者」であった。この直観は「本当にやっとの思いでしか手に入れられない」が、法律家たる者、保有していなければならない。ローマの法律学者がこの直観と技芸を高い程度に保有した「実践的法律学者」であった理由は、「天与の才能」と「生活」という「学校」である（以上、ibid.：73-74）。

現代の法律学は、ローマ法の実践的ないし歴史的再生産に没頭し、この技芸を「学びとる」という「主要任務」を忘れてしまった。大事なことは、ローマ法を獲得することより、「その精神を獲得すること」、「自分自身で生産すること」なのである。だが、ローマの法律学が生産的で現代のそれが再生産的であるにはそれなりの理由がある。前者は「生活の必要をもはや満足させなくなった法」を目の当たりにしていたのに対し、後者は、ローマ法という、それを形成し続けるよりも「秩序づける」ことの方が重要になってしまう素材を受け取ったからである。しかし時が経つにつれ、その素材が持つ生産的活動への誘因が明らかになってきた。一つは、「形成しやすさ」、すなわち、「補充」や「拡張」のために「大きな活動余地」を提供していること、である。ローマ法は土台も上部構造も非常に「堅牢」で、計画も「大まかに」立てられているので、増築をする場合でも「作品の統一性」を損なう虞れはない。ところが、近代の法律学はほとんどこの誘因を利用しなかった。他の誘因は「近代諸民族の裁判所へのローマ法の移住」である。その際学問は「ローマ法の適用の限界」を定め、現代的「修正」を示さねばならないにもかかわらず、その任務をほとんど「実務」に任せ、実務もそれを不完全にしか果たせなかった。ローマの法律学の言葉の中には、「行け、そして私と同じように為せ」という重要な「警告」が含まれていたのに、聞く側に「生殖能力」がなかったために、聞き取れなかったのである（以上、Anonymus 1845：74-77）。

そのため、「真の必要」に基づくローマ法の「拡張や補充」が「非ローマ的」と非難されることも稀ではなかったが、同じ非難はローマの法律学者にも向けられねばならなかったはずである。何故なら、彼らが創った法規の多くは「法源の中に記載されていなかった」からである。彼らは二つの方法で法の欠缺を補充していたのである。第1は法源の「精神」による方法、つまり、既存の法から「一般原則を抽象し、あるいは逆に、その原理をその最も隔たった帰結にまで辿って」行くか、それが不可能な場合には「類推的拡張」を行うという方法で、第2は次のように「事物の本性」による方法、である。すなわち、例えば、新しい法律行為が生じた場合、「事物の本性」に適うものは「暗黙に承認されている」と想定することによって、その法律行

為自体から「規則的で不変の内容と目的」を取り出し、さらにそこから「概念適合的に必然的なすべてのモメント」を詳細化することによって、その法律行為の「魂」たる規範を獲得する。ローマ法はこの「創造的技芸」故に偉大となったのであり、それは今日もなお「かけがえのない形成手段」である。しかし現代の法律学は、「その技芸を適用し、生産を行う」という使命を余りにも「度外視」し、ローマ法の「学者的知識」に甘んじてきたのである（以上、Anonymus 1845：78-80）。

　ローマの法律学は「法律学の繁栄のためには重要なすべてのモメントの調和的協力」に恵まれていた。すなわち、「単純性と固定性を保有した法」を持っていたため、法の「生産的取り扱い」へと強制されたこと、「生まれながらの法律家民族」であり、「法律学的一貫性に対するセンス」や「原理に導かれた司法」の洞察、「既存の法に対する尊重心」が授けられていたこと、立法が法律学の任務を軽減したこと、司法と法形成の中心地にすべての名高い法律学者が集まったこと、等がそれである。ところが、現代の法律学には「不随的な事情」があるのみである。すなわち、それが手にしたのは、「直接適用可能」でなく、「理論的研究」によってはじめて習得されうる、あり余る程の「混乱」した「外国の法」と、民族と立法の側からの非協力、そして法律学者同士の「分裂」だった。両法律学の「能力」の相違はこれらの「歴史的装備」の相違と結びつけて説明することができる（以上、ibid.：297-299）。

　つまり、ローマの法律学者は、「母国語」の「ルールを無意識のうちに自分の中に持って」おり、それを完全な確実性をもって適用する教養人に比定されるのに対し、現代の法律学者は「外国語」を「文法的に習得した」がためにぎこちなくしか話せない者に比定される。つまり現代の法律学は、ローマのそれには生来的だったものを「芸術家的なやり方」で獲得せねばならず、「直接的直観や法律学的如才なさではなく、反省」を用いなければならなかったのである。ところが、そのためにそれは、「法の学問的把握と記述」すなわち「ローマ法の歴史的体系的連関」の洞察と「抽象的思考の完全性」という点でローマの法律学を凌駕したのである。一言で言えば、ローマの法律学は「技芸」であったが、現代のそれは「学問」だったのである（以上、

Anonymus 1845：299-300)。

　たしかに、現代の法律学は学識を過剰に背負い込み身動きがとれなくなったり、余りに「些事拘泥的」だったために本質的なものをゆるがせにしてしまった。さらに、「本来の法律学者は芸術家である」のに、その技芸を理論的に遂行するという不自然さのために、「理論的活動と実践的活動」、「歴史的活動とドグマーティッシュな活動」との分裂をもたらしてしまった。しかしそれは、法律学的技芸に関しては教師たるローマのものに及びもつかないとは言いながら、その教師が残してくれた任務、「法律学の学的抽象的側面」のさらなる展開に関しては教師を凌駕し、教師の遺産を手に入れやすいものにし、そのことによって「法律学的形成の無尽蔵の泉を開発する」という大きな功績を立てたのである、と匿名子は結論する（以上、ibid.：300-303)。

(7)「ドイツの法律学に対するクリスチャン・トマジウスの意義」(1847. 2)
　この論文は1847年2月下旬に発表された約7シュパルテの小品である。
　これは他のものとは違い、末尾に「R. J.」のイニシャルが記され、イェーリングの著者性を強く示唆している。彼は前年にスイスのバーゼル大学からオスト・ゼーに面したロシュトック大学に転任している。またこの年にはゼミナール用の教材として前年急逝したプフタとともに準備した『判決抜き民事事例集』(Jhering 1847) を出版している。

　この論文の目的は、17世紀後半から18世紀にかけてのドイツ法律学の展開においてトマジウスが果たした役割とその限界を明らかにすることであるが、その議論を要約すれば、以下のとおりである。
　トマジウスは「現代ドイツ法律学の父」であり、「来たるべき世代の原形」であった。だがそれは、大学の講義にはじめてドイツ語を導入したからでも、自然法と道徳を区別し、実定法のためにローマ法の侵入を拒絶し、教会法の基礎を変え、拷問や魔女裁判に反対したからでもない。彼の歴史的意義は、個々の学説にではなく彼の「全体現象」にある（以上、RJ 1847：281, 282, 285)。
　トマジウスが生まれた17世紀後半の法律学は「精神的不自由性、自分の

判断の抑圧、権威信仰」によって特徴づけられる「絶望的状態」であった。つまり「生活との和解」をもたらす力を失い、自分の「非自律性という裸」を「外国の見解という金細工」で覆い隠すためだけの「学識」の重圧の下でため息をついていたのである。そこにフランスから、日々誤謬を産出し続けるのにうってつけの手段、ピエール・ラメー[7]の「論理的方法」がやってきて、この精神的雰囲気に大きな反響を見い出した。その方法は、どんなに馬鹿馬鹿しいことでも「論理的なるものの衣装」によって覆い隠し、真実を歪める「鉄の枠組み」であった。トマジウスはこの現代法律学を「無気力状態」から目覚めさせ、それに「自由な研究精神」を与え、「権威信仰の専制支配」を破り、「死せる学識」を打倒したのである。たとえその「反骨精神」の中で統一できるとはいえ、彼の性格の中には様々な矛盾があり、その学説には多くの欠陥があったが、唯一大変優れた点を持っていた。それは「健全なる人間理解」であった（以上、RJ 1847：282-284）。

　そのトマジウスによってかつての「魔術」は打ち砕かれた。「深い静けさ」は「生命と活発さ」に代わり、いわゆるローマ法の骨董品やドイツ私法、刑法、訴訟〔法〕、国際法といったものが、「体系的に閉じた、他の学科から独立した存在」を獲得した。内的変化も著しい。すなわち、「古い実践的方向」に対して、「オランダから来た歴史的・批判的方向」が登場した。もっとも、その両方向は再び「体系的・合理的傾向」によって凌駕され、その傾向が全法律学に浸透してゆくのだが。方法も急速に変化し、「Ch・ヴォルフの数学的方法」が台頭した。ところが、これらの変化は一種の「熱病的興奮」であり、持続力、根気に欠けていた。そのため、ドイツの法律学に「空虚な懐疑主義と不能の改新願望」を残してしまったが、トマジウスによってドイツの法律学が「未曽有の進歩」を遂げたことは認めなければならない。右の誤謬は「以前の無気力の必然的反動、全快の兆候」に他ならない。人に「自分の判断力を使用する」ことを目覚めさせたこと、これこそトマジウスの「不滅の功績」である（以上、ibid.：285-287）。

7）Pierre（de La）Ramée（1515-1572）、ラテン語名は Petrus Ramus。フランスの論理学者で人文学者。アリストテレスやスコラ哲学に反対し、修辞学と結合された新しい論理学を樹立しようとした。

3 イェーリングの著者性に関する諸論議

　以上、その概要を紹介した7編の論文はすべてあくまでも候補であって、イェーリングが書いたことを確実に立証する証拠は今のところない。他の雑誌はもとよりこの『新聞』紙上においても、未発掘の匿名論文が存在している可能性は十分にある。しかし、その発掘作業は一次文献に日常的に接しうる研究者に委ねる方が得策であり、ましてやその考証に参加することは我々日本人研究者には極めて困難であろう。したがって、本稿ではドイツ人を中心とした研究者による議論を可能なかぎり客観的に紹介するとともに、若干の感想を述べるにとどめざるをえず、それらの論文についてのイェーリングの著者性を前提にしたイェーリング論の再構築は、少なくとも現在は、その可能性を示唆する以上のことはできない。

　では、7編の匿名論文に関する諸議論を年代順に紹介してゆこう。

(1) H. カントロヴィッチ

　「初期匿名論文」に関するカントロヴィッチの栄誉は、すでに述べたように（前出65頁）、イェーリング研究史上はじめて「法律学者の歴史学派」（Anonymus 1844b）（本章における (5) 論文）の存在に言及したという点にのみある。彼は次のように述べている。「それ〔初期の歴史的方向〕に彼〔イェーリング〕自身もはじめは従っていて、ついでに言えば、匿名で公表され、そのために知られないままであったある論文においてそれを正当化しようとした」、と（Kantorowicz 1914：361）。彼は、何を手掛かりにしてその論文を発見したのか、いかなる根拠でそれをイェーリングのものとしたのか、その考証過程を一切明らかにしていないばかりか、その論文名、掲載雑誌名すら挙げていない[8]。それ故ここでは、理由は不明だが、彼は何の疑いもな

---

[8] したがって、彼が言及した匿名論文は場合によっては未知の別の論文の可能性もあるが、彼の紹介の仕方から見てこの論文だと考えて差し支えないだろう。また、次に紹介するランゲも同様に考えている（Cf. Lange 1927：17）。

くこの論文がイェーリングのものと考えた、としか述べられない。

(2) H. ランゲ

このカントロヴィッチの指摘に基づいて、その匿名論文を『新聞』の多数の匿名記事の中から索出したのがランゲである。そしてこの論文の内容は彼によってはじめて詳細に紹介されたのだが、その後45年間、イェーリング研究は全くそれを黙殺してきた。その理由は不明だが、この長い空白期間が、イェーリング思想の正しい解釈、歴史法学なり概念法学なりの正しい把握を遅らせたことは確実であると思われる。

ところで、すでに触れたように（前出65頁）、この匿名論文の連載号数はイェーリング自身が例示した論文のそれと一致していない。ランゲはまずこの点について次のように説明する。すなわち『新聞』にはイェーリングの指示にある「歴史学派に関する」論文はこの論文しかない。とすると、6号連載という証言は「間違い」でなければならない、と（Lange 1927：17）。これ以上の考証はない。

彼は次に論文の内容を詳細に紹介するのだが、その中で彼は、この匿名子が歴史法学派を文言からの解放者、不毛なドグマティズムと権威への奉仕の打倒者、伝統の盲目的無批判的崇拝からの解放者と特徴づけ、むしろ、歴史法学派を全く正反対なものとする非難から歴史法学派を守ろうとしていること、学問は生活を規制するのではなく、それを継続形成するべきだとしていること、をはっきりと認知している（以上、ibid.：19-20）。

ところが、彼はそのような内容を持つこの論文をイェーリングの初期思想の中に整合的に位置づけることができなかった。というのも彼は、カントロヴィッチや通説に従って、1852年（『ローマ法の精神』——以下、『精神』と略称する——第1巻初版が公刊された年）までのイェーリングが全体として「プフタの魔力」の下にあり、「実際的生活の必要に対する考慮の欠如」、「世界隔絶的学者気質」を特徴とする「構成的概念法学」の形式の中にどっぷりと漬かっていた、と思いなしていたからである（以上、ibid.：4, 11, 12, 14）。

だが、この時期のイェーリングが必ずしも、言われるように「生活敵対的」で「自己目的としての純粋認識」をこととしていた（ibid.：7）わけでは

なかったことは、この匿名論文と同年に公刊された『ローマ法論集』(Jhering 1844) を見れば明らかである。イェーリングの全業績を丹念に調べ上げたランゲは当然そのことを知っており、学者的良心を持った彼はそのことに触れてもいる。しかし、通念に縛られた彼はそれを何か非本質的なこととして片付けてしまったのである。

イェーリングはこの論文集の序言において大略次のように述べている。この論文集の統一的傾向は、ローマ法の理論をもともとのままで叙述するのではなく、「それを越えて」、「公準以上のものとして現われる結論」を「演繹の結果として引き出す」ことである、と (Jhering 1844 : vi)。ランゲはこの言に対しまともに応接することを拒否し、次のように述べる。人はここに「プフタの概念法学の最盛期」にはないもの、「支配的理論の終焉」、「新しい方向への歩み」を見たと「誤解」する。しかしこの論文集は「プフタの概念形式主義」の中にある、と (Lange 1927 : 9)。

さらにイェーリングは別の箇所でもランゲの期待を裏切ることを述べている。例えば、「今日の法学の任務」は、「字句の鎖からそれ〔法制度〕を解放」し、ローマの法律学者の下で仕上げられかけた「法概念」を完全なものにすることである、と (Jhering 1844 : vii)。これに対してもランゲは、ここに「近代的な面影」が含まれていることを認めつつ、根本的には「初期歴史法学者の立場」の繰り返し、「純粋主義」として処理しようとする (Lange 1927 : 11)。より決定的なのは、次の箇所である。イェーリングいわく、学問が「一貫性によって実際には非常に実現困難でしかない結果に到達した」場合は、「救いをもたらす非一貫性によって我々を一貫性の専制支配から解放することを立法者に対して要求してかまわない」、と (Jhering 1844 : 120-121)。ランゲはこの言明に対しても苦し紛れの処理をする。すなわち、たしかにイェーリングはここで「プフタ的方法を呪詛」しているが、彼は「概念法学的なものを取り除く勇気をまだ持ち合わせていなかった」、と (Lange 1927 : 12)。

このようなプロクルステスの寝台の試みも問題の匿名論文を前にして破綻するはずなのだが、ランゲはなおも通説的概念法学の型にイェーリングの思想的身体を押し込めようとする。彼は、「イェーリングは歴史法学派のプロ

グラムを完遂し乗り越えた」というラートブルフの言葉（Radbruch 1914：19）を手掛かりにしつつ、こう述べる。この匿名論文はイェーリングが「第2期〔1852年から1858年までの後期歴史法学派の時代〕に成し遂げるライフワークのプログラム」であり、プログラムにしかすぎなかったために同時期の解釈学的な仕事との間に矛盾が生じなかったのである。そして「乗り越え」は、「後期〔1859年以降の目的法学の時代〕になってなされた。」また、この論文の中で示唆された、将来の法律学が拠るべき新しい対立図式（Anonymus 1844b：536）の詳しい内容は「我々の任務」の中ではじめて示された（Jhering 1857：1-4）。それが有名な「受動的法律学と生産的法律学」である、と（Lange 1927：22）。

この説明に我々は納得するわけにはいかない。イェーリング思想をわざわざ3期に分けているのに、どうして第2期のプログラムが第1期の始めに提出されているとなしうるのか。またランゲは第2期を「過渡期」、「動揺と困窮の時期」と特徴づけているが（Lange 1927：68）、もしそうなら、そこで完遂されるプログラムとは一体何か。そして、その始めから、つまり概念法学者の時代から決して生活隔絶的でなく、厳格な論理を相対化して捉えてもいた者がどうしてそのプログラムを、つまり概念法学を乗り越えなければならなかったのか。

これらの疑問にランゲは答えない。それどころか、次のような不可解なまとめでこの匿名論文の項を閉じようとする。すなわち、「イェーリングが歴史法学派のプログラムを貫徹する任務にはじめて手を着けたということは、いかに彼がしっかりと歴史法学派の理念に基づいているかを示す。他面、イェーリングがそれを完全に成し遂げたということは、いかに彼が……サヴィニーやプフタの理念から独立しているかを示す」、と（ibid.：22）。

ランゲは通説的概念法学観を保持したままで、それと矛盾する厳然たる資料的事実を突き付けられ困惑しているのだ。彼の不可解な結論は、彼の意図に反して、概念法学像そのものの変更の不可避性を立証している、と言ってよいだろう。

(3) M. G. ロザーノ

すでに述べたようにロザーノは候補論文を探索しそれらのいくつかをイェーリングの文献目録に載せるだけで、ドイツ語が母語でないからか、自らは考証をせず、それをもっぱらドイツ人学者に委ねている。

とはいえ、カントロヴィッチによって示唆され、ランゲによって紹介された (5) 論文を45年間の忘却の淵から救い出し、イェーリングの著作として再提出した功績は大きい。その際彼もやはり、この論文が5号連載であることに躊躇を感じているが、それにもかかわらずそれをイェーリングが例示したものと断定している (Losano 1970：255)。

また、イェーリングはそれ以外の匿名論文の存在を示唆していたのに、これまで誰もその探索をしなかったが、この文献目録のコンメンタール (ibid.) において新たに2本の候補論文 (Anonymus 1842b；1845) (本章における (2)、(6) 論文) を挙げ、考証に委ねたこと、さらに、プライスターによれば (Pleister 1982：137)、後年のイタリア語の文献目録 (Losano 1977) においてももう1本の候補論文 (Anonymus 1844a) (本章における (4) 論文) を挙げたそうだが、そのことも彼の大きな功績である。

彼の最新の著書『イェーリング、ゲルバー研究』第2部 (Losano 1984) に収録された文献目録では、ほぼフィケンチャーの考証に依拠して、3本の匿名論文をイェーリングのものとして掲載している。第1がフィケンチャーの発見した論文 (Anonymus 1842a) (本章における (1) 論文)、第2が自分の発見した (2) 論文、そして最後が、もはや誰もイェーリングの著者性を疑っていない、最も早く発見された (5) 論文である。

最後に挙げた (5) 論文のコンメンタールの中でロザーノは、デン・ハーグのファン・アセルドンク (van Asseldonk) が1968年に自分に提案した見方として、本稿における (4) 論文をその論文のテーマの「一般的序文」とする、という見方を提示している (Losano 1984：212)[9]。内容的関連は別にして、発表時期が1か月と離れていないところから見て、老境のイェーリン

---

[9] なお、O. ベーレンズによれば、この見方はM. クンツェが最近、ゲッティンゲンのイェーリング遺稿の中から発見したメモによって証明された、とのことである (Cf. Behrends 1987：248, Anm. 57)。

グがそれを併せて 6 号連載と間違って記憶することはありうべきことではある。また、自分が発見した（6）論文を文献目録に入れなかった理由はフィケンチャーがそれをイェーリングのものではないとしたからだ、とも述べている（Losano 1984：213）。

(4) W. フィケンチャー

フィケンチャーは 1973 年に、自ら（1）論文を発見するとともに、ロザーノの挙げた候補論文の簡単な考証を行い、1976 年の著書においては詳細な考証を展開している。言うまでもなく、匿名論文の考証を行ったのはこのフィケンチャーがはじめてである。

a）（5）論文（「法律学者の歴史学派」）：彼はこれをイェーリングのものとする。まずこの論文の場合、連載号数が問題になるが、これについて彼は次のように処理している。すなわち、「61 歳のうっかりミス」で、（1）論文と（2）論文を合わせて 1 号と数えて、合計 6 号と考えたのではなかろうか、と（Fikentscher 1976：205-207）。当時彼は、候補論文としては、（1）、（2）、（5）、（6）しか知らず、このうち（6）に関してはイェーリングの著者性を否定しているから、こうすれば辻褄が合うかも知れないが、この想定にはかなり無理があると思われる。というのは、（1）論文と（2）論文を単一のものとすることは不当ではないとしても、それらと（5）論文の間には約 1 年半の間隔があるからである。

では内容的にはどうか。「文体」的に見て、「初期の書簡」や『ローマ法論集』と共通しており（Fikentscher 1973：375）、その「イェーリング的な比喩的表現と流れるような文体」はそのイェーリング性を確証している、と。さらに、『精神』の冒頭がもともと前提している「歴史法学派」の批判と、「典型的イェーリングの特徴」である「法比較の不可欠性の強調」（Cf. Anonymus 1844b：408）とを含んでいる点でもイェーリングのものだとしうる、と（Fikentscher 1976：205）。

b）（1）論文（「近代国家学の発展過程における主要転換点」）および（2）論

文(「現代の学問的ならびに実践的‐政治的激動におけるその位置から見た『歴史学派』」): 彼によると、この両論文は (2) の冒頭に (1) への参照指示があることばかりでなく、「内容上の連関」、「文体と学問政策的な関心事の同一性」から見ても同一の作者の作品である (Fikentscher 1973 : 376)。彼はこの作者をイェーリングと判断しているのだが、迷いがないわけではない。すなわち、そこにおける「精神」や「愛」への訴えが『精神』や『法における目的』の著者にしては「あまりにも感傷的すぎる」と思われたからである (Fikentscher 1976 : 208)。しかし彼は、この論文を「若きイェーリングの方法的、哲学的思考への価値ある序章」と捉え (ibid. : 207)、イェーリングの著者性を支持する論拠を克明に挙げる。

まず彼が挙げた状況証拠から見てみよう。イェーリングは1842年の博士論文から「驚くべき速さの出世」をしたのだが、フィケンチャーはこの出世に問題の論文が預かって力があったのではないかと見ている。また彼は、イェーリングが『精神』第1巻執筆に「10年間」をかけた、という事実[10]も引き合いに出す (ibid. : 206, 211)。

「文体」もイェーリングの著者性を証しているとする。すなわち、「余りにも使われすぎる典型的な比喩」、「彼に典型的な脱線」、「段階的思考」、それらがその証拠である。たしかに、始めの4号は「比較的たどたどしい」が、最終号 (Sp. 865-869) の文体は「簡潔で本質的により高尚で辛口」であって、(5) 論文や『精神』第1巻とも「完璧に符合する」、と (Fikentscher 1976 : 208-209, 212)。

最も大事なのは内容上の比較であるが、彼はこの点につき以下のとおり考証を行っている。すなわち、この論文の内容は「イェーリングの生涯的テーマ」と「サヴィニーへの反論」である (ibid. : 207)。まず前者の点で決定的なのは、この論文において、人は「目的と自由との関係が肝要となる」「法の自然秩序」を描かねばならない、とされていることである (ibid. : 209)。

---

[10] ロザーノによれば、この事実はこの書物の出版者であるヘルテル宛の1851年付けの書簡において示されている。すなわち、「私〔イェーリング〕は1841年以来そのアイディアを自分の中で暖め、1842年にはその最初のアイディアを自分のためにまとめ、1843年にはそれについてある聴衆に講義をした」、と (Losano 1984 : 211)。

第4章　初期イェーリングの匿名論文について　101

というのは、「法の自然理論」がイェーリングの「愛用の概念」(Fikentscher 1973 : 378) であり、彼は「自然秩序としての法についての彼の思考のこの基本線」を全く放棄しなかったからである (Fikentscher 1976 : 210)。この自然秩序としての法とは、「時間の中で発展し、そこでは歴史が価値を与えるが、人間の理性がそれにもかかわらずこの価値をさらに評価せねばならない」ところの法である、と (ibid.)。

彼はイェーリングのこの生涯的テーマを次の一節から読み取っている (ibid. : 209)。すなわち、「我々は法の中で生き動き存在しているのであり、法はそれ自体、国家と歴史における唯一現実的なものとして生きており、歴史自体は『自由の有機体』でしかない。」(Anonymus 1842a : 705) しかしこの一節は、すでに紹介してあるように (前出70頁)、近代政治学の第3発展段階における支配的思想 (シェリング、ヘーゲル的思想) を客観的に叙述したものであって、匿名子自身の思想を表明したものではないと思われる。

またこれと関連して、彼ははじめ、この匿名子が「国家における目的」について語っている (Anonymus 1842a : 689) ことを手掛かりに、匿名子においては「目的思考が決定的役割を果たしている」と推断したが (Fikentscher 1973 : 378)、これとても、近代政治学の第2発展段階に共通の考えとして叙述したものであって、匿名子自身の思想の表明ではないと筆者は考える。

次はサヴィニーへの反論という点だが、フィケンチャーによると、サヴィニーは「『哲学的』考察方法と『歴史的』考察方法」とを区別し、歴史学派による「歴史的仲介」を教示したが、この匿名子は、両考察方法の「協調」——「歴史的考察方法と体系的考察方法の結合というイェーリングのプログラム」——は肯定されねばならないとしても、サヴィニーの言うごとき歴史的仲介は「無視」されねばならない、と主張することによってそれを批判している。つまり匿名子にとって問題なのは「システムの歴史からの解放」、「法の過去と未来の架橋としての批判的ドグマーティク」だったのであり、ここにこそ『精神』が生まれるポイントがある、とする (Fikentscher 1976 : 212, 213)。

筆者はこの考証についても疑問を呈しておきたい。というのは、この匿名子の意図していたのは近代国家学における歴史学派と哲学派の統一であっ

て、法律学における歴史的考察方法と哲学的それの結合ではないからであり、最高の平和を「宗教の平和」と考え、統一のための信頼の絆を「教会の絆」と考えている者（Anonymus 1842b：869）が『精神』を書くとは思えないからである。フィケンチャーはこのような匿名子の宗教的言葉遣いを若さ故の荒々しさと当時ベルリンで流行っていた「下品なヘーゲル的学生言葉」のせいにしようとしているが（Fikentscher 1976：213）、内容を読めば明らかなように、問題は決して表現の仕方ではないと思われる。

　さらに、この論文には一度もサヴィニーは登場してこない。匿名なのだからこの学界の大権威に対する批判にも遠慮は要らなかったはずである。とすれば、この著者にとってサヴィニーは関心の対象ではなかった、と見るべきだろう。それにもかかわらずこの論文の主旨をサヴィニーへの反論と考えるのは読み込みすぎと言わざるをえない。

　フィケンチャーは、この論文がイェーリングのものだとすると、それを通じて、『精神』の「一般的法理論的背景と政治的哲学的背景」を知ることができ、さらにその背景によって『精神』と『法における目的』が結びついていることを知ることができるとし（ibid.）、今日のイェーリング研究における次の二つの支配的なテーゼはぐらつくとする。第1は、歴史的なサヴィニーに対する「非歴史的イェーリング」という対比であり、第2は、1858年までイェーリングは「概念法学を頂点まで極めた」が、あの「改心」の後に目的法学を基礎づけた、とする「2分割イェーリングの決まり文句」である（Fikentscher 1973：377）。筆者もこの支配的なテーゼには承服し難いが、少なくともこの（1）、（2）論文をその根拠にすることはできないのではないかと考えている。

　　c）（6）論文（「ローマの法律学と現代の法律学」）：フィケンチャーはこれをイェーリングのものとは認めない。まず文体の点から見ると、この論文の場合、「より華麗で同時に平板で、常に変化する比喩と比較の充溢がなく」、「難渋」で、基調は「シニカル」で時折「自惚れている」[11]。したがってこれはイェーリングのものではないとの印象を禁じえない、とする。場合によって考えられるのは、たぶん複数の執筆者がいて、3号（Sp. 73-80）（表題：

「法律学技芸——生産性」）だけをイェーリングが担当した、ということである、と (Fikentscher 1976 : 214-215)。

　内容的に見ても、これはイェーリングのものとは認められないとする。まず、(5) 論文において要求されたローマ法の「ディテールの研究」に背馳して、「ローマの法律学の偉大さ」に熱中して (ibid. : 215)、ローマ法を「ナイーヴに褒めそや」している (Fikentscher 1973 : 375)。そして、同じく (5) 論文においては「『今日の』ローマ法に関わる際の生産的原理」が肯定されていたのに、「ローマの法律学と現代のそれを単純に生産的法律学と再生産的それを対比させている」。したがって、これがイェーリングのものなら、「精神的退歩」が確定されねばならないだろう、と (Fikentscher 1976 : 215)。

　たしかにこの匿名子はローマの法律学の「法律学的技芸」、「生産性」をその偉大な点として称揚している。だが、決して「ナイーヴに」そうしているとは思えない。すでに紹介したように、その特徴が有利な歴史的条件の結果であることも、学的抽象的側面の展開という点で現代の法律学に及ばなかったことも指摘している。〈生産的‐再生産的〉の図式も、現在の法律学の否定的状況の認識としてのみ提出されているのであって、この匿名子の主意は、現代の法律学の任務はローマ法を再生産することではなく、その偉大さの根源である法律学的技芸を習得し、自ら生産的になることである、と主張するところにあると見るべきだろう。とすれば、学問の仕事を生活の継続形成という積極的なものに設定した (5) 論文から「後退」したなどと果たして言うことができようか。

　なお、フィケンチャーは、(5) 論文で「ディテール研究」が要求されたとするが、それは誤読であろう。それは決して要求されてはいない。たしかに「非歴史学派」に対する関係ではそれに積極的意義が認められているが、そ

---

11) この種の議論には口を差し挟むべきではないかもしれないが、「比喩と比較」に関して全く反対の印象を持ったので記しておきたい。この論文の中では多くの比喩と比較が用いられている。レトリカルなものを除いて主なものを例示すれば次のとおりである。「夏の夜の夢」(Anonymus 1845 : 1189)、「ローマの木」(ibid. ; 1191)、「古代の寺院」(ibid. : 1442, 1444)、「狐狩り」(ibid. : 1445-1446)、「ローマ法の大庭園」(ibid. : 1447)、「画家」(ibid. : 75)、「外国語」(ibid. : 299-300)、「アルプス旅行」(ibid. : 300)、「堕罪」(ibid. : 302) 等。決して少ない方とは言えないのではないか。

れよりも「歴史法学派」の「一面性」の原因として否定的に見られていることは明らかである（Cf. Anonymus 1844b : 406-408）。

こうしてフィケンチャーの考証を検討してきたが、断定的なことは言えないにしても、随所に牽強付会が見られるように思う。とはいえイェーリングの初期匿名論文を初めて本格的に考証した、という功績から見れば、その問題点はそれほど大きくないと言うべきだろう。

(5) W. プライスター

フィケンチャーは4編の論文を俎上に載せたが、その後ロザーノが1編、更にこのプライスターが2編を候補論文に加えた。そして、そのプライスターはこれら7編のすべてについて克明な考証を行った。その考証の結果を先に紹介しておくと、彼がイェーリングの著者性を認めたのは、(3)、(5)、(7)の3編だけで、その他の4編はすべてイェーリングのものではないと断定している。

a) (1)および(2)論文：彼はこの両論文は同一著者によるものと判断しているが（Pleister 1982 : 69）、フィケンチャーの考証に反し、イェーリングの著者性を否定している。彼は、自らイェーリングの著者性を肯定する(5)論文その他と比較することによって、そのことを論証しようとしている。その概要は次のとおりである。

まず「文体」の点について。(1)および(2)論文は「熱狂的で理想主義的で仰々しく、哲学者から哲学者へ」と飛び、「イタリック強調」を多用している。これに対し(5)論文は「冷静でザッハリッヒで、所々機知に溢れ諧謔的」で、前者には登場しないサヴィニーの長い引用があり、前者を満たしている「宗教的愛国的熱情」がなく、イタリック強調も少ない（ibid. : 71-72, 92）。さらにイェーリングのどの著作を捜しても、「道徳的、神学的、愛国的長雨」などなく、『ローマ法論集』（Jhering 1844）は「流暢で簡にして要を得」ており、「もったいぶった仰々しい長口舌」とは縁がない（ibid. : 79）。

次に「内容」の点ではどうか。たしかに両論文とも同じく「歴史学派」を議論しているが、(1) および (2) 論文におけるそれは「**政治的、哲学的方向**」であり、(5) 論文におけるそれは「法律学者に馴染みの『歴史学派』」である。両学派は「類・種関係」にはないし、そもそもイェーリングは哲学とは若い頃から「交戦状態」にあった (ibid.: 73, 98)。両論文に登場する共通の人名は唯一、G・フーゴーだけであるが、前者にあっては「自然法論者」として、後者にあっては「法史家」として、と扱い方に違いがある (Pleister 1982: 92)。また、(1) および (2) 論文におけるプログラムは「歴史における法の進歩」などではなく、歴史における「キリスト教的、理想主義的人格主義」の自己獲得であるが、(5) 論文においては、その種の「形而上学的心情吐露」とは縁もゆかりもない「法律学の根本的改革」であった (ibid.: 78)。

なお、「倫理的リベラリズム」、「自由な『創造的人格性』」の強調は一見すると『精神』第2巻第1分冊第30章(「自由と不自由のシステム一般」：Jhering 1854: 123-134) と共通しているように見えるが、これは「偶然」であって、匿名子の場合、それは「キリスト教的、**ルター主義的**人格主義」を本質としている。イェーリングの人格主義は「現実主義的、プラグマティックな性質」を持ち、「**具体的『個人』**の本質的に政治的な自由」が問題であったし、彼は匿名子のような「信仰告白」をするどころか、むしろ「宗教を学問から切り離そうとした」のである。また、約4半世紀前の政治的激動を「現在」として扱うことができるのはおそらくや「大体4、50歳くらいの者」であって、20代半ばの若者ではないであろう (以上、ibid.: 82, 86-90)。

当時のイェーリングの状況に照らしてみても (1) と (2) 論文に関するイェーリングの著者性は否定されなければならない。この時点では彼は「ラテン語の (！) 博士論文」にかかりきりで、もともと「非政治的人間」と評されていたイェーリングがこのような論文を書くとは思えない。さらに、たとえ若きドクトラントに国家理論、政党政治、哲学の諸方向が何かの役に立ちえたとしても、(1) および (2) 論文における素材は「法律学の講義」には「全く役立たなかった」はずである (以上、ibid.: 90-91, 93)。

この種の考証は一般に印象批評にならざるをえないが、少々強引なフィケ

ンチャーの考証に比べ、このプライスターの考証は遙かに無理がなく、説得力があると思われる。

　b）（5）論文：さて、プライスターは（1）および（2）論文の考証の際に、この論文の著者がイェーリングであることを前提としていたが、その論証を次のごとく、イェーリングの他の著作との間にある、「学問的プログラム」、「思考過程」等の共通性の観点から行う。

　まず「学問的プログラム」について。この論文のプログラムは「比較法的」側面が強調されている点、「哲学を全く無視している」点において『精神』のそれと一致している。特にそのことを示すのは「Ⅲ　歴史学派の活動の特徴」の部分である。そこで匿名子は、歴史法学派固有の方法として「有機的ないし体系的方法」を挙げ、それを次のように特徴づけている。すなわち、それは全素材の「より高次の統一」、すべての「法変化の基礎」にある「時代的理念や努力」、つまり「学問や生活や立法を支配している動機」を発見し、それに従って個々の外的な現象を分類する、と（Anonymus 1844b：422）。それに続いて彼は、法源からの超出、文言の相対化、欠缺の補充、法史学の生産性、技芸性を強調する（ibid.：423）。これは「『精神』第1巻の序（第1～6章）を支配しているコンセプトと一つの胡桃の殻の中にある」（以上、Pleister 1982：102-104，106-109）。

　次に「思考過程」について。この匿名子は「極端」を排している。つまり一方で「些事詮索［Mikrologie］」を禁じられた領域」とし、他方で「予言し［divinirende］構成する活動の持つやりすぎの性格」にも反対している（Anonymus 1844b：535-536）。前者の点は『精神』第1巻初版第2章における次の記述に対応する。すなわち、我々が必要とするのは「ロマニスト的法律学」の学問的装置たる「ルーペと顕微鏡［Mikroskope］」ではなく、「望遠鏡［Teleskope］)」であり、「ローマ法の伝承形態」を対象とする批判ではなく、「法一般の批判」、「一般的視点を持った操作、遠くからの考察」である、と（Jhering 1852：9-10）。そして後者の点でも、イェーリングの著作を精確に読めば、「いかに彼が『予言する構成者』の精神的逸脱行動から遠く隔たっていたか」が解る。彼はその構成者のために『冗談と真面目』にお

いて墓碑を立てたのである。この匿名論文において提起された、「法史学の領域における生産的活動」の「黄金の中道」のアイディアは、『イェーリング年誌』の綱領論文たる「我々の任務」論文と連結する。そして、「歴史学派の一面性」の克服、法源の「吟味」とそれからの「超出」の要請は、「イェーリングの思想の一貫性と、一旦正しいと認識した根本的立場に固執する強靱さ」を証して余りある（以上、Pleister 1982：112-113, 116-117）。

　プライスターは、以上の共通性のみならず、フーゴー、クリスチャンセン、キールルフ、プフタ等、この匿名論文、『精神』や第1巻初版、そして「我々の任務」に共通して登場する「著作者たち」に対してなされている評価からイェーリングの著者性を証明しようと試みているが（ibid.：118-123）、それ程成功しているとも思えないのでその部分はここでは割愛する。

　彼はまた、状況的な観点からもこの論文はイェーリングのものだとする。『精神』第1巻初版の序にある次の記事が有力な証拠であると言う。すなわち、自分は本書の準備に「11、2年間」かけ、「すでに1843年に」「この著作の対象に関する公的な講義を…出版」しようと考えたが、プフタが自分を思い留まらせた、と（Jhering 1852：ⅴ）。プライスターによると、だからこそ「1844年のこの論文で自分の「学問的信仰告白」を行おうとしたのである（Pleister 1982：91）。そしてその内容は、「私講師として1843年に持った講義」である（ibid.：101）。

　こうしてイェーリングの著者性に確信を持った彼はこう結論する。「イェーリングは、50年代に決定的に起こり、まさに彼によって決定的にもたらされた『法学の転換点』を、彼の初期論文においてすでにしっかりと明瞭に予感していた、それどころか、彼はまさにこの論文とともにこの転換点への直通路の上にいたのである」、と（ibid.：123-124）。

　この論文がイェーリングのものだとすると、そのことがイェーリング研究に及ぼす影響がいかに大きいか、ということがこのプライスターの結論の中に表現されていると言えよう。しかし、周到かつ妥当な考証にもかかわらず彼の結論は不徹底と言わざるをえない。50年代、それも末頃の「転換」を44年に、つまり、処女論文集を出版した年に「予感」している、ましてや、そこに至る途上にいた、というのはいかにも奇妙ではないだろうか。もしそ

うだとしたなら、どうして「転換」などがありえたのか、どうしてそれが必然だったのか、そして一体何が「転換」したのか、全く理解できないことになってしまうからである。だからプライスターは、彼自身「思考過程」の共通性について下した判断をもう一歩進めて、「転換」そのものを疑わなければならなかったのである。つまり、この論文に現れたかぎりの思想に関してはイェーリングは転換してはいなかったのではないか、と。イェーリングはその学問の出発点から、生活に無頓着で形式論理を崇拝するところの、通俗的な意味の概念法学者でなかったことは疑うべくもないからである。

c) (3) 論文（「ローマ法に対する近時の攻撃」）：これはプライスター自身が新たに発見したものである。そして彼は、「ここにおいてはまだ24歳のイェーリングが、ローマ法の弁護においてその最初の手柄を立てようとしていた」と述べ、イェーリングの著者性を肯定する（Pleister 1982：125）。たしかに (5) 論文においては批判が「非常に控えめ」であるのに、ここでは「非常に鋭い」という違いはあるが、それは前者が「一部に声望の高い専門の同僚」に対する批判であるのに対し、後者は「ポピュラーな学者」に対する批判だからであって、「表面的」なものにすぎないとする（ibid.：126）。その論拠は次のとおりである。

まず文体的に見て、この著者は、Ⅰ「合理主義」においては、「はっきりとエレガントで非常に見事なスタイリスト」であり、(5) 論文の著者と同様に、「その叙述を明確に首尾一貫して展開する能力」を持っている（ibid.）。ところがⅡ「純粋主義」においては、一転して「ザッハリッヒな議論手段」が採られている。だが、「その都度の敵手の重要性と個性に応じるこの機敏さ」こそイェーリングの著者性の「状況証拠」と思われる（ibid.：132）。

そればかりではない。内容的にもイェーリングの著者性を証するものがある。たとえば、「理念が出現する場合、学問において長い間稲光がして初めて生活において雷鳴が轟き始める」、という表現など、この論文において「公衆と学問の間の関係」について述べている部分（Anonymus 1843：922-923）は、「自然的理解と法律学理解との対称」つまり「素人の理解と法律学的理解」との対称について展開している『精神』第2巻第2分冊第37章の

記事（Jhering 1858：328-329）と驚くほど似ている（以上、Pleister 1982：127-128）。

また、「ローマ法の学問的価値」に関するカウルフス氏の所説の論評（Anonymus 1843：923-924）は、『精神』第２巻第２分冊初版第２章の冒頭（Jhering 1858：5ff.）および同序文におけるヴァルター批判の部分（ibid.：ⅴ-ⅷ）と符合する。そして何より、「イェーリングが好きでたまらない対象——ローマ法——に対してなされた攻撃への反応の仕方」こそがイェーリングの著者性を証明する（以上、Pleister 1982：129-131）。

さらに、この論文の著者は合理主義と純粋主義の「中間に正しい立場がある」という観点から、とりわけ債権法におけるローマ法の継受を積極的に認める一方、ローマ法のドイツ民族への「同化［Assimilation］」を強調しているが（Anonymus 1843：1517-1522）、それと同様の主張は『精神』第１巻初版第１章に中に見られる。すなわち、たとえば、民族間の法の「借用は単に機械的なものではなく、同化［Assimilirung］、内的習得であるべきである」、という記述、「現在の法律学者世代は、従来の形態におけるローマ法を分離して考えてみることを準備せねばならない」、という記述等（Jhering 1852：3, 2）がそれである（以上、Pleister 1982：133-136）。

以上、自らこの論文の発見者であるプライスターの考証を見てきたが、この匿名論文を読んで、その内容が「ローマ法を通って、しかしローマ法を越えて」という有名なスローガンと整合的である、との強い印象を持った筆者にはその考証は首肯しうるものである。

d）（４）論文（「現在に対する法律学の立場」）：これはロザーノが発見したものだが、プライスターはイェーリングの著者性を否定する。彼によるとこの論文は、『文芸新聞』の「編集に携わるか、少なくともその近くにいる」、「法律学の時事問題に通じていないわけではない」「当時のジャーナリストの典型的作品」ということになる（ibid.：137, 139）。彼の論拠は次のとおりである。

たしかに冒頭付近で「前世紀における学問の実践からの孤立化」を指摘し（Anonymus 1844a：101）、（３）論文との親縁性を見せているが、後者の著者

はすぐにローマ法の正当化をしているのに、この論文の著者はそこで誤りが証明された平板な非難に耽っている。文体的に言っても「比喩的手法」が (3) 論文より少ない (Pleister 1982 : 137)。

内容的にも、この論文は「ポピュラー」な歴史学派のテーマを「非常に曖昧で表面的」にのみ扱っており、(5) 論文における「エレガントで完璧な叙述」と比べると決定的な違いがある (ibid.: 138)。また、この論文の末尾には、掲載『新聞』が「現在の諸要求に応えること」を任務としていること、「現在の重要な法的諸問題」を扱った論文を次々に載せるよう努力していることが記されているが (Anonymus 1844a : 105)、イェーリングが「そのような無様なやり方で『生活』に、すなわち、『大衆』に取り入った」などということは「有りそうもない」ことであり、3週間後に連載を始める者が「この形式で予告をした」などと考えられようか (Pleister 1982 : 139)。

プライスターのこの考証にはやや強引なところがあるように思われる。たしかにこの匿名子は『新聞』の編集に何らかの仕方で関わっている者であろう。しかし、そのことはイェーリングの著者性の反証にはなるまい。もともとこの論文は非常に短く、ポピュラーなテーマを曖昧かつ表面的に扱っているとしても怪しむに足らないのではないか。もちろん確定的なことは言えないが、内容的に明白な不整合が確定されないかぎり、編集者に近いイェーリングが間に合わせに書いた、という可能性は消失しないのではないか。

e) (6) 論文 (「ローマの法律学と現代の法律学」): プライスターは、若干の疑念を抱きつつも、この論文もイェーリングのものではないとする。

彼によると、当時バーゼル大学教授のイェーリングは「ベルリンで (!) 発行されている新聞」のために連載論文など書いていられないはずである。その内容は (5) 論文の「かなり低水準の」「蒸し返し」である。ローマの法律学者、現代の法律学者が一人も言及、引用されていないために、その論文は「不正確で表面的にはホラ吹き的」である。ローマ人は「その概念で計算している」、を中心とするサヴィニーの有名な文章 (Savigny 1967 : 29) を「一部そのまま引き写している」(Cf. Anonymus 1845b : 73) のに、そのことに触れない (Pleister 1982 : 140-141)。ローマ人の「法律学的技芸」を「手の

届かない（少なくともその日までは到達されていない）理想」と捉えるような、「かなり骨董趣味」のところがあって、「ローマ法を通って、しかしローマ法を越えて」というモットーを思いついてもいない（Pleister 1982：142）。

　プライスターは他方で、この論文の中に、『精神』で用いられているのと同じ表現が散見されることを認める。「（生きた）直観」、「生産」、「有機体」、「法感覚」、「本能」、「思いやり」がそれである。しかしそれらが、「イェーリングには全く適合的ではない、歴史的に類型化された対立項」に仕えているとして、それを偶然的なものとする。その対立項とは、「法律学的技芸」対「法律学的学問」、「生産性」対「再生産性」、「ローマの法律学」対「現代の法律学」、である（ibid.：141-142）。

　この考証に対しても筆者は幾つか疑問を提起しておきたい。まず、もしイェーリングが『文芸新聞』と特別な関係を持っていたと仮定するならば——なおプライスターの考証でも彼はすでに2本の連載をこの新聞に寄せている——、バーゼルから原稿を送ることも不思議ではないだろう。またプライスターは、匿名子がローマの法律学的技芸を「手の届かない理想」のように描いたとするが、理由があるとは思えない。筆者の拙い要約を一読すれば明らかなように、匿名子は単にローマの法律学と現代のそれの特徴を比較対照することを目的としたのではなく、後者が前者から学びそこなった「法律学的技芸」を自分のものにし、自ら「生産的」になることをこれからの法律学の任務として提起しようとしているのである。決して現在を蔑みながら過去の遺物を愛でているのではない。匿名子はこう述べている。「大事なことはローマ法を獲得することよりも、それがその長所を負っている精神を獲得することである」、と（Anonymus 1845a：75）。この主張とあの有名なモットー、ないし『精神』の基本思想とどれほど離れているのだろうか。

　f）（7）論文（「ドイツの法律学に対するクリスチャン・トマジウスの意義」）：この論文もプライスターが発見したものである。彼は次のごとく慎重な態度ながらイェーリングの著者性を認めている。

　イェーリングは自分が若い頃書いた雑誌論文の中に署名入りのものがあることを示唆していたが（Jhering 1879：v）、この論文には著者のフルネーム

ではないがイェーリングを思わせるイニシャルが添えられている。たしかに当時イェーリングはロシュトックにおり「ベルリンにはもう随分と行っていなかった」が、彼が「再びベルリン、特に『文芸新聞』と文筆上、結びつき始め、そのためにこの小さな臨時の作品を書いたということは、十分にありうることである」（Pleister 1982：143）。

また、たしかに自分の論文の価値を控えめに述べるその書き出しはイェーリングには「まさしく典型的というわけではない」が、精神的に動揺している現在に直接利益を持っている、前世紀の際立った現象への注目を促すところの「非常にイェーリング的な思考過程」がそれに接続しており、さらに文体的にも内容的にもイェーリングを想起させる（ibid.：143-144）。

トマジウスへの言及は後の作品の中にも見られる。例えば『精神』第2巻第2分冊初版の序（Jhering 1858：v）、そして特に「我々の任務」を挙げることができる。そこにおいてイェーリングはこの論文と「非常に似た仕方でほぼ同様の結論を持って」、トマジウスと彼以降の法律学を特徴づけている（ibid.：146）。イェーリングは次のように述べている。「前世紀にもまた法律学における嵐の時期、圧迫の時期があった。それがトマジウスの時代である。」多くの「皮相さや味けなさ」にもかかわらず、「立法と学問はなお長い間この時期の……影響の下にあった」、と（Jhering 1857：2-3）。

プライスターのこの考証はほぼ首肯しうると思われる。ただ、この論文に関してイェーリングが当時ベルリンにいなかったことを重要視しないならば、どうして（6）論文に関してもそうしなかったのか疑問の残るところではある。

まとめ

以上、現在までに発掘された、イェーリングがその著者とされる可能性のある匿名論文7編の概要とそれらについて幾人かの学者が行った考証の議論を紹介したが、3のはじめでも断ったように、本章はそれらについてのイェーリングの著者性を判定し、それに基づいて新しいイェーリング像を展開することを任務としていないし、そのようなことは現在の段階ではできない。

むしろ本章の本務は、わが国にはほとんど知られていないイェーリングの初期匿名論文問題の存在を紹介することによってほぼ果たされていると考えている。

　だが、それらのうち幾つか、例えば誰一人としてイェーリングの著者性を否定していない (5) 論文などを実際にイェーリングのものだと仮定するならば、それだけでも従来の常識的イェーリング像は転換を迫られるのではないだろうか。従来ほとんどなされていなかった、いわゆる転向前の『精神』初版第1巻、第2巻第2分冊と、転向後の同第3巻第1分冊、同第2版第1巻、第2巻第2分冊との間の内容上の異同について克明な分析が併せてなされなければ、確定的なことは言えないが、転向前の彼は決して通俗的な意味での概念法学者ではなかった、という予想を立てることもそれ程的外れではないのではないだろうか。

　また、よしんばこれらの論文がすべてイェーリングのものでないことが証明されたとしても、それらの存在そのものが我々の記憶から抹消されるわけではない。例えば (5) や (6) の匿名子がイェーリングではなかったとしても、誰か他の法律学者が、この通俗的概念法学が全盛であるはずの時代に、学問と生活の結合を唱え、法律学的技芸の習得を訴え、法律学の生産性を主張し、法規の文言への奴隷的奉仕を糾弾していたのである。イェーリングの前期を特徴づける構成法学と、場合によっては後期の目的法学とも整合的でありうるこうした思想の持ち主は一体誰だったのか。ドイツ概念法学の実像に迫るためにもこの点は究明しなければなるまい。

第5章　イェーリングからイェーリングへ

はじめに

　本章の目的は、イェーリングの主著の一つであり、彼のいわゆる「転向」を挟んでその初版全3巻計4冊が発表され、その改訂版も出された『ローマ法の精神』（以下、『精神』と略称する）を主たる対象として、そこで展開された彼の法学方法論のどの部分がその「転向」の前後で変化し変化しなかったかを跡づけ、彼の「転向」とは一体何だったのかを明らかにすることである。したがって、これまでの筆者のイェーリング研究の核心をなすものであると言ってよい。体裁上はきわめて文献学的であるが、法学方法論を発展させるためには不可欠の作業であると考えている。

　イェーリングの「転向」をめぐるこの研究はドイツ概念法学の研究の根環をなすが、それは、すでに折々に強調してきたとおり、「概念法学」という、歴史上のある時期ドイツの法思考を実際に支配した、あるべからざる硬直した方法論とされるものの正体を白日の下に晒すことをその最終的な目標としているからである。その正体とは、それを愚の骨頂のように軽蔑している者たちが、あるいは、軽蔑しないまでも、すでにその歴史的使命を終えた過去のものとして扱おうとする者たちが、まさにその愚を克服したものとして、あるいは現代に適合したものとして誇らしげに掲げる独自の方法論と、実は本質的に同じものである、と考えるのが筆者の一貫した立場である。

　そもそも法実務を支配する法解釈、法適用の方法論は、もちろんそれぞれの法文化で、法制度の違いなどを反映して異なった言語表現を与えられており、また時代により色とりどりの意匠を凝らされてはいるが、法解釈者はつねに自分が下す決定以前に確立している法——それが制定法であれ判例法であれあるいは神の意志であれ——と眼前の社会的現実との間の仲立ち

[Interpret]であるとの構造がある以上、その基本的なところに違いはない、いやありうべくもない、と筆者は固く信じているのである。現代の裁判官や法学者が特殊現代的な法律問題を突きつけられて体験している特殊現代的な困難さや不自由さ、息苦しさと思われているものも、おそらくや、過去の法を現在の生活事実に適用するという仕事を担う者ならば誰もが普遍的に体験してきたものと本質的には同じものである、と考えてまず間違いないはずである。特に法解釈、法適用という人間活動に関して、現代的な悩みと格闘して現代的解決策を独自に見いだしたと勘違いするのは独善がすぎるのではないだろうか。

とはいえ、筆者はそのようないわば人類普遍的な法適用方法論をこの一連の研究によって称揚しようとしているわけではない。つまり、この点はかなり誤解されてきたところだが、筆者の意図は、概念法学は言われるような石頭の杓子定規な発想しかできない硬直した形式主義などではなく、本当は現代の法解釈理論と同様の柔軟な素晴らしい方法論だったことを証明することによってそれを復権させること、にあるのではない。そうではなくて、考古学の発掘のように、過去の概念法学の真実の姿を地中から掘り出して、それを展示することによって、これまでそれをあたかもモンスターのように描き、それと対比することで不当に自己を美化・正当化してきた既存の法学方法論に反省を迫ること、つまり、俗な言い方をすれば、両者は同じ穴の貉であるということを明らかにすることにある。そして、なぜ法学者は自己の方法論を正当化するためにそのようなありもしない敵を捏造する必要があるのか、を考える手がかりにすることにある。

要するに、概念法学の再評価という単なる法学史的関心ではなく、正確な法学史的認識に基づく現代の法学方法論の相対化、法適用活動が法的世界で持つ意味の客観的な把握に基づいた法学方法論の確立への関心が筆者をこの研究に駆り立ててきたのである。

不惑をすぎたある日突然、自らもその唾棄すべき方法論の信奉者であったとして、自己批判的に概念法学批判を開始し、目的法学へと「転向」し、そのことでその後の法学方法論に多大の影響を与えたとされるイェーリングが、自己の方法論のどこをどのように自己批判したのか、どこは自己批判し

なかったのかを、その前後に公刊されたひとまとまりの論著に基づいて検証する本章の試みはこの関心にとって不可欠の一歩となる。

1 「転向」と『ローマ法の精神』

『精神』両版の具体的内容の検討に入る前に、込み入ったその作業を見やすくするために、この著作の構成の概要とその初版と改訂第2版の公刊時期をいわゆる「転向」との関係で概観しておくことにする。

この著作の正式な書名は『その様々な発展段階におけるローマ法の精神』であって、彼のもうひとつの主著『法における目的』と同様未完であるが、第1巻、第2巻第1分冊、第2巻第2分冊、第3巻第1分冊、の計4冊からなっており、総ページ約1370頁である。本章では、煩雑になるのを避けるために、以後、この4冊をそれぞれ『精神』A、B、C、Dと略称することとし、初版の場合には1を、第2版の場合には2をそれらの前に付すことにする（例：1A、2C）。また、引用表示に際しても、一目瞭然にするために『精神』の場合だけ本書の他の章における方式を採らず、この略称を用いることにした（たとえば『精神』初版第1巻10頁の引用表示はJhering 1852：10ではなく、1A：10となる）。

では、本書の全体の構成を各巻の目次の中の大項目と中項目に基づいて示すと、次の通りである（なお、各節各項に付した記号は、便宜上、原文のものとは変えてある。項目名が第2版で変更されている場合は、初版のものは【　】で、第2版のものは【2A：】で表示した。）。

A　序論
　　I　課題とその解決法
　　　1　【ローマ法の未来――その判定契機】【2A：現代世界に対するローマ法の意義】
　　　2　現在の課題解決の必要性――今日の法律学とその学問的装置
　　II　法史的叙述の方法
　　　1　法の性質に含まれる必要条件

2　歴史の概念に内在する必要条件
　第1部　ローマ法の出発点
　　I　ローマ法の出発点あるいは始原的要素
　　　1　主観的意思の原理：ローマ法の根源
　　　2　【家族原理と国防体制、組織された共同体の諸要素】【2A：家族と国防体制、国家的秩序の出発点】
　　　3　宗教的原理、および法と国家に対するその影響
　　II　その出発点に対するローマの精神の関係

B　第2部　特殊ローマ的法システム
　　第1章　その法システムの一般的特徴
　　　I　法世界の外面的印象
　　　II　【法形成の根本欲求】【2A：法の根本欲求】
　　　　1　法の自立欲求
　　　　2　平等欲求
　　　　3　権力欲求と自由欲求
　　　　　a　自由と不自由のシステム総論
　　　　　b　ローマのシステム
　　　　　　i　個人の位置
　　　　　　ii　執政官職内部における権力欲求と自由欲求
　　　　　　iii　自由のシステムの歴史的意義

C　　　III　第2期の法の法律学的技術
　　　　1　技術の本質総論
　　　　　a　自然な理解と法律学的理解の対立
　　　　　b　法律学的技術の理論
　　　　　　i　技術の任務とその遂行手段総論
　　　　　　ii　法律学的技術の3基本操作
　　　　2　第2期の法の技術
　　　　　a　法律学

　　　　　b　外面性への法のこだわり（第2期の法の感覚的要素）
　　　　　　ⅰ　物質主義
　　　　　　ⅱ　言葉へのこだわり
　　　　　　ⅲ　形式主義

D　　　　c　法律学的技芸
　　　　　　ⅰ　法の分析学
　　　　　　ⅱ　法律学的経済学
　　第2章　権利
　　Ⅰ　権利の一般理論
　　　1　第2期の私法の権利
　　　　a　権利の概念

　このような構成を持つ本書のうち、イェーリングの法学方法論を問題にする本章が特に関心を持つのは、Aとりわけ「序論」、法律学的技術を論じたC全体、およびDの一部ということになる。したがって、以下の考察は主にこれらの部分を対象にして行われる。
　なお、ここでさしあたり確認しておきたいのは、本書の全体構成が「転向」を挟んでほとんど変更を受けていない、ということである。もちろん、ここには載せなかった細目次のレベルでは多くの変更点が認められるが、大項目、中項目を見るかぎり、彼が「転向」のはるか以前に建てた構想の幹の部分はまったく変わっていないと言ってよいのである。
　次に各巻各版の刊行年を表にすると次頁の〈表〉のとおりである。
　通説によれば、1Cと1Dとの間の1860年前後に概念法学から目的法学への「転向」が起こったことになっている[1]。したがって、それが真実だとすると、同じ初版の中でも、1A、1B、1Cまでの部分と1Dとの間に方法論上の亀裂が観測されるはずであり、1Aと2A、1Bと2B、1Cと2Cとの間にはさらに歴然たる断層が存在していなければならない。本章は1A、1Cと

1）「転向」の時期に関する諸説については本書149頁注1）参照。

〈表〉

1A	1B	1C	1D	2A	2B	2C	2D
1852	1854	1858	1865	1866	1866	1869	1871

（▨はいわゆる「転向」後）

1D の間にあるとされる亀裂、および、1A と 2A、1C と 2C の間にあるとされる断層に関する学術調査の報告書である。

ところで、イェーリングの「転向」を立証するにも反証するにも、最も直接的で確実なこの学術調査はこれまでなされたことはなかったのだろうか。筆者の調べたかぎりでは、かつて H・ランゲが『精神』の初版と第 2 版との違いに十分注意を払いながらイェーリングの思想を跡づけているのが例外で（Lange 1927）、あとは時折初版の記述に触れる程度のことが多く、徹底した比較検討はほとんど誰も行っていない。ただ、比較的最近の研究者のうちでも R・オゴレク、W・プライスターの二人が「転向」前のイェーリングの考えを明らかにすべく初版を随所で引用している（Cf. Pleister 1982, Ogorek 1986: 221, Anm. 90）のが目につく程度で、イェーリングに関する最新の研究書においても初版が引用されることすらまったくないと言ってよい（Cf. Klemann 1989）。

わが国においては事情はより深刻で、現在『精神』の部分訳が 2 種（イェーリング 1948、イェーリング 1950）あるが、いずれも底本は「転向」のはるか後の第 5 版（1894 年）と第 6 版（1907 年）で、初版が用いられない理由も記されていない。また、わが国の著名なイェーリング研究家である村上淳一（村上 1964）の著書を見ると、『精神』が引用される場合は第 3 版が用いられ、その初版が特段の注目を受けている形跡は見あたらない。つまり、後の版と区別された概念法学時代の 1A、1B、1C がまったくブラック・ボックスになってしまい、そのため、伝えられる『精神』の内容がはたして「転向」前と「転向」後で一貫しているものなのか、それとも「転向」後のものなのかが不分明なまま、その刊行年から判断して、すべてが「転向」後に由来するものと思いこまれたり、逆に、何の根拠もなく、すべてが「転向」以前からの考えと思いなされたりしてきたのではないかと推測される。しかし、後で証拠に基づいて示すように、その多くは初版から一貫して維持され

てきた主張なのである。
　そのことが証明されれば、彼の「転向」すなわち概念法学批判の核心がいったいどこにあるのかが見え始めてくると思われる。
　そこで、『精神』の断層に関する調査報告の方法であるが、最初に筆者はこの種の調査報告にとって最適な方法をとうとう見いだすことができなかったことを告白しておかねばならない。両版の間で変化していない記述を特に色分けして表示した筆者の大量の抜き書き集をそのまま掲載するのが最も簡単だが、それでは報告書としては失格である。一歩踏み込んで、『精神』の流れに沿って、どこが変わり変わらなかったかをその都度示し論評してゆくとすると、「転向」の核心が見えにくくなってしまう。さりとて、変化した部分としなかった部分をまとめそれぞれの共通特徴を炙り出すという方法は、各版各巻の著書としてのまとまりの再現を犠牲にしてしまう。いずれにも一長一短がある。
　筆者はしかし、結論として、様々な難点のあることを認めつつ、最後の方法を採ることにした。それはやはり、本章の目的が「転向」の検証にあるからである。著書としてのまとまりは、先に示した目次による全体構成で一応再現できたことにしたい。

2　変貌せざるイェーリング

　初版と第2版を通じて一貫しているイェーリング像は、俗説的「概念法学」の批判者としての側面と「構成法学」者の側面とを持っている。以下、それぞれ証明してゆくことにする。

1　「概念法学」批判者イェーリング

ⅰ）　いわゆる「転向」の後に出版された1Dの序文でイェーリングは次のように述べている。

　「この第3巻第1分冊の出版は、当初予想したよりはるかに遅れてしまった。〔しかし－引用者：以下、同じ〕その責任は私にというより仕事の方

にある。……私は、すでに完成したと思った章を何度全くはじめから始めなければならなかっただろう。それはこの種の仕事から切り離せない祟りであって、……このような仕事は決して終わりを見ない、という特徴づけが最も適切ではないかと考えている」（ID：ⅲ−ⅳ）。

ここに「転向」を示唆する表現は見当たらない。1Cが出てから7年という年月の遅れも、この序文から判断するかぎり、「転向」とは関係なさそうである。なお、同様のことが2Cについても言える。もっぱらローマ法における法律学的技術を論じたその分冊は最も「転向」と関わり合うはずのものであるにもかかわらず、その序文でやはり「この巻は第2版で個々に多くの追加を受けたが、その総量はそれほど多くならなかった。というのも、他のところでできるだけ短くしようとしたからである」（2C：ⅲ）、と自己の内部に起こったはずの激動を臭わすことすらしていないからである。

それにもかかわらず、イェーリングがこの1Dから自己批判的に「概念法学」批判を開始したと言われる（たとえば、Lange 1927：78-79, Ogorek 1986：227）のは、そこに次のような、法律学における形式論理崇拝、概念崇拝、実生活からの疎隔、そしてそのような傾向の代表者としてのプフタに対する強い批判的態度が表明されているからである。少々長いが、その大意をここに示すことにする。

　法学的基本概念は、法規と同様に、時とともに良くなってゆかなければならない。なぜなら、それらは「単なる論理的なカテゴリーではない」からである。ローマの法概念の普遍性を信じることは、「まったく無批判的な歴史研究によって生み出される子供の考え」である（1D：296）。
　しかし、ローマ法は実定法学者の心を簡単に奪ってしまった。その精神的魔力は「法律学的弁証法というまやかし［Blendwerk der juristischen Dialektik］」である。それは実定的なものに論理的なものの後光を与え、我々の判断に先立って存在しているものを、その論理的必然性を証明しようとするやり方で理性的［vernünftig］なものとして正当化し、「論理的法律学的な真実性の理想的高み」に上げようとしているのである。まさに現在、この傾向は最も危険なところにまで達している。危険というのは、

それが「見せかけの理由づけ」であって、「法規の最終的根拠がそこに求められる真なる源泉による論理的自己欺瞞」だからである。その弁証法を理解するのに実践的なものの見方など必要なく、法はその思考のファナティカーの舞台だと思われかねないほどである。ローマ法を覆っている論理的なもの輝きはすべての者を幻惑してしまうので、その視覚は、「実生活の新鮮な空気によって再活性化」されないと、実生活の現実的諸力が統治している現実世界ではなく、もっぱら抽象的な思考が支配する世界だけを見ることになる。そこでは「概念が世界創造者の役柄に押し上げられている。概念が法の世界を作り概念がそこを統治している。」そして、この「不健全な傾向」、「論理的なものに対する偶像崇拝」はすでにプフタにおいてその絶頂に達している（1D：299-301）。

　法律学を法の数学に押し上げてゆこうとするこの論理崇拝は妄想であり、法の本質の誤解に基づいている。「我々を捕らえて離さない妄想の魔力を打ち破ろう。」「生活が概念故に存在するのではなく、概念が生活のために存在するのである。論理が要求するものではなく、生活や取引や法感覚が要求するものが、論理的に必然であろうと不可能であろうと、生ずるべきである。」(ibid.：302-303)

この 1D が「転向」後に、それもかなり満を持して出版されているという事情からみて、ここに引用した一連の言明が「転向」によってもたらされたものと受け取られたとしてもある程度やむをえなかったかも知れない[2]。しかし、たとえば 1857 年の「我々の任務」論文を一読しても、イェーリングがすでに「硬直した文言解釈」という意味での「民法学的ミイラ崇拝」を批判し、法源に適合しない生産的な活動を主張していることや、学問と実践の近接化をめざしてローマ法の実践的適用可能性を制限しようとしたサヴィニーを高く評価し、ローマ法に対するそのような精神的自由を欠いたプフタを

2）「この文章でイェーリングははじめて明確に論理的なものの崇拝に対する呪詛を公然と表明した。」「彼自身もそれに責任のある、屁理屈をこねる論理構成は救いようのないほど呪詛された。」(Lange 1927：78-79)「形式的導出という意味での論理」は彼の自然史的方法において「下位の役割」しか果たしていなかったが、『精神』第 3 巻でこの控えめは「徹底した不信任」になった（Ogorek 1986：226-227）。

批判していたことを知りえたはずである（本書第6章152頁参照）。さらに、そのような傾向はすでに彼が1840年代に書いたとされる匿名論文にも認めることができる（本書第4章参照。なお、第6章149頁注2）も参照）。ましてや、同じ『精神』の初版で「転向」前に出版された1A、1B、1Cの3冊が同時に参照されていたならば、右に引用したものと軌を一にする言明をその随所に見いだすことができたはずである。

ⅱ）　そこで、この1Dでの「概念法学」批判的な言明と内的連関を持っていると思われる言明で、おそらく間違って「転向」後のものと思いなされてきたが実はすでに初版の段階から存在していた言明を、「転向」前の1Aと1Cから拾ってみよう（なお、引用にあたっては、第2版の対応頁数も併せて表示し、両版の間で変更があった場合には該当箇所を、たとえば初版のものは【　】、第2版のものは【2A：　】という形で示すことにした。したがって、【　】の付されていない部分は両版間で変更のなかった部分である。――以下同じ）。はじめに、『精神』全体を貫く彼の問題意識を表明している1Aの「序論」から見ることにする。そこには、次のごとき、「概念法学」者にあるまじき思想が表明されている。

　　【理論が実生活の実質的な形態を忠実に定式化できれば、それは法の単なる鏡から法の源泉になる。理論がこの任務に応えなくなり、実生活から遠ざかるほど、実生活はますます理論の無用な補助をはねつけ、「法有機体の自然治癒力が治癒者の巧妙さにとって替わる」】【2A：〔法の正しい理論的把握の必要が強く感じられるにつれ、〕法の定式化は法そのものに近づき、貧弱なスケッチから真の鏡になろうとする】。(1A：21, 2A：34)
　　法の真価は「その実践的使用可能性」にある。だが、【法規が体系の論理的モメントに気化する】【2A：法規という下位の凝集状態から概念という上位のそれへと進行する法の変化】につれ、法のその機能的側面は見えなくなる。法規が法概念へと【精神化】【2A：変換】されると、法規を叙述する者は、それがあたかも概念の流出物であり、それ故「概念の方が根源的で、独立して存在しているかのように、素材を加工することが何か高

尚で偉大なことである、という妄想」に陥りがちである。ところが「法の全論理的組成は、たとえそれがたいそう完璧なものであったとしても、二次的なもの、すなわち、それが仕えるべき目的の所産にすぎない。概念がかくかくに形成されている、ということはまさに、それがこの形態においてのみ実生活の必要を満たす、ということにその根拠を持っている。そしてこのような考慮から、概念の自由な論理的発展が中断されたり阻止されたりすることが非常によくある。そのような干渉がなければ、法の論理的な技芸の価値はより高いものになるだろうが、その実際的有用性はより少ないであろう。」(1A：39-40，2A：48-49、イェーリング 1950：73-74)

理論による法規の法概念への精神化は、実生活の必要を満たす、という「目的」によって導かれている、というのだ。だから概念の論理的発展は実際的有用性の観点から制約を受ける。場合によっては実生活は理論の介入を排除し自助する、というわけである。誰あろう、1852 年当時のイェーリングその人の言葉である。現代の多くの法学者がまさに「概念法学」を批判する際によく口にする言葉ではないか。

「転向」直前に公刊された 1C[3] においても同様である。法学的技術の主要目的の一つ、「法の質的単純化」に関する次の主張（2C では、同じ主張が法律学的構成の項で示されるとして削除。）と、第 2 期の（共和制全盛期の）ローマの法律学の法解釈実践に関する次の解説から、法解釈に関する彼自身の生活利益志向的な立場を窺い知ることができる。

　私は健全な人間悟性の権威を法律学にとって決定的なものとして承認するどころか、法律学を、法という事柄における健全な人間悟性の沈澱物と定義したい（1C：330，2C：303）。法律学の正当化は、「法律学と健全な人間悟性との符合」を個々の場合に証明することである（1C：332，2C：304）。
　【思考の内的法哲学的完全性や法律の合理的正確さと、法律の実践的使用可能性は逆の関係に立つ】【2C：削除】。【実践可能性の観点は抽象的に

───
3) 公刊されたのは 1858 年だが、脱稿したのは 1857 年の「我々の任務」論文執筆以前である（Cf. Jhering 1857：9、イェーリング 1990 ①：156-157 参照。）

正しいことからの逸脱を要求することがある】【2C：削除】。【「単なる演繹」である法律学は、実践可能性のない実定法規に対しては無力であり、その場合は、実生活の現実的形成力、実践、慣習法が助けになる】【2C：削除】（1C：348, 351, 353）。

　【言葉への絶対的な拘泥がローマの第2期の法律学の特徴のように見えるが、それは「仮象」である】【2C：第2期の法律学が強く言葉にすがりついたかのような考え……は否定される】（1C：484-485, 2C：443-444）。

　その法律学は、結果に無頓着になって、法律の解釈にあたって盲目的に言葉の犠牲になったのではなく、「理性の要求と実践的生活の必要」のために開かれた目を持ち、それに一致して法律を解釈することができた。ローマ人の感覚は健全だったから、「立法者の側に表現の誤りがあったとき彼らはそのより良き確信と生活の利益を奴隷的に文言の犠牲にすることなどできなかったのであろう」（1C：486-487, 2C：446）。

　その法律学の法律に対する関係は、決して厳格な言葉解釈の在り方が伴うところのその文言に対するあからさまな下服ではなく、【今日の我々の法律学が受け入れているもの】【2C：今日の我々の法律学において感得されるのも稀ではないもの】より自由な関係であると言いたい。単なる言葉の解釈だろうと立法者の思考の解釈であろうと、その解釈の正当性に関する問いではなく「実践的妥当性［praktische Angemessenheit］に関する問いが解釈の採否を決定した」のである。実践的必要性、法律学的技芸といった、解釈には外的な考慮が法律の解釈の際の相談役になっている。「盲目的に法律に下服するのではなく、むしろそれを生活の必要や時代の要請に適合させようとした」点で、その法律学を賞賛【してよい】【2C：すべきである】（1C：489-490, 2C：448-449）。

　何も解説がいらないほど明らかなように、「転向」前のイェーリングも、「転向」後のイェーリングと同様、法規からの単なる演繹をこととして、結果に無頓着な、生活利益を文言の犠牲にするような、つまりlebensfremdな、俗説的な「概念法学」が行うとされているような解釈を、あるべからざる解釈と考えている。そして実践可能性の観点、すなわち実践的妥当性こそ

第5章　イェーリングからイェーリングへ　127

解釈の選択基準たるべきだと考えている。健全な人間悟性との符合を法律学の正当性基準とするなど、どうしてこのイェーリングが俗説的な「概念法学」者と誤解されたのだろうか、と思うほどである。とにかく1Dでの論理崇拝批判が決して「転向」後になってはじめて唱えられたわけでないことは明らかであろう。

iii）　一方、1Aや1Cにおいては確かに実生活の過度の干渉に対する次のごとき消極的な態度も表明されている。しかし注意しなければならないのは、その態度が基本的に「転向」後も維持されていることである。

　　ローマ人は、法の論理的発展に対する実生活の干渉を jus singulare〔例外法〕と呼び、法の論理自体を ratio juris〔法の根本義〕あるいは regula juris〔法の原則〕と呼んでいる。ところが前者に対しては、「正当にも」、法における亀裂が必要以上に大きくならないように、「論理的生産性を否認」している（1A：40-41, 2A：49, Anm. 18, イェーリング1950、86）。
　　jus sigulare は ratio juris からの局部的逸脱［lokale Abweichung］である（1C：363, 2C：321）。【私はその逸脱を動機づける利益や根拠が存在しうることを見損なってはいないが、法にはこの逸脱をできるかぎり少なくしておきたい理由がある。「行きすぎた集中化の方が個別化より危険性が少ない」】【2C：削除】（1C：364）。

すでにⅱ）で確認したように、実生活の必要は、あくまで法の（概念の）論理的発展の制約契機にすぎず、その分を守らねばならない、という趣旨であろう。さすがに第2版では、実生活の干渉が全面化するくらいなら集中化の行き過ぎの方を取る、といった過激な発言は取り下げられたが、このいわば論理主義的な考えはイェーリングの一貫した確信なのである。そのことは、2Cで追加された一つの注によって証明される。そこでイェーリングは、法律学的構成の固有の技術的価値と有用性は、自然史的方法でなされた構成によって法をシステムへと形成することであって、その法システムは新しい素材の無尽蔵の源泉である、とした自己の見解（2C：369）をもって、無か

らシステムを生み出すがごとき謬見である、とする誤解を解くべく次のように述べている。

> 私は素材を所与のものとして前提しているし、法律学にはその素材をより高次の概念的形態に昇華させる任務を要求しているにすぎない。「私が考えており、つねにそれに固執していることは、もちろん、法律学は、utilitas〔利益〕がその行く手を遮り抵抗するまで、ratio juris と手をつないで進んでゆく、ということである」(ibid.: 369-370, Anm. 529a)。

この注に言う utilitas は、ratio juris に対して先の jus singulare と同じ関係に立っていると言ってよいだろう。彼は、「転向」後に utilitas 派、jus singulare 派になったわけではなく、原則的には一貫して ratio juris 派だったのである。つまり、法を論理的に発展させる、というアイデアを捨ててしまったのではない[4]。この点の確認は重要である。

しかしそうだとすると、その主旨は、やはり 2C で付加されたもうひとつの注の中の、自らの概念法学性に対する反省を表明したものとして有名な一節とうまく整合しない可能性が出てくる。そこで彼は次のように述べている。

> 「私は初版が身にまとっていた法の論理的側面の過大評価の痕跡を可能なかぎり抹消しようとした。」法律学的論理の単なる形式的なものの上には、最高次のものとして正義と人倫の実質的理念があり、それに没頭することは、法律学が自ら設定することのできる最も美しく崇高な任務である (2C: 345, Anm. 506a)。

一方で法律学は原則として法の論理的発展を追求すべきだとの自己の信念を再確認しつつ、他方で法の論理的側面の過大評価を反省する。反省の部分

---

4) ランゲはこの注を前にして困惑を隠さない。いわく、ここには明らかな「分裂」がある。「構成に関する学説は固執されているのに、全く突然、合目的性の観点からの限界づけがなされている。そのためその叙述はひどく不明確になっていて、論理と合目的性という両理解の調和的統一の試みはなされていない。」(Lange 1927: 52-53) これは、そもそもイェーリングにおいて論理と合目的性が融合していたことを見逃しているために起こる混乱である。

を「概念法学」に対する反省だと理解するかぎり、両言明はうまく整合しないが、文字どおり、「過大」評価に対する反省だと理解すれば整合する。彼は ratio juris を原則的に認めつつ、それがどこかで utilitas や jus singulare によって制約されるべきであると主張しているからである。したがって、実生活の過度の干渉を排そうとする彼の態度は、彼の基本的立場である実践的妥当性基準の解釈理論と矛盾しないのである[5]。なお、どのような過大評価の痕跡が第２版以降抹消されたかは次節で扱う。

ⅳ）イェーリングは、また、実践的関心がわが物顔に跳梁することにも消極的であった。彼は、法律学は実践的でなければならない、と一貫して主張してきたが、同時にその実践的関心に節度を求めてきたのである。これも決して「転向」以前に特有の主張ではない。

> 法史は解釈学の鍵を提供するものだとされているが、そのことは「法史に付きまとう不吉な星」である。歴史のある部分なり断片なりに対する実践的な関心は歴史的な観点の濁りのない追求を非常に困難にする。「非実践的な関心が歴史的な叙述には実際最もよく適っている」のである（1A：53, 2A：60, Anm. 27、イェーリング 1950：119-120）。
>
> 自然史的方法による構成で法をシステムへと昇華させると、法から外面的な実践的形式は奪われるが、その内的な実践的な力は減じない。すべての概念、分類は「実践的な潜勢力」である（1C：409, 2C：366）。
>
> 実践の問いはつねに教示に富むとは限らず、制度をその最もふさわしい場所でその根底で捉えるところの全く非実践的な問いが制度の認識にとっては遥かに重要である。そのような問いに答えることで実践的に最重要な

5）イェーリングは、1884年の『法律学における冗談と真面目』に収録された「今日法律学に関する親展の書簡」第１書簡に収録時付した注において、次のように述べているが、その意味も、彼の立場を本文のように理解することで完全に了解することができる。
　「法の形式的技術的側面、すなわち法学的技術の高い価値の強調は、法律学……の最終目標が実践的なものだということの認識――私がそれを欠いたことなどなかったが――と完全に調和する。そして私の仕事はこのことをけっして無視しなかった、と私は信じている。」(Jhering 1980：9, Anm. 1、イェーリング 1999①：142 注6)

問いは間接的にその回答を見いだす。法律学も、科学と同様、「まさに実生活から離れることで実生活に奉仕する。」その最善の発見が完全に非実践的な領域でなされることは稀ではない。ローマの法曹は「法律学は、真に実践的であるためには、実践的な問いに自己限定してはならない」と教えてくれた（1C：411-412, 2C：368-369）。

法律学が直接的に実践的であろうとすることを否定しながら、そのいわば間接的実践性とも言うべきものを積極的に評価しようとするこの立場の根拠は、「我々の任務」論文（1857年）の中で明確に説明されている。すなわち、

> ローマの法律学の理論的発見を導いたのは、直接実践的な目的だけではなく、純然たる学問的関心でもあった。それでもその発見は自然科学の発見と同様「実生活に役立つ」。「もし法律学が直接的に実践的なものでのみあろうとするなら、法律学は法律学でありえず、その実践的な使命を果たすことができないであろう」（Jhering 1857：18、イェーリング 1990①：164）。「法律学が自然史的研究を行う場合に大事なことは、表向きは、純然たる学問的関心を満たすことだけである。」ある関係の上首尾な構成よりも解釈が持つ実践的利得の方を高く評価する者は、「表面的には非実践的な形式の背後にしばしば計り知れないほど豊かな実践的な内容が隠されていること」を知らないのである。このように自然史的方法の実践的価値を強調したのは、法律学者でさえこのような研究を「屁理屈こね的」だと称しているのを聞くにつけ、我々の雑誌〔「イェーリング年誌」〕を非実践的だとする「偏見から守ってやること」が必要だと思われたからである。（Jhering 1857：20-21、イェーリング 1990①：167）。

いかに実践的関心に基づくものであっても、それを表面に出してはならず、あくまでも学問的な形式でそれを包み込まねばならない、あるいは学問的な形式と両立するものでなければならない、というわけである。E・フックスの言う「隠花社会学」そのものであるが、その手の内をこうして明かしてしまったのだから、もはや言葉の正しい意味で「隠花」ではなくなった。ただ、表面の学問的形式化というのは、アメリカン・リアリストの一人J・

フランクの言う「形式的な正当化・合理化」と同じであり、わが国の第二次法解釈論争の中心人物たる平井宜雄の言う、発見された判決の「正当化プロセス」と同じであり、およそ判決が、一個人の私見ではなく判決である以上かならず備えなければならない体裁であると言えよう。問題は中身の実践性を強調している点である。したがって、このような抑制的姿勢といえども、実践的妥当性基準の解釈理論と矛盾はしないのである。

v）　プフタ批判という点でまず指摘しておきたいことは、周知の通り、この巻の扉には次のようなプフタへの献辞があり、これは第2版でも維持されていることである[6]。

　　「偉大なるマイスター、グオルク・フリードリッヒ・プフタの追憶に」

　本文ではまるで褒めることなく批判ばかりしながら、その本をその亡き大先輩に捧げ続ける、というこのアンビヴァレンツは彼の「転向」の解りにくさにつながるものがあると思われるが、今はその問題には触れないでおく。

　プフタ批判はなにも「転向」後に突然始まったわけではない。しかし筆者は、民法学上の議論につき、イェーリングの言い分の方が正しいかどうか、まるで判断できないので、ただ彼がプフタを批判している箇所を証拠として挙げることができるだけである。たとえば、1857年の「我々の任務」論文においてイェーリングは、「生存中の者に触れることなく、かつ、私の視野ではあまりにも高所にいるために、私の行う非難がその人にとっても私にとってもたぶん不利益とはならないと思われる人物」としてプフタを取り上げ

---

6) 2Aでは削除された1Aの序文にはプフタと本書の関係が大略次のように述べられている。
　　私はすでに1843年に本書の対象に関するベルリンでの講義を公刊しようと思っていたが、プフタは、「このような一般的テーマでデヴューするのは危険である」と、私の計画を思いとどまらせようとした。それ以来本書は私にとって「厄介もの」になった。彼の忠告に耳を貸さなければよかったと思った。プフタに本書を捧げるのは、「彼の『ローマ法講座〔Cursus der Institutionen〕』が私に与えてくれた類稀な喜びに対する感謝の気持ちと、この偉大なるマイスターに対する私の深い尊敬の気持ち」からである（Jhering 1852：v-vi）。

(Jhering 1857：31、イェーリング 1990 ②：172)、随所で批判している。ひとつだけ、その調子を伝えるために紹介すると、こうである。云々の事例がある。「プフタに従えばこの場合どのように裁かれるべきなのか？ ……、というのである。『信じられない』と誰もが叫び声を上げるだろう。」(Jhering 1857：33、イェーリング 1990 ②：175)

　イェーリングはすでに「転向」以前にプフタの解釈学説にはずいぶんと批判的になっていたことは明らかであろう。ただその理由が、1D の場合のように、論理崇拝、概念崇拝だったかどうかは定かではないが[7]、いずれにせよ、「転向」まで信奉していた大学者を、手のひらを返すように批判し始めたわけではないことは確かである。

vi）　以上の検討の成果をまとめてみると、こうなる。当然のごとく「転向」後に開始されたと思われていた、法学における論理崇拝、概念崇拝、実生活からの疎隔に対する批判、それにプフタに対する批判、要するにいわゆる「概念法学」批判、は『精神』の各巻各版などをつぶさに見ると、すでに「転向」前に認めることができる。そればかりか彼が一貫して実生活志向的法学者であったことも明らかになった。ただ、その志向もあくまでも学問的論理的形式の下でのみ許される、としている点も明らかになった。

　ところで、そうだとすると、批判されるべき「概念法学」はイェーリングの法律学とは別の、あるいはそれ以前に実在していた法律学だったということになるのだろうか。いや、イェーリングもやはり、現代の法学者と同様に、ありもしない愚の骨頂を想定して自らの方法を正当化していたのだと考えた方が自然ではなかろうか。

7）ペーター・ランダウは、イェーリングのこの時点でのプフタ批判のポイントは、「あまりにも概念構成に走りすぎた」ということにではなく、「ローマ法をつうじてローマ法を越える」という立場をまだ採っていない、ということにあるとしている。なおランダウは、プフタ擁護の立場から、イェーリングの「文言拘泥主義」とする批判は「感情的」で当たっておらず、プフタの解釈は「目的論的見地から見てけっして誤ったものでも、生活から疎遠なものでもない」と主張している点が注目される（ランダウ 1993：357-361）。

2 「構成法学」者イェーリング

ⅰ）イェーリングが「転向」した、という見方にとって最も不利な証拠は、多くの細かい変更点はあるものの、「転向」前に発表されはじめた彼の主著である『精神』の版がその後も重ね続けられた、ということ、とりわけ、法学的技術に関する部分の大半を占めるCが、大きな変更を受けずに「転向」後のイェーリング自身によって追認を受けていることである。そこで展開されている法学的技術、すなわち自然史的方法による構成は、「概念法学」の方法であるはずだからであり、「転向」したのならば放棄されてしかるべきものだからである。

そうだとすると、彼が「概念法学」から「転向」した、という想定は本当に正しいのだろうか。確実に間違いである。もしその想定通りならば、「転向」後、Cを全面的に書き直すことも、あるいは絶版のままにしてしまうこともできたにもかかわらず、部分改訂をしながら、版を一度ならず重ねることは表現者の行動としてあまりにも不自然だからである。

彼は「転向」前後を通じて一貫して構成法学者だったのである。彼は「構成」という方法を最後まで捨てなかった。もしその方法を概念法学的方法と呼ぶなら、彼は概念法学者であり続けたのである。しかしその概念法学は俗説的意味でのそれではない。

では、彼が捨てることのなかったその「構成法学」的方法を詳述することにしよう。この方法の概要は多くの読者にとってはすでによく知られていると思われるが、もともと「転向」以前のイェーリングが展開したものとして読めばまた新鮮な印象を受けるのではないだろうか。

まず、前節と同様、「転向」直後の1Dにおけるイェーリングの発言から聞いてみよう。彼はそこで次のようにその方法の心髄を簡単に述べている。

論理が見捨てられると、どうなるのか？　「実践的な必要ないし法感覚が決着をつけ、論理がそれに自らを合わせる。」ローマにおいてもそうだったように、我々の場合もそうである。法学的本能、すなわち、ある概念

の直接的論理的存在の確信は、法的概念のただの一つにも生命を与えなかった。「法律学的弁証法自体、それが表向き完全な独立性を享受している方向においてさえ、つまり、所与の概念と原理の帰結を明るみに出す方向においてさえ、結果の実践的妥当性によって導かれていた。」(1D：304)

　第2期の法律学は「操作しながら演繹する」のであり、美しい技芸[Kunst]の本質は詩である (1D：10)。

　ここで注目しておきたいのは、論理は、意外にも、雲散してしまうのではなく実践的必要に自らを合わせ、同じ1Dで呪詛された法学的弁証法も、霧消するのではなく実践的妥当性に導かれる、とされていること、つまり、法律学は操作をしながらもやはり演繹する、とされていることである。しかしこれらの特徴づけは、前節ですでに浮かび上がってきたイェーリングの一貫した法学方法論の輪郭とうまく一致しそうである。

ii）　では「転向」前の彼はどう考えていたかを確認しておこう。全4冊のうちC全体とDの一部が法学的技術の詳述に当てられているが、その他にも彼はAのある箇所において簡潔にそのアウトラインを与えているので、まずそれを見ておきたい。

　　法律学は立法者の要求を解明し秩序づけ、それを「システムの論理的要素に還元する任務」を持つ。立法者は化合物を我々に与えるが、法律学はこれに対しその分析を行ない、「単純な物体」へと分解する。法律学は多様な法規に代えていくつかの単純な物体を獲得し、「その物体から必要に応じて個々の法規を再び合成する」ことができる。法律学は様々な要素の組合せによって新しい概念と法規を形成することができる。その概念は交尾をして新しい概念を生み出す (1A：28-29, 2A：39-40、イェーリング 1950：57-58)。

　要するに、法律学は「法規をシステムの論理的モメントに昇格させる」のである。この操作は「実生活に対しても最大の意義を持つ。」つまり、「実生活の無限に複雑な具体的事例に対する簡単な試薬」を我々に与えてくれる。手持ちの法規でそれらの事件を裁決しようとすれば、絶えず困惑

せねばならないだろう。このわずかな試薬の力で我々はあらゆる事件を解決することができる。「法のこのシステマティックなあるいは論理的な構造を私は法のアルファベットと呼びたい。」論理的契機に還元された法は法のアルファベットを我々に提供してくれるので、我々はそれでもって実生活の間でそれほど馴染みのない言語形成をすべて読み解き叙述することができる（1A：30, 2A：40-41、イェーリング 1950：58-60）。

「多数の法規から論理的核心を抽出し血肉化する能力」こそ法律学の特徴的特性である。「システムにおける法規の沈澱」は法律学が行なった素材に対する加工ではない。その沈澱物は「法自身の中にあるのだ。」（1A：30-31, 2A：41-42、同前：60）

ローマ民族が後に続く者に法規の集合だけを残したのであれば、続く者はそこから「法の論理的機構を再構築」するべきであり、実生活に向けられた法の外面だけを示したのであれば、続く者は「法の内的論理的実体の発見」に努めねばならない（1A：32, 2A：43、同前：62）。

法律学を通じた法の「論理的」発展を、化学や生物学、言語などのメタファーを駆使して、法の論理的側面の過大評価と言われかねないほど念入りに説明したこれらの言明は、第2版においてもほとんど全く変更を受けていない。だからイェーリングはこの法律学の性格規定、任務設定を件の「過大評価」とは考えなかったことになる。たしかに、論理の側面に偏った法律学の説明はこのAに（版を問わず）特有の傾向であって、Cにおいては（版を問わず）この傾向が薄められてはいるが、Aのこの箇所が「転向」後のイェーリングによって手を入れられていない、ということは、このいわば論理主義が「転向」後の彼の立場と親和的であることを示していると言えよう。しかし何かが変わったのは事実で、それについては次節で詳しく検討する。

iii）このような「操作しながら演繹する」方法を「自然史的方法による構成」と新たに特徴づけ、論理性偏重の姿勢をやや弱めたと思われる1Cを対象に、この方法の本質的特徴を「法律学的分析」「論理的濃縮」「法律学的構成」という3基本操作の流れにしたがって明らかにしてみよう。ただ、その

操作も「転向」前起源のものであることは断るまでもない。

　「法律学的分析」は単純な物体を探求する法学的化学である（1C：361, 2C：319）。一般的なものは一般的な形態ではなく限定された形態で登場してくるという法則が歴史において存在するかぎり、「類推拡張の必要性」も存在する。ここに法学者の援助が不可欠となる。法学者が類推拡張したとき、彼らは、もとの法規を「その真なる姿で認識」し、狭い歴史的な表現形式から解放したのである。法律学はこのことで思い上がってはいない。「立法者の法に干渉していないし、生み出しているのでもない。」（1C：370, 2C：326）法の最下層たる書かれた法は、判決のための非常に不正確な拠り所を与えるにすぎない（1C：374, 2C：329-330）。我々は普遍的な法のアルファベットを形式的な法的論理（その高度な教授法的な価値を私はその他の点では争おうとは思わない）を越えて用いはしないだろう。その論理の実質的な充足は依然実定法のなすべきことであろう（1C：375, 2C：331）。

　「論理的濃縮」は個々の既存のものからひとつの原理を抽象化する一般的な論理的操作である（1C：380, 2C：335）。原理の発見が法律学にとって重要なのは、「その【2C：発見され認識された】原理の中に新しい法規の源泉【2C：すなわちそこに含まれたすべての帰結】を掘り当てる」からである（1C：382, 2C：337）。

　「法律学的構成」は実践的命題の合理的宣明であるが（1C：400, 2C：357）、その際、実定法規は「どんなことがあってもそこに到達せねばならない所与の点」である（＝「実定的素材による掩蔽［Deckung des positiven Stoffs］の法則」）（1C：398, 2C：355）。ただその素材にもともとの命法的形態をとらせたままにするなら、法律学は解釈をこととする「低次の」法律学にとどまる（1C：385-386, 2C：341-342）。高次の法律学は自然史的方法に従って、法制度の個別的存在すなわち「つぼみ」である「法体［Rchtskörper］」を完全に開花させ、「法の全体的変形」をもたらすことを任務とする。すなわち法律学は、素材を芸術的に形成しそれに生命を吹き込む技芸なのである（1C：387-389, 2C：343-345）。

ローマの法学者は、「実践的に新しいものと理論的に古いものとの折り合いをつけるこの技芸」をかなりの程度知っていた。新しいものと古いものとの衝突が法学者をそこに置く緊急状態は、法律家の「弁証法的技芸」を発揮させ、それが奉仕すべき直接的目的とは別に、法律学に価値多く実りの多い利得をもたらす発明や発見をさせる（1C：403-404, 2C：360-361）。

　かなり長くなってしまったが、「構成」という方法についての説明が初版と第2版とでほとんど全く変わっていないことが示せたと思う。この方法を「構成法学」の方法と呼ぼうが概念法学のそれと呼ぼうが、イェーリングはいわゆる「転向」を挟んでもそれを放棄したり変更したりする必要を感じなかったのである。つまり、彼は、実践的に新しいものと理論的に古いものとの折り合いをつけるために、既存の実定法規から、その新しいものに適した実践的命題を捻出するこの方法（法規を法のアルファベットに解体し、そこから原理を抽象化し、そしてその原理から法規を引き出す、という方法）を持ち続けたのである。

iv）　そのことと関連して、注意を喚起しておきたいことがある。それは、彼が当初より目的論的発想を固有していたことである。この点は本書第7章（163-164頁）および第10章（200-201頁）において簡単に指摘しているので重複もあるが、ここでは、彼がそのはじめからいわゆる「目的法学」者であったことを示すべく、もう少し詳しく触れておこう。

　法の全論理的組成は、たとえそれがたいそう完璧なものであったとしても、二次的なもの、すなわち、「それが仕えるべき目的［Zweck］の所産」にすぎない。概念がかくかくに形成されている、ということはまさに、それがこの形態においてのみ「実生活の必要を満たす」ということにその根拠を持っている（1A：40, 2A：49, イェーリング 1950：74）。
　何故この制度が存在するのか、とか、何故それがこの形態をとっているのか、ということの根拠は「この特定の時代の目的［Zwecke］と必要」の中にある。すべての法は現実の生活の立場からのみ理解されうる

(1A：41-42, 2A：50、イェーリング 1950：76)。

　法の継続形成という意味における類推拡張という操作は、一般的なものは一般的な形態ではなく限定された形態で登場してくるという法則が歴史において存在するかぎり、その必要性も存在する。このことから概念や類推拡張の法則が確定される。概念はこの類推拡張という操作がその局地的歴史的現象形態から一般的なものをはぎ取るように決定される。この操作は、ひとつの制度のまとまりへと歴史的に純化された法素材の分析に基づく。類推拡張の任務は、「もっぱらこの制度固有の目的と概念から流れ出て、純粋にその種に属している法規（絶対的に局地的構成要素）」を、その本質からすると抽象的な類のものである法規（歴史的に局地的構成要素）から区別することである（1C：369-370, 2C：325-326）。

　私は、目的モメントが制度の（法哲学的のみならず、実践的に法学的な）関係にとって最高に重要であり、不可欠でさえあることを否定しようとは思わない。私が争うのは、それに従って定義をしてよいとする点だけである（1C：391, 2C：348）。

　ローマの法学者は稀にしか目的モメントを強調しないが、それは生活自体の中にいる者にはそれはよく知られているからである。【サヴィニーは『現代ローマ法体系』の中でこのモメントに適切な注意を向けている】【2C：削除】（1C：391, 2C：348, Anm. 510）。

　制度の「目的」で我々が考えるのは、「制度が単にその手段となるところのその外に存在する何か」である。しかし法学が手段の理論にすぎないのならば、「その手段をそれに内在するモメントに従って決定しなければならない。」何故ならこの目的というものは「何かきわめて不確定で不確かなもの」であり、「変化し成長する」が、制度自体は微塵も変化しないだけでなく、実践的必要［utilitas］ではなく法学的帰結あるいは必然性［ratio juris］にのみその起源を持つところの、目的をおよそ示しえない法体も存在するからである。したがって我々は「法体を、それが何をなすべきか、何をしているかに従ってではなく、その構造、つまりその解剖学的モメントに従って定義する」（1C：392, 2C：348-349）。

この引用も相当な分量になったが、それだけ、「目的論的」発想なるものが「転向」後のイェーリングの頭に突然稲妻のように光ったわけではないことを十分に示すことができたと思う。それと同時に、最後の段落からは、彼が何故1869年の2Cまではその発想をとらなかったのか、という理由をも知ることができる。ちなみに『法における目的』の第1巻初版は1877年に出版されている。

彼は「目的」を制度の外にあるもの、つまり、法とは別物、法ではないものと考えていたのだ。だから法学である以上、法を目的で定義してはならないと考えたのである。そして、いつしか彼は法外在的な「目的」を法内在的なもの——『法における目的』——と考えるようになり、それに積極的に依拠しようとしたのだが、そのことは少なくとも1860年前後のいわゆる「転向」とは関係ないことが解ろう。ただ約10年後の「目的」への帰依は、ある意味で構成法学の挫折の結果と思われるが、詳しくは後述する（後出145-147頁参照）。

ⅴ）次に注意しておきたいのは、「類推拡張」に関する解説である。我々は、イェーリングが「我々の任務」論文ではそれを、受動的法律学に対する意味での「生産的」法律学である高次の法律学に属するとしていたのを知っているが（Cf. Jhering 1857：4, 16、イェーリング 1990①：152、162参照。）、ここでは彼は、その操作がもとの法規の真なる認識であって、立法への干渉でも司法による法創造でもないこと、すなわち受動的な活動であること、権限踰越ではないことをことさらに強調している。そこに、後の自由法論者たちが主張しようとしたような自由な法発見に対する強い抵抗感を見てとることができる。この両解説は一見食い違うかのように見えるが、そうではない。すなわち、そもそも新しい法規を既存の法規から「構成」するという方法自体、そのような抵抗感の下での生産活動の方法だからである。

彼が、まさにその精神を学ぶべきであると考えた第2期のローマの法律学に関する次の記述は、法律学一般に関する上のような彼の基本的な考え方を知る上で有益な手がかりになるであろう。

その法律学は、裁判官が無気力になると、法律がまったく知ら【ず意欲もしてい】【2C：削除】ない前提を持ち込むなど、その発明力をすべて動員する。無理矢理な演繹も入り口と自発的な信頼を発見し、「論理も利益に従う」のである。この「法律に対する法学者の静かな戦争」は、法律が非常識なものになったのに国家権力によって廃止されていないところでは、いたるところで繰り返される。その解釈は、名前からすれば法律の単なる説明にすぎないが、実際は時代の精神における法律の真なる改造【であり】【2C：と】継続形成【つまり、真なる生産であった】【2C：を含んでいた】。その学説の実質的生産的性格を強調してもよいが、その学説に「法律によって覆いをつける努力」をも本質的にそう特徴づけうる（1C：491，493，2C：450，452）。

生産性は、「法律によって覆いをつける努力」、たとえば無理矢理な演繹にも認められるわけである。イェーリングは、「形式の操作も同じだし、杓子定規や回りくどいところも、外見を取り繕うところも同じで、擬制さえ欠けてはいなかった」という意味で、「英国の法律学は、ローマのそれを知らないにもかかわらず、古代ローマとほとんど同じ精神を生きている」としているが（1C：327，2C：299）、この発言も「生産性」の意味をそのように捉えることで初めて了解できる。そう言えば、彼はＣの序文にこう記していた。

「この巻の主要部分は『体裁への拘泥［Haftung an der Äusserlichkeit］』である」（1C：iv，2C：iv）。

ⅵ）　以上、「転向」を挟んで変わらなかったイェーリングの「構成法学」の方法をつぶさに見てきたが、それを終えて言えることは、たとえば「操作しながらの演繹」というように表現されうる、そこにおける論理と実践的妥当性との関係は、前節で見た彼の俗説的「概念法学」批判者の側面、とりわけ、実践的関心は学問の形式に包まれるべきだとする態度（前出 129 – 130 頁参照）とぴったり符合する、ということである。そしてそのことが「転向」前後を通じて変わっていない、ということである。さらに大事な点は、この

「構成法学」は現在の我々が接している法学と基本的に同じ構造を持っている、ということである。

したがって、我々はここで一応、こう結論することができよう。イェーリングは転向していない。彼は一貫して「構成法学」者であった。いわゆる俗説的意味での「概念法学」者であったためしはなかった、と。

3 変貌せるイェーリング

イェーリングは「転向」していない。では、「転向」は蜃気楼だったのか。いやそうではないだろう。1860年を挟んだ10年ほどの間にイェーリングの中で何か大きな変動があったことは確かである。本節はその何かを探ることを目的とする。

ⅰ) まず手がかりとすべきはイェーリング自身の証言である。すでに前節 1 ⅲ) で触れたように、イェーリングは 2C において、1C における「法の論理的側面の過大評価の痕跡を可能なかぎり抹消しようとした」と証言している (2C：345, Anm. 506a)。ところが、筆者が調べたかぎり、そのような痕跡が抹消された痕跡はあまり認めることはできなかった[8]。これもすでに確認したことだが、1C 自体が 1A に比してかなり脱論理主義化しており、件の過大評価が最も全面に出てくるはずの「法学的技術の三基本操作」の部分で 2C はほとんど 1C を踏襲していたのである。

筆者がわずかにその抹消を確認しえたと思うのは、「システムとはいわば概念の系統図である」(1C：396) という、いかにも「概念法学」的香りのする一文のほかは、次の一連の文章だけであった。その一部はすでに引用してあるが、ratio juris を jus singulare に優先させる趣旨のものである。

〔jus singulare と ratio juris との間では〕**一般的な法からの逸脱を要求**

---

8) ランゲも同様の認識を表明している。すなわち、「その消去は不揃いになされた」。何故なら、きちんとなされていたなら、批判された箇所は新しい思考に道を譲っていたに違いない」からである、と (Lange 1927：51)。

する特別な関係の利益と、それに抵抗する法の技術の利益が対立している。後者の利益の実践的意義は衰えた目にはほとんど見えない。「技術の利益の実践的意義の不知は学問の世界でも残念ながら稀ではない。」行きすぎた集中化の方が個別化より危険性が少ない。一般的なものが個々の関係の都合のために破られることが少なければ少ないほど、法の中で法律学的技術の理想すなわち、アルファベットの理念が実現するのである（1C：364-365）。

現代風に言えば、具体的妥当性より法的安定性を重視するという立場であろうが、その重視の度合いが極端ではある。しかし、ここで言う「個々の関係の都合」と言われるものは、彼自身の言葉で言えば、解釈の採否を決定している「実践的妥当性」（1C：489。なお、前出126頁参照。）に相当するものと思われるので、ここでの過度のratio juris重視は筆がすべったと言う他ない。抹消されて当然である。しかし、そのことが彼の基本的立場の変更を意味しないことはすでに指摘した通りである（前出127頁参照。）。

ⅱ）　以上のごとき「論理的側面の過大評価」の自己批判より多少目立つ変化がある。それは、Aにおける「序論」Ⅰ「課題とその解決方法」の部分が全面的に書き改められたことである。その変化の中心部分は、ローマ法に関するサヴィニーの見解に対する批判の登場である。イェーリングは1861年、サヴィニーが亡くなった年に追悼論文を捧げ、その中でサヴィニーに関する包括的評価を行っている（Cf. Jhering 1861、イェーリング1993。なお、本書第7章参照。）が、これはそれに次ぐサヴィニー論である。その意味を知るために、まず抹消された1Aの序論を簡単に要約しておこう。

　　ローマ法は我々の法生活の余所者的構成要素である。現在の法曹はこれまでの姿のローマ法がなくなるのを見ることに腹をくくっておかねばならない。しかしローマ法は、我々に対して法典の妥当性を持つことをやめるが、素材の重要部分を我々に伝えるだろう。その部分から我々は我々の法を新しく構築せねばならない。かくしてローマの法原則の大部分が変わった形で存続し続けるだろう。外国語の法典としてのローマ法は締め出さね

ばならないが、その実質的な原則の多くのものが我々の血肉となっている。この過程は後戻りも無視もできない（1A：1-3）。

ローマ法それ自体ではなく、その精神を、ローマ法素材そのものではなく、その法体によるシステムを受け継ぐべし、という本書のテーマが唱えられていると言ってよいだろう。その序論を捨て、新たに書かれた序論とはどのようなものか。

サヴィニーによって流布されたところの「法の国民的特質に関する学説」はローマ法継受の事実の正しい歴史哲学的理解を不可能にしている。ローマ法は近代諸国民の最奥、その歴史と何の関係があるのか。ローマ法は時の経過とともに我々の法になったと言うが、ローマ法は闖入者であって、サヴィニーはその退去を求めなければならなかったはずである（2A：3-4、イェーリング 1950：7-8）。

サヴィニーはローマ法の価値を「ローマ法学者の方法すなわち概念によって計算する」方法に認めた。そのため、彼は素材そのもの、すなわち、指導原則、準則、区分、法規の中にローマ法の一千年の「実践的、理論的作業全体の集積」が潜んでいることを見逃した。ローマ法の内容こそ「ローマ法学の沈積」ではないのか。「素材の中にはすべてローマ法を偉大ならしめた精神力が潜んでいる。」この精神力は、サヴィニーの言う「法律学的方法」ではない。この方法は「既存のものの適用の巧妙さ」にすぎない。この精神力は「何が実生活の必要かを見て取る明らかな目」であり、「適正な手段を選び出す確実な熟練した手」であり、「正義と公平の要求を聞き入れる開いた耳」であり、「論理的帰結が現実の利益と相容れないところでは、その帰結の誘惑に負けない勇気」である（2A：18-20、同前：28-31）。

ローマ法に対する基本的構えは初版と変わりない。大事なのはローマ法そのものではなく、そこに潜んでいる「精神力」だとしているからである。ただ、その精神力の中身がサヴィニーの主張するような「概念による計算」能力ではなく、より実質的な判断能力であるとしている点が違いとして挙げら

れる。ここだけを見るならば、イェーリングは「概念法学」批判を行っているとの印象を抱くであろう。ところが、彼が言挙しているローマの法学者の「目」や「手」や「耳」や「勇気」のうち、「耳」を除けば、すでに「転向」前から彼はその必要性を知り強調していたことはすでに確認済みである。また、確かにこの「耳」の指摘は「転向」後の変化と言いうるが（前出 128 頁参照。）、そこに言う「正義と公平の要求」を、彼が 1C において解釈の選択基準だとした「実践的妥当性」のことだと読み換えれば、この「耳」もまた「転向」前起源だと見ることができる。

　要するにここで特記すべき変化は、サヴィニーが名指しされて批判されているかどうかだけである、ということになる。ところがこのサヴィニー批判登場の文脈は少々見えにくい。

　イェーリングはここではサヴィニーの「法律学的方法」を「既存のものの適用の巧妙さ」にすぎないとして批判しているが、1C においては——いや 2C においても——法律学的技芸としての「法律学的方法」を「外部から法の中に持ち込まれたのではなく、内的必然性をもって法自体によって樹立されたところの、確実な実践的法制御の唯一のやり方」であると評価していた（1C：324, 2C：296）。自分がローマ法から抽出した「法律学的方法」は、実践的関心とのバランスのとれたまさしく「技芸」なのだが、サヴィニーのそれはただの技巧だった、というのであろうか。しかしイェーリングは 1861 年のサヴィニー追悼論文の中で、彼を次のように評価していた。

**　サヴィニーはローマ法という素材に対する自由な態度を保持し、自分が素材を支配し自由に形作ったのであり、ローマ法に対する批判的態度も保ち、何故それが生成したのか、という制度の実践的目的や根拠を追求した。『現代ローマ法体系』は、直接実践的な利用を見込んだ形式で素材を再現するものではないとしても、他に比類を見ないほど優れて実践的なものである**（Jhering 1861：371-372、イェーリング 1993：83-84）。

　この評価がどうして数年後一転して批判へと変わったのであろうか。もしかすると 1C において、サヴィニーを法の目的モメントに注目していた者と指摘した一文を 2C において削除したこと（前出 138 頁参照）と関係があるの

かも知れないが、現在のところその事情は不明とせざるをえない。

まとめ

　以上、『精神』の初版と第2版を対象にして、イェーリングの「転向」の真偽、ひいては「概念法学」の実像を解明してきた。それを終えた今、一応の結論として言えることは、1861年以後のサヴィニー批判開始の事情は措いておくとして、イェーリングはいわゆる「転向」を挟んで、一貫して俗説的意味での「概念法学」を批判しており、論理という体裁の下で実践的妥当性を追求する「構成法学」者であり続けた、ということである。彼の中の大きな変動はおそらく、目的モメントの法内在化という形でかなり後になって現実化したのだと思われる。

　それを促したのは何か。これは推測の域を出ないが、「構成法学」の限界の認識、いや、正しくは「構成法学」的方法における自己の能力の限界の認識ではないか、と思われる。

　すでに指摘したように（前出135頁）、1A（2A）において要約的に叙述された法学的方法論はかなり論理主義的であった。この論理主義というのは、表面的には、客観主義的で、論理は対象たる法に内在しており、主体たる法学者はただそれを発見するだけであるという建て前をとる。イェーリングが、システムにおける法規の沈澱は「法律学が行った素材に対する加工」ではなく（1A：31, 2A：42、イェーリング1950：60）、「システムは事物それ自体の内的秩序と同義である」（1A：26, 2A：37、同前：54）としているのはその現れである。

　さらに、法をもって、これまでに認識されていなかった法規の「無尽蔵の泉」（1A：19, 2A：32、同前：48）としたり、法規は非常にしばしば「自分で訂正するとともに増殖しうる」（1A：23, 2A：削除）、といった「有機体」イメージを動員したりするのも、この論理主義と密接に関連していると思われる。

　しかし、1C（2C）に至ると、この論理主義、客観主義は薄れ、そのかわりに法学者の主体的要因が強調されるようになった。法学的方法は「法学的

技術」、「技芸」、「構成」という表現を与えられ、さらに「法学的美しさ」、「器用さ」といった感覚的概念が重要な位置を占めるようになってきた。法学方法論上の客観主義から主観主義への重心の移行と呼んでもよいかも知れない。

周知のとおり、イェーリングは法学的構成が守るべき法則として、「実定的素材による掩蔽の法則」、「無矛盾あるいは体系的統一性の法則」の他に、「法学的美しさ［Juristische Schönheit］の法則」を挙げている（1C：398, 400, 405, 2C：355, 357, 362）。すなわち、構成は「自然で、見通せて、単純で、一目瞭然なもの」でなければならない、というのである（1C：406, 2C：363）。いうまでもなくこの法則に適うためにはそれなりの芸術的技量を必要とする。だから彼も、構成には完全なものと不完全なものがあるとしているのである（Vgl., 1C：ibid., 2C：ibid.）。

その芸術的技量を「法的概念の操作の器用さ［Geschicklichkeit］」（1C：325, 2C：297）と言うこともできる。「構成」は「技芸」であるからそのような資質を当然要求するのである。法適用の「技芸は法の理論的知識をもってしては決して与えられず、特別な努力や長い年月の訓練が必要」だとされる（1C：356, 2C：削除）。しかし、いくら訓練してもその技量を手につけることのできない者もいるはずである。これはセンスの問題だからである。イェーリングもこう述べている。

法律学的構成は真面目さとか学識の問題ではなく、「才能と直感の問題」である。成功するか失敗するかは宝くじのようなものであり、経験的には確率は 100 分の 1 である。このような行いの困難性と功績はあまりにも認められていない（1C：398, 2C：354, Anm. 514）。

こうしてイェーリングは「構成法学」を法学者の性能に依拠させたのだが、彼は実に危険な方向を目指してしまった。多大な努力で再構成したローマ法の精神である「構成法学」は、結局ローマの法学者のような希有の天才たちによってのみ実行することができる、凡人には近づくことのできない雲の上の方法論にされてしまったのである。

そして、ある時イェーリングは自分もその凡人の一人であることに気づか

されたのではないか。「構成法学」をあまりにも理想の高みに押し上げてしまったために、もはや自分がそこにしがみついていることができなくなり、かつては法外在的なモメントだとしていた「目的」を法の内部に引き入れ、それに依拠した比較的難易度の低い解釈方法へと傾斜していったのではないか、これがイェーリングの「転向」に関する筆者の解釈である。

第6章 「我々の任務」（1857年）について

　この論文は、あらためて言うまでもないことだが、ロマニストたるイェーリングがゲルマニストの中の盟友であったK. F. W. ゲルバーとともに1857年に発刊したいわゆる『イェーリング年誌』の創刊号冒頭を飾る彼らの綱領論文とも言うべきものである。そこには、もちろん彼らのその雑誌に対する熱い想いが披歴されているだけでなく、彼ら——とりわけイェーリング——がそこにおいて実践しようと考えていた方法論のエッセンスが端的に示されている。ここで問題にするのはまさにその方法論の特徴である。

　常識的な理解によれば、その方法論は概念法学のそれであるはずである。何故なら、概念法学者イェーリングはまだこの1857年には目的法学へと「転向」していないと一般には理解されているからである[1]。そして、概念法学と言えば、演繹的三段論法という形式論理の崇拝、実生活からの疎隔[Lebensfremdheit]、法の無欠缺性信仰などをその特徴としているはずであるから、この論文の中では当然これらの唾棄すべき信仰箇条が高らかに謳い上げられていなければならない。しかしどうであろうか。そのような信仰箇条はどこを捜しても出てこない。それどころか、逆に、その信仰箇条を持つ者たちに対する批判の上に自らの方法が成り立っているとの主張さえ認められるのである[2]。

1）イェーリングの「転向」に関しては諸説あるが、その中で、1859年説が最も早い時期に「転向」を認める見方である（例えば、H. カントロヴィッチ、H. ランゲ、W. フィケンチャー、O. ベーレンズ、笹倉秀夫など）。1860年代に入ってから、という見方も多数ある（例えば、E. ランズベルグ、F. ヴィーアッカー、K. ラレンツ、W. ヴィルヘルムなど）。なお、ドイツに関してだけではあるが、本書第3章でイェーリングの「転向」解釈史を整理、概観している。

2）イェーリングには1840年代に書いたと考証されうる7編の匿名論文があるが、そのうちの何編かでもイェーリングのものと確定されるならば、すでにその中にも同様の批判がみられるのである。本書第4章はそれらの論文とそれらに関する諸研究を紹介しているが、その中から匿名論文中のその種の批判と思われる箇所をいくつか抜き

では、イェーリングの所説をディゲスタ風に抽出してみよう。

〈形式論理崇拝批判〉：法律学は「歴史的素材に対する受動的態度」を必然とするのではなく、「生産的形成に対する権利と使命を持っている」（イェーリング 1990 ①：152）。そして「資料非適合性［Nicht-Quellen-mäßigkeit］」こそがその生産的活動を特徴づける（同前：153）。法素材の「命法的なものを法規や法原理を越えては引き出さない法律学の全操作のことを…低次の法律学と看做す。」（同前：156）法律学的構成は法の「造形」であり、「形式的な論理と帰結以上のもの」であって、「法律学的美学的欲求」、「法律学上の芸術的センス」を満足させる（同前：159）。さらに、その主体たる「高次の法律学は単に素材の造形美術家であるのみならず、創造者でもあ」り、その「生産的活動」は「制定法の意思から離れる」（同前：161）。「ローマ法に対する現代の任務は――構成することにのみあるのではなく、解体することにもある」のだが、どれほど多くの「硬直した文言解釈」等の「民法学的ミイラ崇拝［civilistische(r)Munien-Cultus］」が「ローマ法大全の権威を当てにすることで妥当する法の命題として機能していることか。」（イェーリング 1990 ②：171-172）「現代的な

出してみよう（なお、煩雑になるのを避けるため、文中の『』はすべて省いた。詳しくは第4章参照。）。「近代の学問はかつての密教的孤立主義によって損なわれた」。「学問は生活に手を延べねばならず、時代の真の要求を認識し正当化する方法について報告をせねばならない」。（本書76頁）「過去の法律学は、民族に仕えその利益のために闘うどころか、民族から疎遠になっていた。この疎隔衝動に基づいてそれは、世間の雑音から離れてその偶像崇拝を行なう神殿を建て、そこから素人を見下し、そのカースト的排他心から素人の入場を拒んだ。」「現在が学問の奉仕を必要としているところでその奉仕を否定することは背信行為である。」（同前79-80頁）「古い時代の不毛のドグマティズム、その権威志向、伝統の無批判的神聖化は今やタブー視されている。」（同前82-83頁）「過去の時代が陥っていた……悪」すなわち、「伝統への盲目的信仰と文言への奴隷的奉仕」（同前84頁）。「現代の法律学は、ローマ法研究への没頭によって盲目的なファナティシズムと紙一重になったことも稀ではなく、自国の法に対する継母的取扱をも行なった。」（同前87頁）

「我々の任務」論文をつぶさに読むならば、用語的にも重なり合う部分のかなりあるこれらの言説を含んだ匿名論文がイェーリングの手になるものであることに強い確信を持つだろう。彼はそのはじめから「俗説」が描くような概念法学的方法には批判的、敵対的だったのである。

関係をローマ的な視点の下に置く」ところのいわゆる「ローマ化」に対して反論が認められるのは、それが「誤った構成」であるとき、すなわち、その構成が「完全に法律学的な掩蔽［Deckung］を欠いている場合とか、その掩蔽がきわめてわざとらしい作為的な仕方でしか作り上げられていない場合だけである」（イェーリング 1990 ②：189）。

形式論理崇拝をしている者がどうして「資料非適合性」を主張し、「制定法の意思から離れる」ことを奨励するのか。さらに、どうして「硬直した文言解釈」を揶揄するのか。彼にとって論理とは「法律学的な掩蔽」の素材、それも「芸術」性を担保する素材に他ならなかったのではないか。

〈実生活からの疎隔批判〉：高次の法律学の行う「法律学的形式の関心は単に学問的なもの……ではなく、ずば抜けて実践的なものである。」（イェーリング 1990 ①：158）ただ、「学問は実践的であるためには実践的なるものに自己限定してはならない」。自分が示した「法の自然史的処理方法は、学問がその方法による答えを携えて実践の諸問題の先に立って速く進むのを可能にする」ものなのである（同前：164-165）。「サヴィニーによって道を開かれた改革の真の獲得物は、本当はまさに学問と実生活との近接化のはずだったのに、彼の信奉者の大部分は、逆に学問の復興を実生活からの隔離によって特徴づけようとしているように見えた。」（同前：170）ローマ法の研究は「特殊ローマ的な法規が今日適用不可能であることを演繹する能力を我々に与えるはずだった」のに、逆にローマ法は我々にとって「精神的奴隷制の道具」となり、「しゃにむに真なる学説を実行に移すような盲目的文字ファナティシズム［blinder Buchstaben-Fanatismus］」を産んだ。それによれば、「書かれたものが裁決する！　その中にあるものが妥当し、その中にないものは妥当しない！」のである。「法律なしに語る法律家は赤面する」をスローガンとした時代が確実に存在したのだが、現代こそローマ法の「排除に飛び抜けた関心を寄せるよう要請されている」。サヴィニーは、「彼以前の誰とも違ってローマ法の実践的適用可能性を制限した」のだが、その点に示されるように、「それなしでは決してサヴィニーなるものにはなりえなかったであろうところの精神的自由」を持って

いたのである（以上、イェーリング1990②：180-182）。

Lebensfremdheitというのは実生活のことを一顧だにしないということであろう。だとすれば、どうして概念法学者であるはずのイェーリングは「自然史的方法の実践的価値をたいそう力を込めて強調」（イェーリング1990①：167）しなければならなかったのか。そして、どうしてサヴィニーをその「精神的自由」性故に称揚し、その反対にプフタをその精神的自由を欠いたが故に、つまり特殊ローマ的なものの今日的適用可能性問題を無視したが故に批判したのか（イェーリング1990②：175-177、182）。さらに、概念法学者であるはずのイェーリングがまさしく俗説的概念法学そのものと言っていい「盲目的文字ファナティシズム」を批判しているという表面的自家撞着を一体どう説明すべきか。

最後に法の無欠缺性信仰批判であるが、もはやこの点は以上の抜粋で尽きていると言ってもよいだろう。何故なら、すでに批判されたあの「民法学的ミイラ崇拝」とはこの信仰のことに他ならず、いま触れた「盲目的文字ファナティシズム」もそれと同根だからである。ましてや、もし彼がこの信仰を持っていたならば次のようなことは言えないはずであろう。

〈法の無欠缺性信仰批判〉：「類推的拡張は全くもって上位の法律学に属しているのである。何故なら、それは法の自然史的理解を前提するからであり、類概念の確立……を必要とするからである。……類概念が把握され、しかるべく練り上げられたならば、それによって、……将来出現するすべての種にとっても常に既存の法の材料が獲得されることになる。熟達した法律学が法規の絶対的欠損に気遣うことは決してない。」（イェーリング1990①：162）

断るまでもなく、種としての諸法規の〈相対的〉欠損、すなわち法の欠缺を憂いているからこそ、既存の種のみならず可能性な種をも包含しうる「類概念」なるものを紡ぎだし、類推拡張をしようとしたのである。この当然の事柄の洞察を欠いてしまうと、引用した彼の文章の最後の一文の意味を、あたかも法の無欠缺性信仰の告白であるかのように見誤ってしまうことにな

る。

　言ってしまえば、この論文において展開されている方法論は、反「俗説」概念法学として主張された構成法学のそれなのである。すると、イェーリングの「転向」は

《反「俗説」概念法学たる構成法学から目的法学への転向》

ということになろうか。これは実に解りにくい転向である。これに対し、《「俗説」概念法学から目的法学へ》、この俗説ほど納得しやすい物語はない。しかし残念なことに後者の物語はまったくの虚構である。たしかに目的法学は反「俗説」概念法学であるが、イェーリングの構成法学は「俗説」概念法学でなかったどころか反「俗説」概念法学だったのである。だとすれば、何故彼がその構成法学を概念法学と批判し、そこから目的法学に転向せねばならなかったのか。そのような必要性は一体どこにあったのか。謎は深まるばかりである。

　問題はまさしく、この「我々の任務」論文においてのみならず、その直後に発表されたところの『ローマ法の精神』第2巻第2部において詳細に論じられた法律学的構成という方法の本質をどう捉えるかである。ところがそれが十分に理解されてきたとは言いがたい状況なのである。

　ランズベルクは、「構成」と「生産」とを、それぞれ「歴史的・論理的認識本能」と「独立した目的意識的形成本能」として、相対立するものと捉えた上で、この当時のイェーリングは不当にも前者が後者の「貫徹」に仕えると考えていたとする（Landsberg 1910：798）。しかし、「構成」と「生産」は対立するようなものではなく、そもそも前者は後者という目的のための手段なのである。

　イェーリングのほぼ全論著をクロノロジカルに配置しその関連性を調べ上げたおそらく初めての研究者と思われるランゲは、この「我々の任務」論文を、プフタ的概念法学から目的法学への転向の過渡期の「頂点」と捉え（Lange 1927：4）、次のように述べる。イェーリングが「その学問の生産性を導いた手段」は「法概念と法律学的構成」であるが、「構成による新たな

法規の獲得の可能性は全く不可解なままである。我々は今日もはやそのような可能性を認めることはできないし、イェーリング自身にしてからが数年後にそれを揶揄したのである。」「法体」とか「自然史的方法」とかは「初期歴史法学派の概念法学と緊密に関わりあっている」が、イェーリングは、「構成するというこのやり方を特定の目的に向かってなされる学問の活動と認識し」、「我々の任務」論文においても、一方で、「ローマの法学者の言葉を確固たる不可変のドグマと考える」、プフタのごとき「オーソドックスなロマニスムス」と鋭く対立し、「我々をローマ法から解放する確実な手段」たる正しい方法をすでに適用したサヴィニーに好意を寄せるが、他方で、「まだ論理と法律学的構成に対する古き愛」を示している、と（ibid.：43-44）。このランゲに対しても言っておかねばならない。このときのイェーリングにおける論理と法律学の構成への愛は、我々をローマ法から解放したいという想いと同じなのだ、と。

　またヴィルヘルムも次のような誤解を示している。すなわち、「自然史的・法律学的考察方法」は、「実定法を直接に実践的でそれ故儚い法規という現象形態から『解放し』、その実定法に概念の領域において非実践的で形式的な、しかしその代わりに『独立した』実存を保証する」試みであり、このような「法の論理的『止揚』は……とりわけ目的からそれを剥離させることを、そして同時に、必然的に目的論的であるすべての法政策的な批判に対してそれを超然とさせることを意味する」、と（Wilhelm 1958：121-122）。彼は、何故イェーリングが実定法を法規という現象形態から解放しようとしたのか、という理由を考えてみようともしない。だから、「概念法学へのイェーリングの傾倒は明らかに静寂主義的傾向を持つ」（ibid.：123）などと安易に結論できるのである。

　最近の優れた研究者の一人であるオゴレクも同様である。いわく、「まだ完全に概念プラトニズムの魔力に捕らわれている1857年にすでにイェーリングは、単に受動的に立法者の意思に集中するだけでなく、それが本来の任務であるとされるのだが、法のより高次の凝集状態を探るすべての法律学的活動の創造的要素を強調した」、と（Ogorek 1986：222）。「概念プラトニズム」なるものを、普遍的な概念の現実に対する優越を説く立場と解するな

ら、イェーリングはその魔力などに捕らわれたことはなかったと言わねばならない（本書第4章参照）。

　以上のごとく、「我々の任務」論文は、ちょうど河口付近の水が淡水と海水の混合であるように、概念法学と目的法学という相対立する方法論が不可解にも混ざりあったものと理解されてきたのである。しかし、イェーリングのごとき大学者にしてそのようなことはありえない、と考える方が自然であろう。筆者は、両方法論は「実生活を考慮した法創造を法適用の体裁の下で行なう」という「戦略」に関しては対立などしておらず、ただ、「あくまでも概念操作＝構成による」か、それとも「法の目的への依拠を許す」か、の「戦術」の点で対立しているにすぎないとの仮説を提示した（本書第3章58-59頁参照。）。しかし、その仮説をこの「我々の任務」論文、あるいはその他の原資料によって検証してゆくことが法学方法論を彫琢すべき我々の任務であろう。

第7章　サヴィニー追悼論文（1861年）について

　歴史法学、いや近代私法学そのものの創始者であるフリードリッヒ・カール・フォン・サヴィニーのバイオグラフィーや彼に関する研究書・論文は、それこそ掃いて捨てるほどある。そして現在もなお、彼は新しい角度から研究され続けている[1]。そのような状況にあっても、彼の後継者であるゲオルク・フリードリッヒ・プフタの弟子であり彼らとともに19世紀ドイツ私法学の牽引車的役割をはたしたルドルフ・フォン・イェーリングが、サヴィニーの死（1861年）の直後に書いた追悼文の再録とも言える本論文（イェーリング1993）が第一級の資料価値を持っていることに変わりはない。しかし、本論文の価値は、そのようなサヴィニー論のひとつであるという点にのみあるのではなく、執筆者イェーリングの方法論を検証するための不可欠の資料であるという点にもある。

　サヴィニーが亡くなったこの年は、イェーリングが、後に『法律学における冗談と真面目』（1884年）に収録した、当時の支配的法律学の批判を匿名で行った一連の「今日の法律学に関する親展の手紙」を発表しはじめた年であって、まさに彼が概念法学者であることを自己批判し目的法学者へと「転向」した直後ないしはその途上、と一般には考えられている。もしその考えが正しければ、この追悼論文に現れたサヴィニー評価の中には、その「転向」にともなって、当然、それ以前の彼の論著におけるサヴィニー評価と対立するか、少なくとも本質的に異なる評価、ないしはその片鱗が表明されていなければならないはずであり、もしサヴィニー評価において以前と変わりがなければ、「転向」の信憑性が問題になるはずである。要するに、この論文はイェーリングの「転向」を検証する不可欠の資料のひとつなのである。

1）最近の研究については、それらもその中のひとつであるところの河上1989の巻末補論2「サヴィニー研究の動向と現代的意義」と同3「サヴィニー文献目録」、及び、リュッケルト1992末尾の最新文献目録を参照。

そのような観点から、まず、この論文におけるサヴィニー評価のうちイェーリング自身の方法論と関わりを持つと思われるものを整理してみよう。しかる後、それを以前の論考における評価と比較してみよう。

この論文を読んですぐに目につくのは、イェーリングがサヴィニーを、「すでにこの十年来、学問的には、偉大なる故人の列に加えられていた」としているところである（イェーリング 1993：68）。追悼論文にはあまりふさわしいとは言えない角のある表現である。ただ、それも新時代を担う者としての自信のなせるわざなのかもしれない。その表現からは、彼がその時すでに偉大なる先駆者サヴィニーに対する批判的スタンスを確立していたことが窺える。それとの関連で興味深いのは、彼が、プフタの死（1846年）はサヴィニーの死と違って「法律学から希望を奪い取ってしまった」（同前：68-69）、としている点である。筆者の推測によれば、その死によって希望を奪われたのは法律学一般ではなく、実は、師プフタに対する批判的スタンスを確立しえていなかった1846年当時のイェーリング自身であり、もしかすると、それをサヴィニーの死と比較している1861年のイェーリング自身でもあるかもしれないのである。

それはともかく、この論文におけるサヴィニー批判は、この強い表現にもかかわらず、全体の中でそれほど中心的な位置を占めていない。たしかに例えば、歴史法学派の創始者からは、「ローマ以後のローマ法史」ではなく「ローマの法史」を聞きたかったとか（同前：74）、『歴史法学雑誌』の「歴史」は看板だけだったとか（同前：79）、彼を含めた歴史法学派は「有機的生成の理論」を主張するあまり、歴史的発展における「人間の行い」の役割を過小評価したとか（同前：81）など、いずれも無視できない批判がなされてはいる。また、サヴィニーが立法大臣を引き受けたことに疑念が表明されてもいる（同前：76, 85）。しかし、これらはみなサヴィニーの不十分性に向けられた批判であって、決して根底的な批判ではない。あえて言えば、「欲を言えば……」的な批判であると言ってもよいかもしれない。その他にも、サヴィニーにおける「法の民族性」という考えと法曹の支配やローマ法の継受はいかに調和するか」という疑問も一応提起されてはいるが（同前：78）、詳しく展開されていない。

第 7 章　サヴィニー追悼論文（1861 年）について　159

　この論文の基調になっているのは、冒頭の言葉とは裏腹に、ローマ法に向かうサヴィニーの態度に対する積極的評価であると思われる。そしてこの評価の内容こそイェーリングの「転向」問題と深く関わってくるのである。
　このような追悼文を捧げているのだから当然のことであるが、イェーリングはサヴィニーを高く評価している。大文豪ゲーテとの平行関係の強調、「ドイツの法律学が誇るべき最も輝かしい星」（イェーリング 1993：67）などの賛辞、「サヴィニー記念碑」建立の提案（同前：89）、等々。彼の敬意は論文全体を通じて惜しげもなく表明されている。では、なぜ彼はサヴィニーに敬意を表しているのか。それは、第 1 にローマ法に対するその自由な態度の保持の故であり、第 2 に特有なその実践性の故である。
　まず第 1 の点に関するイェーリングの所説を要約するとおおよそ次の通りである。

　　サヴィニーの時代の法律学は、「法律学的精神が絶えず新鮮に尽きることなく湧き出る」ユスティニアヌス法典を「詰まらせ干上がらせてきた」。だが、サヴィニーは誰にも見向きもされないものになりかかっていた法律学を見捨てなかった（同前：69-70 参照、強調 - 引用者）。彼は法律学を再生させるべく、ローマ法という「法源を徹頭徹尾独自に偏見なく利用し」、「ローマ的構成の再構成」、「ローマの法律学の精神の再生」、その「活動の最内奥にある了解の解明」を行ったのである（同前：73、強調 - 引用者）。つまり、彼は、ローマ法という「素材に身を投じ、……無条件にそれに没頭し」、「素材の完全なる同一化から活力と陶酔を汲み取」ったのではなく、「素材に対する……自由」な態度を保持しており、彫刻家が粘土に対するように「自分が素材を支配し自由に形作」ったのであって、他のロマニストと違ってローマ法を賛美してばかりいたのではなく「批判的態度」も示しており、何故それが生成したのか、という「制度の実践的目的や根拠」を追究したのである（同前：83-84）。

　次に第 2 の点についてであるが、イェーリングは「サヴィニーは実践的ではなかった」という世評からサヴィニーを救出するという形で次のように述べている。

サヴィニーは確かに「理論と実践の疎隔」を容認した。しかし「理論の側に責任があることを否定しようとするのはよほどの蒙昧」だが、「実践の直接的利益を一時的におろそかにするというそれほど高くない犠牲を払うことで、理論が成し遂げ実践に大いに役立った進歩が得られたということを見逃すのも同様に蒙昧」である（イェーリング 1993：80）。また、彼の著書『現代ローマ法体系』は、まさか死せるローマ法を蘇生させようとする試みとは見られはしなかったが、そこで明らかになったように、「歴史的でないが故に実践的と呼ばれた多くの彼の敵対者よりも、彼が逆にいかに正反対の方向〔実践性の方向〕へ遥かに遠くまで進んでいたか」、ということは意外なこととしか受け取られなかったのも事実である（同前：82）。この著作は「制度の実践的目的や根拠の中に横たわっている内面的な何故か［Warum］を追究している」が故に、「直接実践的な利用を見込んだ形式で素材を再現するものではないとしても、他に比類を見ないほど、優れて実践的なものであり、実践的な法曹にとっての教育手段である。」（同前：84）

これら二つの点に関するサヴィニー評価は、いずれも概念法学者イェーリングよりも目的法学者イェーリングにふさわしいように見える。通常理解されている概念法学とは、「素材に身を投じ、……無条件にそれに没頭し」、「素材との完全なる同一化から活力と陶酔を汲み取」る傾向を持ち、実践性などとはおよそ親交を結んだこともない方法論だからであり、素材に対して「自由」で「制度の実践的目的や根拠」を追究するのは目的法学、と相場は決まっているからである。

しかし、筆者が強調を施した箇所を注目してほしい。むしろさすがに『ローマ法の精神』（以下『精神』と略称する。）初版第1巻（1852年）、同第2巻第2分冊（1858年）の執筆者によるサヴィニー論である、と言えないだろうか。その書名が示すように、彼の関心はローマ法の「精神」にこそあり、彼は「法律学的方法」を「内的必然性をもって法自体によって樹立されたところの確実で実践的な法制御の唯一のやり方」と捉えている（Jhering 1858：

324）からであり、サヴィニーを、自分自身の研究のプログラムである、ローマ法からの「ローマ法の精神」の蒸留とその現代的実践、すなわち、ユスティニアヌス法典それ自体ではなく、そこに客体化された「ローマの法曹の真の学問的方法」（同前：70）にこそ拠点を定めたドグマーティクの実践の先駆者であると目しているように見えるからである。「転向」が真実だとすると、イェーリングはその直後ないしは途上に、まだ「転向」していない自分がはるか以前に始めた仕事の目指した方向における先行者としてのサヴィニーを称揚しているという奇妙なことになる[2]。

2）ただ、本章にとっては蛇足になるが、イェーリングのサヴィニー評価の変化という点で関係があるので触れておくと、複雑なことに、イェーリングは『精神』第2版第1巻（1866年）になると、そのようなサヴィニーを名指しで批判しているのである。いわく、サヴィニーはローマ法の価値を「ローマの法学者の方法」すなわち「概念による計算」にあるとして、「指導原則」や「法規」といった「素材そのもの」の中にこそ「1千年の実践的かつ理論的作業全体の集積が潜んでいることを見逃した。」素材の中には「ローマ法を偉大ならしめた精神的な力」が潜んでいるのだが、それは「既存のものの適用の巧妙さにすぎない」ところの彼の「法律学的方法」ではなく、「何が実生活の必要かを見て取る明晰な目」や「帰結が現実の利益と相容れないところではその帰結の誘惑に負けない勇気」などである、と（Jhering 1866a：18-20）。

この部分はイェーリングの「転向」を証明する重要な根拠の一つとされる。しかし、サヴィニー批判の側面を別にすれば、同様の考えは『精神』初版第1版にすでに見られるのである。たとえば、第2版以降全面的に書き直されることになる部分で彼は次のように述べていた。「外国語の法典としてのローマ法は……閉め出されねばならないのだが、その実質的な原則の多くのものが何世紀もの間に完全に我々の血肉となってしまっており、この形成過程は後戻りもできなければ無視することもできない。」（Jhering 1852：3）「理論が実生活の実質的な形態を忠実に定式化することに成功すればするほど、それは法の単なる鏡から法の源泉になる。理論がこの任務に応えなくなり、実生活から遠ざかるほど、実生活はますます理論の無用な補助をはねつけ、法有機体の自然治癒力が……治癒者の巧妙さにとって替わるのだ。」（ibid.：21）第2版以降も維持された箇所でもこう述べている。「概念がかくかくに形成されている、ということはまさに、それがこの形態においてのみ実生活の必要を満たす、ということにその根拠を持っているのであって、この理由から、概念の自由な論理的発展が中断されたり阻止されたりすることが非常にしばしばあるのである。」（ibid.：40）

以上の記述を見るかぎり、1860年を挟んだイェーリングの変化は、少なくとも実生活からの遊離に対する反省から生じたものではないと言えそうであるが、1861年の本追悼論文と1866年の『精神』第2版第1巻との間でサヴィニー評価に大きな変化が生じたことは事実である。それはいったい何に起因するのか。それがいわゆる「転向」なのか。たいへん興味深い問題だが、その検討は今後の課題としなければならない。

もう一つ、この追悼論文におけるイェーリングが「転向」前の彼と変わっていないことを示す証拠がある。その4年前に書かれた「我々の任務」論文（1857年）の中で彼はこう述べている。「彼〔サヴィニー－引用者：以下同じ〕の『体系』が出版されるまでは、人は彼の中にローマ法に対する誰よりも強いこだわりがあると想定することに慣れていた。……その彼が、他の理論家たちによってまだ入念に手入れをされていた多くの部分……に関してローマ法を清算されたものとして説明しているのを発見して、人はどれほどか驚いたに違いない。」「彼が素材に向かうときに持っており、それなしでは決してサヴィニーなるものにはなりえなかったであろうところの精神的自由は、彼が以前の誰とも違ってローマ法の実践的適用可能性を制限した、という点にも示されていた」(Jhering 1857：39、イェーリング 1990②：181, 182)

　明らかなように、「転向」前の彼も、サヴィニーがローマ法に対して「精神的自由」を保持していたことを褒め称えていたのである。もし彼がいわゆる「概念法学」者だったならばそのようなことをするだろうか。法素材に対する「精神的自由」や「批判的態度」は「概念法学」を克服したはずの現代のドグマーティクの共通の特徴ではなかったか。そうだとするとイェーリングは、少なくとも1861年までは、「概念法学」批判者でありながら「概念法学」者でもあるという法学的二重人格者だったということになる。だが、このようなことはありえないと考えてまず間違いはない。したがって、イェーリングは転向した、とする確定判決に対する再審請求は認められねばならないのである。

　サヴィニーの実践性についてはどうであろうか。我々はやはりそれに関する本追悼論文の記述に対応するものを「転向」前の「我々の任務」論文の中に見いだす。そこには次のような記述がある。

　「サヴィニーによって道を開かれた改革の真の獲得物は、本当はまさに学問と実生活との近接化のはずだったのに、彼の信奉者の大部分は、逆に学問の復興を実生活からの隔離によって特徴づけようとしているように見えた。そして、サヴィニー自身も後に、学問と実生活との間に生じた疎隔を公式に承認し嘆かざるをえないことを悟った。……実践に責任があったのか？　私はそうは思わない。」(ibid.：24、同前：170)「もし法律学が直接的に実践的

なものでのみあろうとするなら、法律学は法律学でありえず、その実践的な使命を果たすことができないであろう。」「学問は実践的であるためには実践的なるものに自己限定してはならない」(Jhering 1857：18、イェーリング 1990②：164)。

「転向」前でも後でも変わることなくイェーリングは、直接的実践性の謙抑により獲得される学問（理論）の真の実践性を承認し、その立場からサヴィニーを擁護している。そしてその擁護の気持ちはむしろ「転向」後の方が強いように見受けられる。ところがこのような実践性の承認は、俗説的「概念法学」のものでないことは確かだが、俗説的目的法学のものでもないように思われる。言うまでもなくそれは法律学の直接的実践性を低く見ることはないだろうからである。ではその承認はいかなる立場からなされているのか。筆者は、それは『精神』第2巻第2分冊で詳細に展開され彼の生涯撤回されることのなかった構成法学の立場である、と考えているが、その論証については第5章を参照願いたい。

以上のように、サヴィニー評価に即して見るかぎり、本追悼論文におけるイェーリングの方法的確信とそれ以前のものにおけるそれとの間に有意差は確認できないのである。したがって、イェーリングの「転向」はいっそう根拠薄弱になってきたわけである。

とは言え、サヴィニーが「目的」論的発想をしていたことを彼が評価している点は「転向」後の目的法学者ならではのことのように見える。しかし、考えてみれば何ら不思議なことではないのだが、目的論的発想自体は前期のイェーリングの中にも随所に見られる。たとえば『精神』初版第1巻に次のような記述がある。「法の全論理的組成は、たとえそれがきわめて完璧なものであったとしても、二次的なもの、すなわち、それが仕えるべき目的[Zweck]の所産にすぎない。」(Jhering 1852：40) さらに同第2巻第2分冊にも次のような箇所がある。「私は、目的モメント[Zweckmoment]が制度の……理解にとって最高度に重要であること、いや不可欠であることを否定しようとは思わない。私が争うのは、〔制度は〕それに従って定義されてよい、とする点だけである。」(Jhering 1858：391) この部分に付された注の中で次のようにさえ述べている。「最近の法学者の中でとりわけサヴィニー

は、その『体系』の中でそれ〔目的モメント〕に然るべき注意を向けていた。」(ibid.) なお、興味深いことに、注の中のこの部分は第2版では削除されていることを付記しておく。

ともあれ俗説的「概念法学」者がこのような目的論的発想をするわけがない。しかしイェーリングは法やその理解が目的に導かれることをはっきり認めていた。だから、本追悼論文での目的論評価は彼の一貫した態度表明に他ならず、決して「転向」の徴表などではないのである。

今や我々はこの追悼論文の訳出を通じて、イェーリングの「転向」の検証作業の前半を終えたと言ってよいだろう。次に我々がとりかかるべき仕事は『精神』の分析である。

第8章 「法学者の概念天国にて ―― 白昼夢」（1884年）について

　人が戯曲や小説を書く意図、心境とはどのようなものなのだろうか。とりわけ、学術論文や著作を書くことを生業としている者の場合はどうなのであろうか。筆者には皆目見当がつかない。

　学術論文等の場合、その主旨、目的は、読者が容易に了解できるように、著者自身によって明示されていなければ、論文として少なくとも高い評価を受けることはできまい。しかし、「法学者の概念天国にて ―― 白昼夢」（以下単に「概念天国にて」と略称する）のように、複数の登場人物の会話を中心にした作品の場合は、その主旨、目的を作者がその中で直接述べることはなく、それは読者の推測、いや解釈に委ねられているのが通常である。全編にわたる会話のうち、誰のどの言葉に作者はコミットしているのか、様々な場面設定やその展開のどこが作者の描きたかった核心なのか、その作品だけを対象にしている限り、解釈はどのようにでもできる。

　「概念天国にて」は一体何を目的とした戯曲なのか。イェーリングは果たしてこの戯曲を通じて何を言いたかったのか。この作品の中には作者のいかなる心理が反映しているのか。我々はこれらの点を、文芸作品の場合と同様に、自由に解釈することができるし、そうする他ない。例えば、この作品の最も意地悪な解釈として、次のように見ることもできよう。すなわち、「私」の死の直後に亡霊が語りかけた、「もうおまえは苦労して何かの『精神』を探る必要はない」という言葉（イェーリング1996①：169）に示されるように、この作品には、『ローマ法の精神』を未完のまま版を重ねている自分への秘かな赦しの意味が込められているのだ、と。

　だが、この戯曲に関しては、その解釈を制約する作者イェーリング自身の有権的解釈がある。彼は、この戯曲を4部構成の『法律学における冗談と真面目 ―― 法学界へのクリスマス・プレゼント』（以下単に『冗談と真面目』と略称する。）の一部として収録するにあたり、自らその序文で次のように述

べている。

「最初の3部〔「概念天国にて」を含む−引用者：以下、同じ〕は冗談に当てられているが、最後の第4部〔「再び現世にて——事態はどのように改善されるべきか？」——以下単に「現世にて」と略称する。〕は真面目に当てられている。全4部が同じ目的を追求しているということに気づかずじまいの読者はいないであろう。——『冗談』は『真面目』をいっそう有効にするためにのみ述べられているのである。冗談のどれもこれもがそうだというわけではない。その中には、冗談の純粋な楽しみだけを提供したものが多く存在する。しかし、多かれ少なかれ、我が読者は、本書における冗談にもその真面目な意義があるという印象を持たずにはいられないであろう、と私は期待している。冗談は、最初の瞬間は読者を笑わせる効果だけをねらってもかまわない。——〔だが、〕もしその他の効果がその後に続かないのなら、私は本書の目的は間違っていたと思わざるをえないことになろう。」(Jhering 1980：vi)

要するに、大学教員の採用方法や法学教育、法曹試験などの具体的な改革案を提示した「現世にて」こそがこの書物における〈真面目〉な主張の核心をなしており、「概念天国にて」等の〈冗談〉部分は、その主張をより効果的にするという目的を担った補助的な構成部分だというわけである。「概念天国にて」では、イェーリング自身が見た悪夢の再現として、概念法学を誇張して描き、ただ茶化しているだけのように見えるが、それは我々を「笑わせる効果」をねらったものにすぎない、ということである。

しかし、その戯画化されているように見える概念法学像はけっして「単なる冗談」ではなく、「真面目な意義」を持っているそうだ。その点について、彼は「現世にて」の冒頭で次のように述べている。

自分の論述が醸し出した、良くない概念法学のイメージは「風刺画家」の作品ではなく「正しいもの」であり、「単なる冗談、ウィット、ユーモアといった戯れ」ではない。私が「概念法学……、すなわち、現代のローマ法学におけるスコラ主義に対して企てた攻撃は私にとって真剣なもので

第 8 章 「法学者の概念天国にて――白昼夢」（1884 年）について　167

ある。」（イェーリング 1997a ①：80-81）

　肖像画家による風刺画、単なる冗談ではない冗談、真剣なウィットだというわけである。このような両義的な自己解説をする作者イェーリングの意図を我々はどう理解したらよいのであろうか。真面目なのか冗談なのか。真に受けたらよいのか、笑い飛ばしておいてよいのか。――要するに、作者自身の自己解説は、この戯曲を解釈する際に、このような消極的な手がかりにしかならないのである。

　一般には、この戯曲において概念法学は、少なくとも表面的には愚の骨頂のごとく嘲笑の対象にされた、とされている。そこで喜劇タッチで描かれた蔑むべきその姿は、イェーリング自身の深層の意図を含めて、綿密に分析されることなく、そして、現実のそれとの隔たりがほとんど意識されないまま、表面だけが取り出され、公式の概念法学像として、一人歩きし、長い間法学方法論をめぐる議論を方向づけてきた[1]。だから、イェーリングの「転向」に関する従来の理解に異議を唱えてきた筆者（さしあたり、本書第 5 章を参照。）としては、彼が本当はここで何を揶揄し、意識的にせよ無意識にせよ、自分のいかなる心情を吐露しているのか、少なくとも分析のメスだけは入れておかなければならないのである。

　まず、この戯曲はどのような物語なのか。そのあらすじを述べれば、およそ次のとおりである。

　この物語の大きな流れは、主人公「私」が死んで、亡霊たちの案内を受け

1）その例は相当あるが、ここでは、イェーリングがそこで批判した概念法学と英米の分析法学との比較検討を行った H. L. A. ハートの研究（Hart 1970）と、イェーリングはこの戯曲すなわち夢物語でしか自らの転向を語りえなかったのだとする堅田剛の研究（堅田 1989）を挙げるにとどめる。もちろん、この戯曲を含む『冗談と真面目』全体の学問的価値を低く見る見解も無視できない。例えば、E. ランズベルクは、この書物の中に「まったくせっかちにわき上がってしまう、無思慮に向こう見ずなイェーリングの人格性」を見（Landsberg 1910：822）、E. ヴォルフは、この書物について、「内容は一面的で、形式上は無数の平板なウィットや歪んだ比喩、粗雑な曲解や間違いだらけの評価でほとんど耐えられない」としている（Wolf 1963：656）。またヴィーアッカーは、「概念法学がとうに科負い子姪になった今日、我々は『冗談と真面目』の風刺を正しいものとは感じない」、と述べている（Wieacker 1942：35）。

ながら、自分の入るべき「天国」を探し回るのだが、最後の「天国」を前にして目が覚める、というものである。最初「私」は、「ロマニスト」だからという理由で、「完全無欠で汚れの無い純粋性と美しさ」における「法律的概念」の国、「生活とのあらゆる関わりを絶って完全にそれだけで単独で存在する」「法学者の概念天国」に案内される。そして、入国試験を受ける前に、全体を見学する。最初に行ったのは、亡霊たちが「気晴らし」を行う「練習場」。そこで多くの奇妙な機械などを見て回り、合格の見込みについて少し弱気になる。次は「ローマ法の定式やテキストの復元」を行う「法史学アカデミー」。そこで「私」はそのくだらない作業に辟易する。最後に訪れたのが、この天国で最も神聖な場所である「概念ホール」。はじめはそれの付帯施設で、理論家の脳物質を作る「大脳研究室」に案内され、そのあと、そのホールを見物する。弱気だった「私」はそこでやおら試験に挑戦する気を起こし、出してもらった練習問題を難なくこなしてゆく。しかし「私」のそのやる気を沮喪させたのが、そのホールのもう一つの付帯施設で、現世で法律家たちによって「奇形化された概念」を多数集めた「解剖学的‐病理学的概念陳列室」である。「私」はすっかりこの天国に魅力を感じなくなり、入国試験の受験辞退を申し出る。亡霊の方も「私」を「願い下げ」だと突き放し、他の天国に行くようにと、「法哲学者の天国」と「実務家の天国」を示したが、なんと「私」は前者を選んだ。しかし、概念天国でのその模擬試験で、やはりそこにも不適格であることが判明し、残された唯一の天国「実務家の天国」に向かい、その門の戸を叩くところで目が覚める。これまでの物語は、最近出たつまらないローマ法研究書を読んでいるうちにうたた寝をしてしまい、そのとき見た夢だった、という落ちになっている。

　この物語のどこがイェーリングのねらいなのか。一般に考えられているように、ばかばかしい機械を真顔で操作している概念天国の住人たちを嗤い、自分は、生活のことを片時も忘れない、そこには不適格な法律家で、「実務家の天国」こそが最もふさわしいと確認することか。要するに、俗説的な意味での「概念法学」批判、自己の「転向」正当化の物語、ということなのか。

　もしそうだとすると、この物語にはいくつかの疑問がある。

第 8 章 「法学者の概念天国にて——白昼夢」(1884 年) について　　169

　まず、イェーリングは何故、「難解な法律問題のよじ登り棒」(イェーリング 1996 ①：180)、「構成装置」(同前：183)、「解釈の水圧機」(同前：186)、そして「ペテンの壁」(同前 187) などの珍奇な機械たちを「練習場」に置き、メインの「概念ホール」に置かなかったのか。まさにこれらの機械こそ「概念法学」の象徴としての地位を与えられているものである。「練習場」とは、彼によれば、「亡霊たちが諸概念の観照によって疲れたとき、気晴らしをするために行う、体育練習のための体操場」(同前：180) にすぎないではないか。その機械の操作はこの天国での亡霊たちの本業ではない、ということである。彼らの本業は「諸概念の観照」とされている。もっとも、その本業もそれに類するくだらない作業だと言いたいのかもしれない。というのも、「現世にて」でイェーリングは、現代の概念法学の過ちをこう要約しているからである。すなわち、それは、「法の実際的な究極目標とその適用可能性の条件を気にかけることなく、法の中に、その魅力と目的を自己の内に担っており、好きなようにやることのできる論理的な思考の能力をそれで試す単なる対象だけしか見ない」。だから、法は「論理展開、精神の体操のための競技場」にほかならない、と (イェーリング 1997a ①：90-91)。そうだとすれば、いっそうそれらの機械たちはメイン・ホールに設置しなければならないのではなかろうか。

　しかし、他の部分を見ると、そもそも「私」という人物は本当にイェーリング自身なのか、それもそのような過ちを犯した概念法学を批判している「転向」後のイェーリングなのか、と訝しく思えてくる。

　もし「転向」後の彼だとすると、まず、ヴェヒターが概念天国に入れなかったことを亡霊から聞いて、「この男は法律学における高次のものにまるでセンスがなくて、彼の精神はいつも実務的なものという低次の領域の中で行ったり来たりしていた」からであろうと (イェーリング 1996 ①：176)、概念法学が上位の法律学と同じものか、少なくとも親和的なものであることを前提とした納得のしかたをした「私」の心理をどう捉えたらよいのか。

　さらに、「大脳研究室」で亡霊から、「理論家は観念的な思考の領域に舞い上がり、……現実の世界に頓着せず、ここの純粋な思考エーテルの中で水浴びするのです」と言われたとき、「私」は、それに驚くことなく、この天国

の住人となったサヴィニーを明らかに念頭に置きつつ、こう語った。「法律学のことはずっと法の数学だと考えていました。法律家は、……その概念で計算しているのです。つまり、その結果が論理的に正しくさえあれば、法律家はそれ以上何の心配もする必要がないのです」、と（イェーリング 1996 ②：258）。もちろん、これは反省すべき過去の自分自身の信条を述べたものである。というのも「現世にて」で彼は次のように述べているからである。ローマ法学者の「理論は、あたかもそれが概念での正しい計算よりも高い目標を知らない法の数学であるかのような、根拠のない希望を断念しなければならない」が、「かく言う私以上に高い程度でこの希望の魅力を経験した者は誰もいない」、と（イェーリング 1997a ①：85）。とはいえ、「転向」から20年以上も経ってから「死んだ」イェーリングにしては不可解な語りではあるが。

　だから、「私」は「転向」中のイェーリングなのであろうか。しかし、一方でこの「私」は、自分が、占有保護の根拠を問おうとしない「サヴィニー学派の一員でないことは分かってい」たとし、「すべての法規に関して、目的を尋ねることがほとんど私の第二の天性になっていた」と強調している（同前：276）ところから見ると、「私」は「転向」中でも前でもなく、「転向」からずいぶん経った後のイェーリングであることを示唆しているようでもある。やはり不可解と言わざるをえない。

　疑問はまだ続く。「私」いや1884年のイェーリングその人は、ローマ法と矛盾するドイツ一般商事法典の規定の適用を裁判官が拒否することを認めたシュロスマンを批判して、注の中でこう述べている（イェーリング 1996 ②：279-280）。「ひとり、法律への服従を拒む、気が狂ったか職責を忘れた裁判官だけが、裁判官は法律に服従する義務があるとの教説をもろとも突き崩すのである。」シュロスマンの著書は「裁判官による正義の理念の実現に関する新しい福音書」であるが、「私の考えではこのような学問的な変革に対して厳しすぎる言葉などない」、と。裁判官立法に対するかくも強い反発心は目的法学より俗説的な「概念法学」に近くはないだろうか。

　また、「解剖学的‐病理学的概念陳列室」での「私」の振る舞いは全くもって不可解と言わざるをえない。はじめに、「生活に従わなければならな」

第8章 「法学者の概念天国にて――白昼夢」(1884年) について　171

かったために (イェーリング 1996 ①：182)「現世で奇形化されなければならなかった概念たち」と出会うことを予告された「私」は、「まったく胸くそ悪いですね。――本当に！　概念をその完璧な純粋性と理想的な美しさでありありと思い浮かべた直後に、このような奇形を見せられると、文字どおり開いた口がふさがらなくなってしまいますよ」と応答したが (イェーリング 1996 ③：188)、どうしてかくも不愉快にならなければならないのだろうか。「私」が俗説的な意味での「概念法学」を自己批判した者ならば、概念の「理想的な美しさ」などと口走ってはならず、亡霊に対しても「奇形化」された概念などといった侮蔑的な表現を撤回するように強く求め、その「奇形化」を擁護してしかるべきではないのか。陳列されている概念たちは、生活に対して無頓着どころか、生活を考慮に入れたからこそ、不自然に変形されたのだからである。それとも、「私」が言いたかったのは、概念などに固執しているかぎり、実践的な考慮という良きことをしても、概念の「奇形化」、つまりいわば概念の〈ゲリマンダリング〉を招くばかりなのだ、ということなのだろうか。

　この「陳列室」で亡霊は、「ローマの法律家」が「純粋に実践的な考慮」のために「法律概念を厳格に論理的に遂行することを蔑ろにし」た (同前：188)、といういくつかの例――例えば、「所有物返還請求訴訟」(同前：189以下) など――を「概念的な過ち」(同前：190) といった、俗説的な「概念法学」の立場に立ったコメント付きで「私」に示すが、「私」はその度に亡霊の否定的なコメントに同調する。そして、その「私」の発言に付されたいくつかの注の中でも、イェーリングは明らかにそれらの発言を「現代の概念法学」の「過ち」と特徴づけている (同前：194-199 参照)。とすると、「私」とは一体誰なのか。とりわけ、その「私」の次の発言の意図は理解困難と言わなければならない。すなわち、「私もまた、ローマの法律家がこの点〔収去権の問題〕で重大な違反をしていたという見解をずっと持っていました。……〔彼ら〕は法原則がすべての功利的考慮よりも高次元のところにあることを知っていたに違いありません。私は、ローマの法律家を大いに尊敬しているだけに、彼らが、……上記の規定の場合に、法原理を無責任な仕方で放棄したことを非難しないではいられないのです」、と (同前：195)。明らか

に「私」は論理的一貫性の放棄を非難している。しかし、同じ事柄についてイェーリング自身は、「現世にて」での「真面目」な意見として、次のように述べている。ローマ人自身こそが「概念の……変形の例を我々に数多く与えている」（イェーリング1997a①：86）。ローマの法律家は「『概念違反』を許すことについて……先んじていた」（同前：87）。「ローマの法律家が首尾一貫性の道を突き進むのは、実際的必要性がそれを阻止しないかぎりのことであって、彼らは法的論理に携わっていても常に生活から目を離さないのである」、と（イェーリング1997a②：135）。したがって、「概念陳列室」における「私」は、ローマの法律家に関してこのような肯定的な評価をするイェーリング自身ではありえない。まったく逆に論理を偏重する俗説的な「概念法学」者だということになる。だとすると、「概念天国にて」の「私」は二重人格だということになりそうである。

たしかにそう見える。一方の「私」は、概念天国で愛用される法律問題に対して「生活にとって意義があるのですか？」と尋ねて、亡霊から呆れられてしまう（イェーリング1996①：182）ほど、実際的な発想をするロマニストなのに、他方では、近代の法学者による概念奇形を見せられ、「それはひどすぎます！　それは論理的にはまったく不可能なことです」と反応して（イェーリング1996③：198）、亡霊と意気投合するほど、論理を重視する法学者だからである。この「私」は人格破綻しているのか。

一つの見方として、イェーリングは、法解釈のあるべき方法は何か、という問題の前に立たされた者なら誰でもそうなるように、法解釈における決着のつかない永遠のジレンマの中で呻吟しているにすぎない、とすることも可能であろう。要するに、法的安定性と具体的妥当性という、相対立し相補い合う二つの法解釈指導原理のはざまで身を引きちぎられる想いをしているのではないか、ということである。この見方からすれば、生活の光から遮断された概念天国での概念の観照に対して、生活にとっての意義を問う彼は、具体的妥当性の立場から法的安定性至上主義を批判しているのであり、概念の〈ゲリマンダリング〉の非論理性を確認している彼は、法的安定性の立場から具体的妥当性の横暴を批判しているのである。

しかしこの見方では、彼の抱えた問題があまりに普遍的、一般的になって

第8章 「法学者の概念天国にて――白昼夢」(1884年) について　　173

しまい、この戯曲が法学方法論の時代を画すほどのものになったことの説明としては物足りない。もう一歩踏み込んだ見方が必要であろう。筆者はかつて、イェーリングの方法論を、「実生活を考慮した法創造を法適用の体裁の下で行う」という「戦略」のレベルと、「概念操作＝構成による」とか「法の目的」に依拠するとかという「戦術」のレベルに分けた上で、いわゆる「転向」を後者のレベルに限定する解釈を提案したことがある（本書第3章58‐59頁参照。）。その観点からこの戯曲を見直すとどうなるであろうか。言うまでもなく、これは、同一戦略の下での旧「戦術」の見直しの宣言となる。ただ、そうは言っても、新「戦術」についてほとんど言葉を費やしていない点がやや納得いかないが。

　では、何故彼は旧「戦術」を見直さなければならないのか。この直接語られなかった物語の核心を、彼になりかわって、以下、要約的に再構成してみよう。

　現世において概念は生活によってつねに必ず歪められる。というより、それは、そもそもそのように歪められるべき運命の下に生まれてきた、伸縮する袋のようなものだと言っても過言ではない。天国にあって初めてそれはその理想的な存在様式、すなわちそのタテマエ的存在様式を獲得する。というのも、その中に入れられるべき生活との関係を一切絶っているからである。この天国の住人は、生活に煩わされることなく、つまり、その用途を考えることなく、純粋に袋作りを楽しむことができる。まさに、自己目的的な名人芸を究めるのである。

　しかし現世ではそうはいかない。その袋には様々な形をした生活が詰め込まれなければならない。それは中身に応じて作られねばならない。それ故、それは見るも無惨な、つまり、もはや袋とは名ばかりの醜い非論理的な姿をさらすこともある。それはまさしく「スコラ主義」のコロラリーである。それは概念のアクロバット、論理のサーカスと言うべきものの結果である。そのような偏倚を必然化するからこそ我々は今までの概念法学の方法を見直さなければならないのである。

この戯曲におけるイェーリングの主眼は、珍奇な機械の操作に熱中する法学者の愚かしさよりも、むしろ現世において奇形化された概念標本のおぞましさの描出にあった、というわけであるが、これはもちろん筆者の推測、いや解釈にすぎない。すぐさま、次のような反論があちらこちらから聞こえてくるような気がする。すなわち、それに続く第4部「現世にて」にあるように、概念法学は、「生活にとって価値を持っているような貨物を降ろすことができるかどうかを気にかけることなく航海している」船だ（イェーリング1997a①：89)、とする点にこそイェーリングのメッセージを読みとるべきだ、と。──〈実生活に無頓着に論理を弄び概念遊技に耽る概念法学像〉

この反論に対して、以下、若干の私見を述べることで本章を閉じたい。

〈実生活に無頓着〉との批判は、そもそも法学**方法論**批判たりうるのだろうか。もしそうだとしたなら、批判される概念法学の方法が生活に頓着しない、あるいは生活の考慮が入り込めない構造になっていなければならない。しかし、概念法学はそうなってはいない。そのことは、何故それは概念を形成するのか、何故「文言」法学ではなく、「概念」法学と命名されたのか、ということを少しでも落ち着いて考えてみれば判るはずである。イェーリングは、多くの実定法学がある中で、概念法学の名に値するのはローマ法学だけだとしている（イェーリング1997a①：101参照。)。化石のごとき古代のローマ法を19世紀のドイツ社会に適用する方策を考えたローマ法学者たちを、ディゲスタの法文をそのまま機械的に現在の事実に押しつけて平然としていた虚け者とみなす者の方が虚け者である。

どのような方法にあっても、生活は考慮することもできるし、考慮しないこともできる。目的法学といえども例外ではない。しかも、生活を考慮しているかどうかの判定は、主観的でしかありえない。例えばある概念法学者が、生活を考慮して概念形成してそこから決定を導いたとしても、他の法学者から、その決定は生活を考慮していない、と言う他ない不適切なものである、と指弾される可能性はある。そして、その指弾も正しいとは限らないことは言うまでもない。

だから、イェーリングの概念法学批判は、方法論の批判と言うより、その方法論を用いる法学者や実務家の批判という側面を強く持っている。「現世

第8章 「法学者の概念天国にて──白昼夢」(1884年) について　175

にて」で、方法論議をすることなく、もっぱら法学教育や法曹試験における理論と実践の結合方策を論じていることは、その裏付けになるであろう。

　以上、相当に自由な作品解釈を行ってきた。それらが当たっているかどうか、全くおぼつかないが、このような重要な文献にはまだ一太刀も二太刀も分析のメスが入れられねばならないことだけは確かであろう。

第9章 「今日の法律学に関する親展の書簡」（1884年）について

　もう30年も昔のことになるが、筆者はこの「今日の法律学に関する親展の書簡――差出人氏名不詳」（以下、「書簡」と略称する）の読破を試みたことがある。それは、むろん、いわゆる「転向」直後の1861年からイェーリングが匿名で発表し始めたこの文献の内容掌握が概念法学研究には欠かすことができないからであった。しかし、その際に取ったノートを見ると、第4書簡の冒頭数頁のところで尻切れ蜻蛉になっている。言うまでもなく、挫折したわけである。もちろん、筆者の語学力不足がその主たる原因であったことは否定すべくもないが、筆者の記憶の中には、書簡を投げ出させたもう一つの原因のことが今でも鮮明に残っている。

　要するに、期待を裏切られたのである。筆者は、この「書簡」を読もうとする誰もがそうであるように、そこにはてっきり、「転向」したイェーリングの、歯に衣を着せない概念法学批判がところ狭しと展開されているものと思いこんでいたのである。ところが、どうであろう。この「書簡」を6年間に亘って書き続けた彼の動機は本当に概念法学という法学方法論への批判・攻撃だったのか、と大いに疑問を感じざるをえないような内容がくどくどと展開されていたからである。

　全書簡を通読すると明らかなように、どうやら、著者イェーリングがこれらの書簡全体をとおして目指していたのは、同じく1884年の『法律学における冗談と真面目――法学界へのクリスマス・プレゼント』（以下『冗談と真面目』と略称する。）に掲載されている「再び現世にて――事態はどのように改善されるべきか？」（イェーリング1997a、以下「現世にて」と略称する。）と同様、主に大学での法学教育の在り方や教員養成方法に関する現状批判と改革提案であったようなのである。もし法解釈方法論の批判がその主眼だったならば、言うまでもなく、その方法論の詳細な批判と改革提案があってしかるべきであるにもかかわらず、それは全6書簡を通じてどこにも見あたらな

い。そもそも、「概念法学」なる語句すら、1884年の本書簡再録時に付記された注の中で、たった1回登場するだけである（イェーリング1999①：142参照。）。翻訳しようと決意でもしていないかぎり、第4書簡あたりで我慢の限度に達したとしてもやむをえなかったと言えよう。

それはまず、E. ランズベルクによって、「注意深く匿名性のオーバーを羽織って」初期歴史法学派の「限界を超えた」（Landsberg 1910：807）とされ、H. ランゲによって、「自分自身が繁栄させた概念法学に対する闘争」（Lange 1927：71）を行ったとされ、F. ヴィーアッカーによって、「転向」を「告知」した（Wieacker 1942：35）とされ、さらに、E. ヴォルフによって、「彼自身および彼がかつて崇拝したものに関する乱暴な公判を開いた」（Wolf 1963：644）などとされてきた、これらの「書簡」の概要をここに搔い摘んで再現することから始めよう（煩雑になるのを避けるため、個々の文の引用頁はすべて省略した。）。

［第1書簡］（イェーリング1999①：135-151）　差出人は匿名希望の一裁判官という設定であるが、「民法学上の構成について」というタイトルの付された最初のこの書簡は、当時の民法学者たちが、「高次の法律学」の名の下に、概念という「粘土細工」に「神秘的な」やり方で生命を吹き込んだことによって、それらが自己増殖して、いかに奇怪で滑稽なものが繁殖したか、その実例を列挙したものである。

実践上どこに違いがあるのか、という問題を原則的に無視した、共同連帯債務と連帯債務の区別論。履行以前には行為というその客体が存在せず、履行の瞬間にそれが消滅してしまう、というプフタの「債権」概念、人格の不滅性を法律学的に現実化したような、同じくプフタの「休止相続財産」概念。生命を持たない自然にも神的本質を宿らせるシラーのように、「古い屋根」をも法人だとするベッキングの学説。切符のごとき「無記名証券」は法人で、それ自体がその主体なのであって、その所持人はその法人の代表にすぎない、とするベッカーの学説。夫婦と胎児は一法人に融合し、人間の物理的現存は、「非物質的な現存形式と法的人格との間にある一次的な中間状態にすぎない」、と理解するルドルフの学説。自由とは「人間の肉体の所有権」

第9章 「今日の法律学に関する親展の書簡」(1884年)について　179

であるとするファンゲロウの学説と、思考の自由は「音声器官の所有権」であるとしたシュナーベルの学説。その逆に、「質権」とは事物を債務者とする債権である、とするギルタンナーの学説。所有権とは「物の用途に関する権利」であって、「地役権」とは、独立物と擬制された、他人の有体物の個々の特性に関する所有権だとするエルヴァースの学説。「所有権の直接的客体」は現実のものではなく、所有権を侵害しない、という無権利者の消極的義務だとするキールルフの学説。「質権」を質権の訴に解消しようとしたバッハオーフェン、「期待」をも権利にしてしまったゼル、そして、その「期待」の質権まで認めたプフタの学説。

　これらの学説がすべて「民法学上の構成」すなわち概念法学の特徴的な帰結だと言うのであろう。しかし、それらが概念法学特有のいかなる方法論的回路のアウトプットなのかは何も示されていない。単に、彼が奇妙だと思った学説を陳列しただけである。ただ、後から付された注の中で、次のように述べていることが特記される。すなわち、一方〔問題の実践的側面 − 引用者：以下、同じ〕の主張は他方〔問題の学問的側面〕の排除ではなく、「法律学的技術の高い価値の強調」は、法律学の最終目的は「実践的」なものであるとの、自分に「欠けたことなど決してなかった」認識と「完全に調和する」のであり、このことを自分はこれまで「無視したことなどなかった」、と。つまり、実践性の強調は学問性の否定ではなく、法律学が、学問でありつつ実践的な技芸でありうることを自分は、概念法学批判以前から一度たりとも疑ったことはなかった、というわけである。とすると、一連の書簡でなされたとされる概念法学批判は少なくとも自己批判ではないことになろう。

　［第2書簡］（イェーリング 1999 ①：151-168）　ここでは、差出人が、学生時代プフタの下で学んだことでローマ法の魔力の虜になり、法理論家になることを志したのだが、いくつかの出来事があって、結局はそれを断念し実務家になった、などというまことしやかな嘘の自己経歴が開陳される。実際には大学のローマ法教授となった者が書いたこの経歴詐称的物語の中にどれほどの真実が散りばめられているのか、定かではないが、それを通じて、思弁から悟性へ、というイェーリング自身の内的な体験を間接的に窺い知ること

はできよう。

　ローマ法源で渇きを癒していた差出人にとって「人生の転機」となったのは、「何人も一部は遺言を行い、一部は無遺言で、というようにして死亡することはできない」というパンデクテンの一法規であった。これは、ガンスをして、「悟性」には把握できず、「哲学的思弁」にしか基礎づけられない、と言わしめた代物だが、差出人に直接、自分の「力の限界」を思い知らせ、彼が「理論家の生活に入る入口を永久に閉ざし」、彼を実務に向かわせた「遮断機」の役割を果たしたのは、その法規に関してフシュケが述べたところの、相続財産は死者の「財産権上の人格」である、という謎に満ちたことばであった。その謎が解けずに苦しんだ彼は、ある夜、「悟性という奴隷の鎖」を断たなければ自分を理解することなどできない、と相続財産に毒づかれる幻覚まで見てしまう。そのような事情で相続財産の問題を捨て、その悪夢から逃れられたつもりでいた彼に、その悪夢のことを強く想起させたのが、ラッサールの『既得権の体系』第2部「歴史的哲学的発展におけるローマ相続法とゲルマン相続法の本質」であった。それは法律学における悟性への「軽蔑」を露にし、遺言作成者は相続人に対して彼の財産を相続させるのではなく、「彼の意思（および、単にその意思の付帯物としての財産）だけを相続させる」のだ、と述べるなど、フシュケのさらに上をいく思弁性を示すものであった。差出人はこう叫んだ。これは、あの悪夢の夜自分の頭脳から無理矢理に抜き取られた自分の思弁的思考そのものだ、つまり、ラッサールは自分の「思弁的半身」なのだ、今の自分には「悟性の半身」だけが残されているのだ、と。そしてこう結論づける。「思弁は健全な人間悟性が停止するところで始まる」、と。

　［第3書簡］（イェーリング1999②：149-169）　ここでも、実務家になってからの経験という虚構の世界でだが、大学における理論的な教育の無意味さが語られる。ただ、差出人は理論家と実務家との間の「分業」そのものを否定しているのではなく、その必要性を認めた上でなお、それがもたらす「弊害」とその原因を指摘することを目的としている、ということに注意しなければならない。

第9章 「今日の法律学に関する親展の書簡」(1884年) について　181

　彼は戦士と刀鍛冶の比喩を用いて分業の必要性を説く。すなわち、戦士が自分で刀を鍛えなければならないとすれば、その戦士は戦士になることができず、無名の刀鍛冶で生涯を終えてしまうであろう。それと同様、実務家が自分で「正義の剣」を鍛えなければならないとすれば、それを振り回すまでに至ることはないであろう。鋭い切れ味の剣はやはり名人たる理論家に任さねばならない。そして、刀の武器としての扱い方に通じていない刀鍛冶を非難できないように、理論家は「正義の剣の使い方を知らないことを理由に非難」されるべきではない、と。

　ただ彼は、実務家が理論家のところに「年季奉公」に行くという、この分業制の特徴的な仕組みの中に重大な「弊害」があるとし、その「弊害」を「一目瞭然」にすることがこの書簡の目的だとする。そして、その「弊害」に拍車をかけたのは、「実践的啓発の泉」とも言うべき判決学部の衰退や、法律学を法源研究に向かわしめ実務から遠ざけた「歴史法学派」だとするのである。

　その「弊害」は、大学と実務生活を隔てる「遮断機」たる「試験」制度の中に現れている、と言う。この試験の「試験官」は理論家から選ぶべきか実務家から選ぶべきか、については当時まだ意見の対立があったのだが、彼は、教師が試験官でなくなったら学生は授業に出なくなり、教師は商売上がったりになるから、大学における「教授の自由」の尊重こそが決定的である、とする立場から、そして、学生の頭の中に詰め込まれた、実務では何の役にも立たない知識に一度きりの晴舞台を保障する、という配慮から、理論家を試験官とする方の制度を取りたいとの、実務家としては予想に反する「率直な見解」を披瀝しつつ、試験制度の弊害を明らかにする。もしかすると、匿名の仮面の下の大学教授の利害がこう言わしめているのかもしれない。

　彼は、（虚構の）自分がその制度の試験を受けた経験談に託してこう語る。素晴らしい研究成果を携えた、自分より優秀な友人が実務家試験官の前では合格ラインぎりぎりだったのに対し、自分は、試験官たる理論家の講義の丸暗記で易々とトップで合格した。しかし、案の定、その試験で出されたローマ法の問題は、自分の15年間の実務生活で一度も生じなかったし、逆に、

試験とは全く異なった問題に苛まれ、消費貸借などという最も簡単な事例の場合でも、自分の蔵書は完全に自分を見殺しにした。しかし、自分はその困難を克服するべく、いっそう「理論的研究を深く行った」のであり、その結果、「人は前もって理論に対する信頼を完全に失ってしまわなければ、危なげなく理論を利用することはできない」、という信念に到達したのだ、と。

　つまり、理論、すなわち正義の剣を危なげなく操ることができるためには、それを鍛える刀鍛冶に対する信頼を失わなければならない。そして、それを失うためには一度はそれを持たねばならない、ということであろうか。とすると、果たして、その試験制度を「弊害」と言うことができるのだろうか。

　［第4書簡］（イェーリング 1999②：169-184）　これも差出人の偽りの履歴開陳という形式を取って、理論への彼の信頼を最終的に打ち砕き、理論の愚かさを彼に悟らせた2つの事例を紹介する。編集者がこの「氏名不詳の」差出人の名をかたって書簡を掲載したことへの抗議に続いて、彼は、自分が理論という馬に強くつなぎ止められていたが故に、鞍から跳ね上げられ、砂の中に投げ出されてしまったという、それらの事例について語り始める。

　第1の事例は、次のような一般抵当権の事例である。債権証書に「すべての財産を抵当に入れて」と書き込んであちらこちらから借金を重ねた債務者がとうとう破産した。当時、このような場合の各抵当権の対象および優先順位に関しては2説があった、と言う。第1は、数世紀の間実務で通用していたもので、各抵当債権者は、換金総残高から、抵当権設定時期の早い者から順に弁済を受ける、とする。第2は、プフタらの学者によって支持されていたもので、抵当債権者が一番抵当権を持つのはその設定当時に債務者の財産であった物だけであるとする。差出人は、抵当権の対象が財産に加わった日付を主張者にいちいち説明させようとするこの第2説を採用した構想を上司の裁判官に伝えたが、あまりの珍奇さ故にその上司の顔をひきつった笑いで凍りつかせてしまったのである。

　第2の事例は占有理論の領域に属する次のような事例である。ある者が、出奔したその兄から農場の占有を、権原を曖昧にしたまま、引き継いだ。そ

第 9 章 「今日の法律学に関する親展の書簡」(1884 年) について　183

の後、その農場の一部についての兼ねてからの所有権を主張する者が自力救済に出て、問題の土地を占有し始めたので、彼は自己の占有保護の訴を起こした。折悪しくその時差出人の上司は休暇中。判決は理論的にはまったく正しいサヴィニーの占有理論に基づいて差出人が起案し陪席判事に承認してもらった。陪席判事は、同時に法律学的な著述家でもあったために、まっとうな実務家なら決して署名しないだろうと思われる次のような中間証拠判決に署名をしてしまったのである。すなわち、原告は正規の占有特示命令の手続で訴えたが、被告は原告における所有者の意思を否認している。だから、原告は、サヴィニーが法的占有のメルクマールとしたその所有者の意思を証明しなければならない、と。しかし、差出人は、原告がその証明にとりかかったとき、自分たちの誤りに気づいた。そのような証明ができるわけがない、と。そして、この事件のおかげで彼は、「理論という奴隷の鎖を完膚なきまでも永遠に引きちぎることができた」、というわけである。

　［第 5 書簡］（イェーリング 1999 ③：145-170）　この書簡は、冒頭の記述から推測するに、おそらくや、直前に始まった「第 4 回ドイツ法律家大会」に一法律顧問官が提出した、大学における法学教育と試験の改革に関する箇条書きの 7 項目提案および若干の補足説明が、とりわけ第 3 書簡の内容と密接に関係していると判断した編集者から、その提案に関する意見を求められたことに応じて書かれたものではないか、と思われる。

　差出人は、その大会での提案を知って、先を越されたと思ったが、まさか、匿名を破って、その提案審理の行われる大会に実際に出席して、持論を展開するわけにもいかないので、自分がそれに出席していれば、こうなっていただろうという、その大会の速記録という体裁で、自分の提案を開陳したわけである。

　架空の大会で発言を求めた彼は、まず、件の法律顧問官の提案の趣旨を「法律学の躾教化」と規定し、そのこと自体には賛意を表しつつ、それらを「本気」のそれと単なる飾りのそれとに分けて、それぞれに検討を加えた。前者に属するのが「臨床講義」提案を含む「法律学の実践的改革」と、試験 1 回化提案を含む「試験の改革」であり、後者に属するのが「解釈学」等の

講義科目の拡充提案や、「勉学期間の 4 年間への延長」などである。彼は、後者の諸提案に対しては、いわば「理論」熱という病気に罹っている学生をより熱い風呂により長く入れるようなものだとして、きっぱりと反対する。今学生が必要としている処方は、その逆に、「冷却」つまり、授業の「実践」化である、との立場から、前者の「本気」の諸提案に対する意見を述べる。とはいえ、実際にその大会に出席していない差出人には、その詳細な内容は知る由もない。したがって、もっぱら、自説の展開に終始することになる。

「法律学の実践的改革」について。彼によれば、法律学は今や「医学的時代」であって、実務家は解剖学者のように法的事例を「解剖」し、医者のように「診断」しなければならない。その能力は法学的臨床講義でしか習得することはできない。しかもその講義は、「しかるべき標本によって表象を助ける」「実物教育」でなければならない、という突飛な考えを打ちあげて、会場を驚かせる。

つまり、すべての大学はその標本を収容する「法律学的実物陳列室」を設けなければならない、と言うのである。「法の対象」の標本は網羅的で、あらゆる概念に適した対象が一対一の関係で選ばれる。それは、概念を、学ぶ者の心に確実に刻み込むためであり、彼らを何の造作もなく「生活の中に導き入れ」るためである。

「法の主体」の標本のほうは、対象のようなわけにはいかないことを、彼は重々承知しているが、「この穀物の種が数百年後に初めて花開かんことを！」と、念じて、会場の顰蹙を買いつつも、裁判官や弁護士、売主と買主、幼児や、後見人など、主体陳列室に入るべき者たちを説明するのだが、失踪者や財団法人などで詰まってしまう。しかし彼は、この陳列室が臨床講義のアイデアの必然的帰結であることを強調し、それによってどれだけ学生の学習を容易にするかを力説する。

「試験の改革」について。こちらの問題については差出人は法律顧問官の提案とは正反対に、学生に対する試験回数の増加を提案する。そればかりか、知識は、アルコールと同じように、「時が経つうちに揮発する」との認識から、司法大臣を含め、すべての国家公務員、法律家、法学者に対しても生涯にわたって繰り返される試験を提案したために、とうとう聴衆の堪忍袋

第 9 章 「今日の法律学に関する親展の書簡」(1884 年) について　185

の緒を切らせてしまい、場内怒号の渦となり、発言継続不能となったところで記録は終わっている。

　その実現可能性には疑問のあるものの、彼の提案の趣旨は、現在のわが国の司法制度改革の論議の中でも参考にされるべきものと言うことができよう。

　［第 6 書簡］（イェーリング 1999 ④：36-58）　これは一連の書簡の最後のものであるが、執筆当時のイェーリングはどうやら、まだ続けるつもりだったことを伺わせる記述が随所に見られる。彼の作品には未完成、悪く言えば尻切れ蜻蛉に終わってしまうものが多いようである。

　それはともかく、この書簡は、差出人氏名不詳の「親展の書簡」がいわば法曹界のブームの様相を呈し始め、相当数の紛い物が横行しているという由々しき事態のかなり自慢げな紹介がその冒頭を飾り、その勢いをかって、冗談とも真面目ともつかない大胆な提案を掲げ、戯れ事のローマ法学者数え歌の類で全体が締めくくられている。

　差出人の最初の提案は実務に関するもので、法曹候補者たちに与えられるべき最適の教材は、反面教師とも言うべき悪い判決例だけを集めた「法律的できそこないギャラリー」「病理学的法律学的陳列室」だ、とするものである。一方で、ゾイフェルトの『最高裁判所判決論叢』が彼らに素晴らしい見本だけを提供しているという理由から、彼は自分のこの提案を「反ゾイフェルト」と命名している。しかしこの最低裁判所判決論叢の方が、素晴らしい見本だけを示すよりも、彼らが素晴らしい判決を生み出す可能性が高いと彼は確信しているのである。もちろん、裁判官からの猛反発を覚悟の上で。

　次の提案は理論サイドに関するもので、法学部の教授になるためには「著作上の成果」がなければならないという、ドイツの伝統的な制度を廃止し、ハビリタチオンの際、私講師には著作の原稿は出させるものの、それの出版は教授資格取得後一定の時間の経過を条件にしようという、これまた、大胆なものである。しかし、この大胆なアイデアの根底にはきわめて全うな発想が横たわっている。つまりこうである。

　たしかに私講師も一度は執筆すべきではある。しかし、ローマ法の領域で

は、合理的な見解はすでに先行者たちによって完全に出し尽くされており、残されているのは非合理な無意味なものばかりであり、私講師たちはそれを選ぶしかない。それはちょうど、あらかた搾り取られた葡萄からさらに葡萄汁を搾り出さなければならないワイン製造業者と同じである。そして、「植字工なければ教授なし」という制度がある以上、彼らはその無意味な見解でも無理矢理に膨らませてできるかぎり分厚い本にしなければならない。すると、著者たちは、「現代の我々の生活の事例と必要性を少しも考慮せずに、『純粋な学問的方法』の崇高な立場から」議論を展開し、「我々の実務が、変化する状況と我々の現代の取引の必要性を正しく評価することでローマの思考に与えた継続的形成に、法源の無知と不完全な解釈から生じた誤解という烙印を押したり、実生活という学校で白髪になった最高裁判所長官を軽蔑的な微笑みで見下したりする」ことになる。こうしてローマ法に関する書物は時が経るに従いますます劣化していき、しかもそれらの「悪い本は良い本の市場をだめにする」のである。

そこで差出人は、遺言に基づいて相続財産を取得する際の条件であった子供の存在を擬装する、ローマの「子供の権利[jus liberorum]」にならって、「文書の権利[jus librorum]」なるものを案出し、私講師が1冊の著作を準備するや否やこの権利を与え、彼が「必要な本をあたかも出版させたかのように」して、彼を教授にするという、駄洒落のような制度を提案する。さらに、教授資格取得後9年間出版しない義務、その代償としての、私講師から完成原稿を買い取るための「国民献金」制度、帝政ローマ時代の有名な法律家に与えられた「解答権[jus respondendi]」にならって、「傑出した理論家」に与えられる「執筆権[jus scribendi]」なども併せて提案する。

こうして、全6書簡を概観してみたが、これらが概念法学という「法解釈方法論」を批判し、そのアンチテーゼを提起することを目的にしたものでないことは確かであると言わざるをえない。もし「方法論」批判が一連の書簡のメインテーマであるなら、まず何よりも、批判の対象である概念法学の方法論がまな板の上に載らなければなるまい。しかし、どこにもそれは見当たらない。民法上の「構成」を扱った第1書簡は、単に各概念法学者のばかば

第9章 「今日の法律学に関する親展の書簡」(1884年) について

かしいほど非常識な学説の数々を、その理路はともかく、羅列したにすぎず、法理論家への道を断念した虚構の経緯を語る第2書簡は、同種の学説の「思弁性」を強調しているにすぎない。そして、彼の理論への信頼を最終的に打ち砕いた架空の出来事を語る第4書簡も、プフタやサヴィニーの個別学説の非現実性をおちょくっているにすぎない。個々の学説そのものを超えて、それを導いた方法論を論じた形跡はどこにもない。

だから、どうやら彼は、6通もの長い匿名の書簡という形式を用いてまで批判しようとしたのは概念法学の「方法論」ではなかったようなのである。そのどこでも概念法学に代わる方法論が提起されていないこともその証左と言えよう。彼はそのようなものにはまったく関心がなかったかのようでさえある。彼の関心が向いているところは、一目瞭然、非常識で非現実的な学説を唱えて平然としている概念法学「者」たちであり、そのような者たちを大量に産み出したドイツにおける法曹養成システム、ハビリタチオン制度なのである。

第3、第5、第6書簡はいずれもその法曹養成システム等を主題にした書簡である。ただ、第5、第6がはっきりとしたその改革提案を打ち出しているのに対し、第3書簡は以下のとおり必ずしもその趣旨が明解ではない。

実務家が理論家のところに「年季奉公」にゆく、つまり大学で法曹養成をしている、ということのもたらす弊害を、とりわけ法曹資格試験に焦点を当てて指摘しようとしているようなのだが、理論を危なげなく利用するためには、理論に対する信頼を完全に失っていなければならない、という逆説的な表現にも現れているように、一体何がその弊害なのかが不鮮明であるばかりか、全体の論旨が、それとは裏腹に、理論家と実務家の分業の必要性、理論的研究の重要性の確認となっているかのように見受けられるからである。おそらくやその時点でのイェーリングは、将来の実務家が理論家のもとで、将来の実務生活で何の役にも立たない知識を詰め込まれてくる、という点に現状の大きな問題を感じつつも、ドイツでは大学法学部を措いて他に法曹養成機関はないという厳然たる現実を否定することもできず、中途半端な主張で終わらざるをえなかったのではないだろうか。

次の書簡でプフタとサヴィニーを腐した後、彼は、理論家と実務家の分

業、有り体に言えば、法曹養成機関としての大学法学部の不動の役割を前提にした上で、その法学部の大胆な改革提案を開始した。この提案は、いわゆる「概念法学」の方法論的特徴の一つとされてきた「実生活からの疎隔［Lebnsfremdheit］」に関するものであるが、「実物教育」をその内容とする「臨床講義」の導入、知識の劣化を防止するための試験回数増加、教材としての「法律的できそこないギャラリー」の新設、「純粋な学問的方法」の異常増殖を阻止し、実生活を配慮して行われる実務での継続的法形成への軽蔑を抑制するための「文書の権利」制度の導入など、いずれも、方法論そのものの実践化ではなく、判決学部制度の衰退や歴史法学派の隆盛によって実務から遠ざけられた大学法学部を「実践化」すること、法学部の学生たちの目を「実生活」に向けさせることを目的としたものである。

　匿名での公表から約20年後、イェーリングはこれらの書簡を『冗談と真面目』という1冊の本に、匿名を破って収録したが、そこに併せて載せられた「法学者の概念天国にて——白昼夢」（イェーリング1996）および、すでに冒頭で触れた「現世にて」（イェーリング1997a）、とりわけ後者はまさにこれらの書簡と同じテーマを扱っている。

　「現世にて」で彼は、概念法学者、概念法学を批判した後、事態の改善策として次の3つの提案をしている。第1は、ローマ法、民法の私講師は司法官試補試験合格者の中からのみリクルートする、というもの（イェーリング1997a②：137参照。）であり、第2は、理論的講義は必ず実践的演習で補充しなければならない、というもの（同前：138参照。）、第3は、法曹試験体制の改革で、第1次法曹試験については、理論的課題についての論文試験を廃止し、法的事例に関する長い口述試験か、文献の助けを借りない筆記試験に置き換え、第2次試補試験については、プロイセンで行われているような、長期の準備期間をかける判決案の作成と短期の準備による口述試験とする、という提案、および、それらの試験を実施する「試験庁」開設に関する全11項目にわたる詳細な提案である（同前：140-154参照。）

　もちろん、20年ほどの時間の経過で彼の具体的主張には変化が生じているが、問題関心が大学法学部の教師のリクルート方法、カリキュラム内容、そして、法曹試験の在り方の実践化に向けられている点は、本書簡と全く変

第 9 章 「今日の法律学に関する親展の書簡」（1884 年）について　　189

わっていない。つまり、彼のいわゆる「概念法学」批判とは、一貫して、広い意味での法曹教育の現状に対する批判だったのである。法解釈の方法論そのものではなく、その方法論を用いてとんでもなく非常識な、実生活から疎隔した結論を導いておきながらそのことに思いの至らない者たちを生み出さない方策、それこそが問題だったのである。このことは何度も強調しておかなければならないだろう（本書第 8 章 165-166 頁参照。）。

　イェーリング自身、自分の批判した現行法曹教育制度を産みの親としているという意味で、本書簡で展開された彼の「概念法学」批判は自己批判でもあると言うことはできようが、少なくとも本書簡における彼の所説だけをもって、彼が方法論において「転向」したと断ずることはできないだろうと思われる。

第10章 「目的法学」とは何だったのか

はじめに

　R. v. イェーリングは、その大著『ローマ法の精神』（初版：1852〜1865；以下、『精神』と略称する。）の執筆を第3巻第1分冊までで中断して——とはいえ、その直後から既刊部分の改版をし始めたのではあるが——、その12年後に第2の大著『法における目的』（初版：1877〜1883；以下、『目的』と略称する。）を執筆し始めた。

　この長いインターバルの後に執筆したこの著作のタイトルを、なぜ「法の目的 [Zweck des Rechts]」という一般的なものではなく、「法における目的 [Zweck im Recht]」としたのか。この点は、所詮書名の問題にすぎず重要な意味を持たないと考えられてきたからか、法学方法論史の中でそれほど研究者の注目は受けてこなかった。だが筆者には、イェーリングが本書をそう名付けた、いや、そう名付けたかったのにはそれなりの理由があったはずである、と思えてならない。そのあまり明示的でない理由を探索し確定することによって、20世紀ドイツで隆盛を極めた利益法学や評価法学に大きな影響を与えたとされる目的法学 [Zweckjurisprudenz ; Teleologische Jurisprudenz] の、法学方法論の視点から見たその実像を示すことが本章の目的である。この著作は法社会学の先駆をなしていると言われることもあるが[1]、この理由から、その点は本章の視野の外に置かれる。

---

1) 本書をもってイェーリングは概念法学（法解釈学）から法社会学ないしそれに類似するものへ「転向」したと捉えている研究者もいる。例えば、峯村光郎（峯村 1932：145）や R. オゴレク（Ogorek 1986：231）などがそれである。だが、そのようなはずはない。もしそうだったとするならば、彼が「転向」後もローマ法の個別問題について解釈論を展開したことに対する納得的な説明ができないことになる。その納得的な説明を試みるのが本稿の目的である。

1.『法における目的』という著作の外貌

　イェーリングは、法学方法論上、1860 年前後に「概念法学」から「目的法学」へと「転向」した、と大方の研究者によって理解されている（本書第3章参照。）。克服されたとされる、一方の「概念法学」は、たとえその本質についての誤解に基づくものであれ、ともかくも一般的には何らかの法解釈の方法論として定式化されてきた。俗説的には、法の無欠缺性を信じ、判決は法規からの形式論理的な演繹によって導かなければならないとし、その判決は唯一の正しい判決であるから、その判決が社会にもたらす影響については頓着しない、と定式化されている方法論が「概念法学」である。もちろん、すでに筆者も何度も指摘してきたように、この定式化は間違っているが。

　ところが他方、それを克服したとされる、「目的法学」はどうだろう。方法論としてのそのようなはっきりした定式化は、イェーリング自身によっても、その位牌を継ぐ者たちによっても、ほとんどなされてきていないように思われるが、どうだろうか。

　とはいえ、筆者は、概念法学研究を始める以前から、勝手な思い込みかもしれないが、「目的法学」とは、目的論的解釈 [teleologische Auslegung] と総称される法解釈方法のうち、法律意思 [Wille des Gesetzes] 説を提起したものである、と理解してきた。目的論的解釈とは、複数ある法解釈方法のうち文理解釈を除いて——というのも、この方法は法規を解釈する際、その文言の文法的な意味にのみ従い、意図的にせよ、そうでないにせよ、常識や正義などのほか、その法規やそれを含む法律全体の目的を考慮の外に置く方法だからであるが——、条文上明記されていないそれらの目的を援用しながら用いられる各方法（拡張解釈、縮小解釈、類推解釈、勿論解釈、反対解釈など）のことである、と筆者は考えているが、そのうち、客観的解釈とも言われる法律意思説——「法の解釈にさいし、立法者が立法当時に有した目的ではなく、その法が現在の社会において有する目的に従って解釈されるべきである、という学説」（五十嵐清 1979：146）——のオリジナルだと、つまり、

「法における目的」とは法律意思のことだと、思い込んできたのである。

19世紀ドイツにあっては、F. C. v. サヴィニーやG. プフタ以来、立法者意思［Wille des Gesetzgebers］説が通説であったそうだが（Vgl. Ehrlich1966：96；能見良延1996：50参照）、イェーリングはそれに従うことなく、法ないし法規の目的は、立法者（の頭の中にある）意思などではなく、法律意思である、と主張したのだ。つまり、彼は、「概念法学」を自己批判したとされているが、その後、法解釈の際の手掛かりとすべき法ないし法規の目的は、法ないし法規に外在する――立法者の頭の中にある目的は、その立法者によって制定されたアウトプットたる法ないし法規にとってはあくまでも外在的である――のではなく、その立法者の作品である法ないし法規の中に生きている――これは法を擬人化したかなり神秘的な捉え方ではあるが――、と主張したのだ。このように筆者は理解していたわけである。

ところがどうだろう。彼の著書『目的』第1巻と第2巻（以下、それぞれ『目的』Ⅰ、『目的』Ⅱと略称する。）を通読しても、そのような方法論の、『精神』におけるがごとき展開をどこにも見出すことはできない。この著者の眼中には、法解釈方法論的な問題意識など全くもって存在してないようにさえ見える。あえて言えば、目的をお題として、かなり大雑把な計画の下、ほぼ見切り発車的に書き始めたところの、自分の蘊蓄のかぎりを尽くした包括的な規範学あるいは法論・道徳論――もしかすると目的の法社会学、目的の法人類学、あるいは目的の法哲学というタイトルを付しても違和感のない著作――といったもので、蘊蓄を傾けすぎたためとうとう完結できなかった、といった風情の作品である[2]。もちろん、本書は本来2部構成のところ第1部

---

[2] 本書の邦訳は現時点で3種ある（イェーリング1930、1936、イェーリング1946、イェーリング1997b）が、いずれも全訳ではない。最も訳出部分が多いのは和田小次郎訳だが、それでも第1巻だけで、第2巻は訳出していない（イェーリング1930、1936参照）。和田は訳書の下巻冒頭の「訳者のことば」でこう述べている。すなわち、「第二巻も原著者の高遠なる見識を到る所に酌み得らるる滋養豊かな文献である」が、「それは主として道徳論に関するものであるがために――著者自身はこの宏大な基礎の上に法律目的論を築き上げやうとせられたのであろうが――…私の訳はこれを以て打ち切ることにする」、と（イェーリング1936：1）。また、山口廸彦は第1巻の前半のほか、第2巻の序文と目次も訳出しているが、彼によれば、それさえ、本巻出版以来初の外国語訳だそうである（イェーリング1997：348参照）。それほどまでに

「目的概念［Der Zweckbegriff］」の途中までしか書かれていないわけだから、第2部のどこかで目的論的解釈の方法論を自覚的に展開する予定だったところ、前提的議論に思いの外手間取り、結局それが果たせなかっただけではないか、と推測することもできよう。

何故なら、彼は、第1部全12章のうち第1章から第8章までを含む第1巻で、次のように、彼が構想しているこの著作の全体像を示しているからである。

「**本書の基本思想は、目的はすべての法の創造者である、ということ、ある目的すなわちある実践的な動機にその起源を持たない法規は存在しない、ということにある。この思想の根拠づけと詳細な展開、そしてとくに重要な法現象への利用には本書第2部があてられる**」（Jhering 1970a：v；イェーリング 1930：2-3；強調‐引用者。なお、ibid.：46；同前：43 参照）。

たしかにこれを読むかぎり、最終的には、目的に依拠した方法論を展開することを彼が目論んでいたと推測することは許されるかもしれない。しかし、このような第2部を書くという、59歳時点のこの構想は、第1巻刊行後のどこかの時点で、彼の頭の中からは消えてなくなってしまったようなのである。

というのも、第1部の第9章「道徳的なもの［Das Sittliche］」——それも第1節第3項「社交上の礼儀作法［Umgangsformen］の理論」の第1款「作法［Anstand］」第2款「礼儀正しさ［Höflichkeit］」までで、予告されていた第3款「思いやり［Takt］」が欠けている〔なお、後にこの遺稿が発見されたようだ（Jhering 1970b：569-593 参照）‐引用者：以下同じ〕——だけで全体が占められていて、当初の予定にはあった第10章から第12章がそっくり欠けているところの総頁568頁に及ぶ第2巻の序文は、冒頭の次の文章から始まり、その後11頁余りに亘り、当初計画の変更の言い訳に終始するのだが、問題の第2部のことは一言も触れられていないからである。

「自分が執筆し始めた著作の続行に関して、私が『法における目的』の

第2巻は法学からは縁遠い。

第10章 「目的法学」とは何だったのか　195

この巻に関してしでかしたような見当違いをした［sich…verrechnet haben］研究者はめったにいないであろう」(Jhering 1970b：iii)。

では、一体どのような「見当違い」を彼はしでかしたのだろうか。

周知のことではあるが、彼は前著『精神』第3巻第1分冊（第3部第1編）を1865年に発刊した後、権利概念を意思ではなく利益によって基礎づけるという、そこで展開した独自の見解をさらに正当化する研究を続けるうち、「利益の概念は私に、目的に注目することを強い、権利は私を法に追い立てた」ために、本書を「ローマ法の精神に関する私の著作の支分編［Ausläuferin］」として執筆するにいたった、としている (Jhering 1970a：iv)。ところが、実はその第一歩から彼は躓いていたのである。

彼は当初次のような計画に従って執筆を開始した。とはいえ、その計画を示したのは第4章まで書き進んでからであるが (Vgl. ibid.：45-46)。

第1部　第1章　目的律
　　　　第2章　人間における目的問題のための出発点としての、動物における目的概念
　　　　第3章　他者の目的に奉仕する利己主義
　　　　第4章　自己否定［Selbstverleugnung］の問題
　　　　第5章　利己主義的自己主張の目的
　　　　第6章　他者による他者のための生活、あるいは社会
　　　　第7章　社会的機構、あるいは社会的運動の原動力
　　　　　　　1．利己的原動力 - 報償
　　　　第8章　　2．利己的原動力 - 強制　　　　　〔以上、第1巻〕
　　　　第9章　倫理的［ethische］自己主張：道徳的なものの理論
　　　　　　　　　　　　　　　　　　　　〔未完；以上、第2巻〕
　　　　第10章　義務感［das Pflichtgefühl］
　　　　第11章　愛［die Liebe］
　　　　第12章　「この第1部の結論として、上で中断していた意思問題を再び取り上げ、利益と目的という二つの概念を確定

することによって、それに決着をつける」

〔以上、未執筆〕

　彼は当時、これだけ豊富な内容の第 1 部と、詳細な構成案が定まっていたかどうかは分からないが、本書の本論となるべき第 2 部とを合わせても「程よい分量の一冊だけ」で収まると踏んでいた（Vgl. Jhering 1970a：vi）、というのであるから驚く。たしかに第 6 章までのペース（1 章平均 10 頁強）で書ければ、それは可能だったかもしれない。ところが第 7 章からその予定は大幅に狂い始めたのである。その章だけで 110 頁余り。第 8 章は何と 265 頁にも及んだ。つまり、「報償」と「強制」という「社会的機構」を扱った単元全体でほぼ 375 頁となり、それだけでも分厚い一冊の書籍になる分量である。さらに、先ほども触れたが、第 2 巻の第 9 章は 1 章で 600 頁になんなんとしている。これは、書き始めた当初にはまったく想定外の事態だったに違いない。あまりにもバランスが悪すぎる。本書が結論まで熟慮された上で執筆された作品ではなかったことは歴然としている、と言わなければなるまい。

　ちなみに、このような執筆方針は前著『精神』以来変わらなかったようだ。その第 1 部〔第 1 巻〕初版（1852 年）の序文で、この著作は彼が 25 歳から 26 歳の頃、ベルリン大学私講師時代に行った初めての講義（1843-1844 年）を基にしたもので、ローマ法という「壮大な創造物を前にして感じた最高の感嘆と尊敬の感情」を伝えるために出版した、と述べるとともに、次のようにその執筆刊行方法を開示している。

　「私は、この数巻本は一時に世に出るのではなく、ボーゲン［Bogen］〔書籍の 16 頁分〕単位で纏められ印刷される、そうすれば、最初のボーゲンは、それに続くボーゲンがまだ胎児の眠りについている間にすでにこの世に生れ出ることができる、と考えた。だから私は、植字工に…ボーゲン単位で私の退路を断たせ、──一度印刷されたボーゲンに私は既成事実［fait accompli］として敬意を払うので──ボーゲンごとに止まることなく、さらに私を駆りたてさせたのである」（Jhering 1852：v, vii-viii）。

　あれだけの大著をこのような方法で執筆したのである。大した海図もない

まま大洋に漕ぎ出すようなものである。その腕力は驚嘆に値する。しかし、その無謀な試みはしっかり咎められた。この大著は第1巻、第2巻第1分冊、第2巻第2分冊、そして第3巻第1分冊の計4冊が出版されている。これだけ見れば、この後に第3巻第2分冊、第4巻・・と続く計画だったのだろうと思っても当然である。だが、目次（本書第5章117−119頁参照）や序文を一瞥すればそうでないことは一目瞭然である。と言いながら、少々分かりにくくなるかもしれないが、その無計画性を示すと、こうなる。第1巻は良い。序論と第1部で完結しているからである。第2巻から巻ごとのまとまりを失う。第2巻第1分冊は第2部第1章のⅠ〜ⅢのうちⅡまでで終わり、第2分冊はその残りのⅢの1〜2のうち2のa〜cのうちbまでで終わる。つまり、第2巻は2分冊に分けても終わらなかったのである。それなのに、次はその巻の第3分冊になるのではなく、第3巻第1分冊となり、それはⅢのうち残った2のcと第2章のⅠの1のa「権利の概念」で終わっている。

　しかし、彼はこの中途半端な第3巻第1分冊の序文で、「私のやっているような仕事は決して決着しないものだ」などと開き直り、第2巻第2分冊と第3巻第1分冊で詳細に論じている第2期のローマ法が「この著作全体の中で最も重要で嵩のあるもの」であり、第3期のローマ法は「比べものにならないほど短いものになる」ので「見掛け上不釣り合い」になるが、「その説明と正当化は目下のところ時期尚早であろう」と結んでいる（Jhering 1865：iv,vi）。執筆しているうちに書くべきことが増え続け、とうとう未完に終わってしまった、と見るのが最も妥当なところだろう。

　とはいえ、彼の操舵した船は「精神」海で難破したのではない。航海中、そもそもどの港を目指していたのか船長自身が分からなくなったのだ。この船長は、しかし、これに懲りることなく、一時停泊していた「権利」港から、航路を変え、「目的」海に向けてまたもや無謀な航海に出帆したわけだ。

　ところが、こうして始まった「目的」方面に向けた新たな航海における、彼の言う「見当違い」とは、今指摘した分量的問題には留まらない。彼はこう述べている。すなわち、「見当違い」というのは、

　「この著作が、私が意図していたようには、そして、読者に約束してい

たようには、この巻〔第2巻〕では終わらない、ということだけではない。それどころか、私がこの巻について目論んでいたのとは全く異なる内容をそれが持ってしまった、ということである」(Jhering 1970b : iii)。

つまり、彼は第9章で論ずべき内容を熟慮した上で執筆を開始したわけではなかったのである。そもそも、「倫理的自己主張」を論ずるためには、「概念規定を先にやらなければ、倫理的という表現を使用することはできない、ということをすぐさま確信した」のが、「その第9章の論述に着手したとき」だったそうだ (ibid. : iii)。気づくのが遅すぎる。しかも、なんとその「第9章に着手し、原稿のうち完成した最初の部分を印刷所に手渡したとき」には「この章がどのくらい肥大化するかを予見できてい」なかったのである。そして、そのときそれが予見できていたなら、「それを特別な本 [eigene Schrift] にして、この著作の中でそれを自分で関連づけるだけにしていただろう」などと述べているのである (Vgl. ibid. : iv-v)。彼は『精神』を未完のまま脇に置いて、『目的』の執筆に取り掛かったのだが、それすらもまた途中で中断し、関連してはいるが別の著作を執筆するなどということを考えていたのである。結局はそれも果たせず、既刊部分の版を重ねはしたものの、やはりこの『目的』も、その本論となるべき第2部を執筆することなく尻切れトンボで終わった。

だから、以上を踏まえてこういうことが言えるだろう。彼が本書を執筆した目的は、第2部を書くことではなかった。少なくともその主たる目的ではなかった。学術書としての体裁上、そう予告していたにすぎないのではないか。彼が本書の書名の下で主張したかったことは既刊部分でほぼ尽くされていたに違いない。あるいは、この書名の下で確認したかったことは既刊部分でほぼ成し遂げられてしまったに違いない。後代の者たちがある意味勝手にその中に読み込んだところの、「目的法学」なる、「概念法学（構成法学）」に代置される新たな方法論を展開することなど、実は念頭になかった。だからこそ実際に展開しなかったのだ。そう見るのが資料適合的であり妥当であると思う。

彼が「概念法学」を揶揄し批判し克服したとされる、有名な『法律学における冗談と真面目』が出版されたのは、折しもこの第2巻の初版が出版された年の翌年1884年のことである。そして、それは第1巻の第2版が出版されたのと同年でもある。つまり、法学方法論上「概念法学」から「目的法学」への「転向」をしたはずの法学者としては、彼はきわめて不可解なことをしたことになる。というのも、一方で「概念法学」を激烈に（自己）批判する書籍を出版したものの、それと同時に、「転向」後の方法論を示すものと期待される『目的』第3巻の刊行はおろか執筆する意欲もなくし、すぐさま既刊部分の改版を始めたからである。それはたしかにこの著作に対する学術的需要があったからであろうが、著者の思いとしては、『目的』はすでに第1巻と第2巻で実質的には完結していた、と見るべきであろう。そうでなければそれほど早く改版はしないと思われる。そして、彼は方法論的には転向していない、つまり、「目的法学」なる全く新しい方法論のアイデアなどには彼は思いついていなかった、と前提しなければこの事態を合理的に説明することは困難であろう[3]。

では、少なくとも直接的には方法論をテーマにしたわけではない、と筆者の見るこの『目的』がこれまでどう捉えられてきたのか、ドイツと日本に焦点を合わせて大急ぎで振り返ってみよう。

2. 目的法学前史

『目的』は「目的法学」という新たな法解釈方法論を直接展開しようとし

---

[3] K. ラレンツもこう述べている。「彼〔イェーリング〕は、自分自身で…自分の学説を法学方法論に適用することを、二三の発言を度外視すれば、もはや行わなかった。それは、はるか後になってはじめて、特にフィリップ・ヘックによって行われたのである」、と（Larenz 1991：48）。つまり、方法論としての「目的法学」は、後に利益法学として顕現したのであって、イェーリング自身が「目的法学」という法学方法論を唱えたわけではない、ということであろう。ただ、ラレンツの言う「二三の発言」が何を指しているのかは不明だが、おそらく、第2巻の第2版を出版した3年後に出版した『占有意思論（Das Besitzwille）』における発言はその中に含まれているだろう。この点については3.(3)で触れる。

た書物ではない、と筆者は言った。しかし、道徳問題にまで深く足を踏み入れたこの書物も法解釈方法論と全く関係がないというわけではない。法を解釈し適用する際に依拠すべきものと彼が考えるにいたったその法の「目的」は、法の外部に——というのは立法者の頭の中に、ということであるが——ある、いや、そこに留まっているのではなく、法に内在して生き続けるのだ、というアイデアを、J. ベンサムの功利主義哲学やC. ダーウィンの進化論（いや、H. スペンサー流の社会進化論かもしれないが）、G. ヘーゲルの観念弁証法などの諸思想の力を借りて十分にもっともらしいものにする、ということを目指して書き始めたのがこの著作だと言ってよいからである。

それを明らかにするために、時計の針をだいぶ前に戻すことを許されたい。

彼は前著『精神』初版第1巻（1852年）、第2巻第2分冊（1858年）において——この時期はいわゆる「転向」以前、つまりまだ「概念法学」者だったとされる時代だが——、法を含めた「制度 [Institut]」の「目的」につき、次のようなことを述べていた。だから、彼はそれまで見向きもしなかった「目的」を『目的』において突然論じ始めたのではない、ということは知っておくべきである。この大学者にしてそのようなことはありうべくもない。問題は、法律学がその「目的」なるものに依拠することの適否についての判断が変わったのである。そのことはすでに筆者は別の機会に指摘したことがあるが（本書第5章137-139頁、第7章163-164頁参照。）、そこでも引用したイェーリングの所説をできるかぎり簡潔に要約しよう。

「法の論理的組成は、…従属的なもの、すなわち、それが仕えるべき目的の所産にすぎない。概念がかくかくに形成されている、ということはまさに、それがこの形態においてのみ実生活の必要を満たすということ…にその根拠を持っている」(Jhering 1852：40)。

私は、目的モメントが制度の…実践法律学的な…関係にとって最高に重要であり、それどころか不可欠であることを否定しようとは思わない。私が反対するのは、それに従って定義をしてよいとすることだけである。制度の目的で我々が考えるのは、制度の内容が単なるその手段であるところ

の、それと対立し、それよりも上位にあって、その外に存在する何か［Etwas…außer ihm Liegendes］である。しかし法学が手段の理論にすぎないのならば、…その手段をそれに内在して［immanent］いるモメントに従って規定しなければならない。…したがって我々は法体［〔Juristische〕Körper］を、…その解剖学的［anatomische］モメントに従って定義する。そのモメントとは、**例えば、主体、客体、訴え、効果などである**」(Jhering 1858：391-392；強調－引用者)。

ここに明確に示されているように、イェーリングはこの当時から、法は「実生活の必要を満たす」という目的実現のための「手段」である、と捉えていた、ということを改めて強調しておきたい。『目的』の扉に書かれたモットー「目的はすべての法の創造者である」の原型は、すでにここにあったのだ。しかし、それにもかかわらず彼が、まだ『目的』を書かず、後に自ら概念法学と揶揄した構成法学の方法の道を突き進んでいたのは、その当時、法学は「手段の理論」なのであるから、法を産み出したとはいえ「その外に存在する」、すなわち、立法者の頭の中にある目的そのものによって法を定義してはならない、という法学上の規範を自らに課していたからである、と思われる[4]。

なお、法学を「手段の理論」だとするこの見方は、自らの純粋法学を「法規範の意欲や表象にではなく、意欲または表象された意味内容としての法規範に目を向ける」(ケルゼン 1935：26) ものとする H. ケルゼンの法実証主義に通ずるものがあるように見えるが、そうではないと筆者は考えている。ケルゼンの法実証主義もたしかに「手段の理論」であるが、それは法の認識の問題に限定されている。しかし、イェーリングにとっての「手段の理論」は

---

4 ）優れた法学史研究者である W. フィケンチャーは、『精神』においてすでに「法における目的志向」は「根本的な役割」を果たしていた、と捉えているが (Fikentscher 1976：139, Anm.148)、この点に注目していない。石部雅亮によると、ティボーもサヴィニーも「目的」を「法の外から持ち込まれる要素」、「法律の内容から区別され、その構成要素とはみられない」もの、「法律の外において発見され」るものと捉えていた (石部 1988：86, 93, 94, 107-108 参照)。

実践的な法律学の表面的な仮装にすぎないからである。彼は、「目的モメント」が「実践法律学的な関係」にとって「不可欠」である、と認めているではないか。ただ、そのことを具体的な法解釈作業の中で表面に出してはならない、あくまでも「解剖学的モメント」だけを用いて結論を導かなければならない、と考えているだけなのである。法実証主義のように認識にのみ関わっているわけではない。

彼は同じくいわゆる「転向」前に、「法学的技術の三基本操作」のうち最終段階の操作で彼の方法論の要諦である「法律学的構成［juristische Konstruktion］」を説明する中で、それには三つの「掟［Gesetze］」――①「**実定法素材による掩蔽**［Deckung des positiven Stoffs］の掟」②「無矛盾の掟」③「法学的美しさの掟」――があるとし、そのうち①の掟につき次のようなことを述べている。

「構成は法体の芸術的な形成を目的とする」が、「実定法規は、その法学的構成が…どんなことがあってもそこに到達し［anlangen］なければならない所与の点である。しかし、内容に関しては、それは実定法素材に結びつけられる一方、形式に関しては、つまりその素材の形成の仕方に関しては、完全に自由である。」

ただ、「法律学がその素材に与えた形式においてのみ、それまで持っていたのと同じ実践的力が維持されるかぎり」でのことだが（Jhering 1858：398-413, insb.398-399; 強調 - 引用者。）。

彼は、法体と呼ばれるものを実定法素材から形成すべし、と言っているのではない、ということを確認しておこう。その法体をどんなことがあっても実定法素材によって覆い隠す［decken］すべし、と言っているのである。つまり、実定法規は最後に「到達」すべき地点なのであって、出発すべき地点ではないのである。言ってよければ、これは法学的こじつけの「掟」である。それも無矛盾で美しいこじつけでなければならない、と彼は強調している。この掟こそがイェーリングの構成法学の核心であり、いわゆる「転向」をする前の彼の概念法学の方法論的実像である。そして、約半世紀後、自由法論が、そのようなことはもうやめるべきである、と批判した概念法学の発

想である。すなわち、E. エールリッヒが「こじつけ」と呼んだ「素朴な詭弁法」であり（Ehrlich 1966：299, 301）、E. フックスの言う「隠花社会学的司法スコラ学」である（Fuchs 1909：256）。それは、決して機械的法学と言い換えられうるような俗説的な「概念法学」ではない[5]。

　それはともかく、40 歳のイェーリングが「解剖学的モメント」と表現したものはこのような掩蔽として動員される実定法素材に「内在するモメント」にほかならない。立法者の頭の中にあった「目的」はその実定法素材の中には移転しない、と考えていたのである。当然と言えば当然である。合理的思考をしているならば、そのようなことが起こりえないことは明々白々である。その「目的」は立法者意思と置き換えてもよいだろうと思うが、その立法者意思について彼は、同じく 1858 年の『精神』第 2 巻第 2 分冊初版で次のように論じていたのである。彼が法律学を低次のものと高次のものに分け、自分自身の構成法学を「高次の法律学あるいは自然史的方法」と呼んでいたことは有名であるが、立法者意思の探求は、それにではなく「低次の法律学」の方に属する、としていたのである。

> 「法が制定法の中に現れてくる通常の形態は禁止や命令のそれ…である。」〔だが、〕「**命法的なものが表現自体の中にあるかどうかは重要ではない。それは事の核心［Sache］すなわち思考［Gedanken］の中にあ**」る。…
>
> 「**低次の法律学の活動は解釈すること［Interpretiren］と称されるものである。その解釈の任務は…立法者意思の完全な内容を明らかにすること**」である。…〔だが、〕「**解釈は特殊法学的操作ではない**」（Jhering 1858：385-386；強調 - 引用者）。

　このように「立法者意思」を、そして「目的」を捉え、それに関わることを「低次の法律学」の仕事だと軽蔑し、それを超えた「高次の法律学」を構築しようとしていたイェーリングが『目的』を書けるわけがない。

5）ところが、イェーリングが提示したこの「掟」に言及した数少ない研究者も、この「掟」の重要性を理解していなかったようである。E. ヴォルフ（Wolf 1963：639）、H. ランゲ（Lange1927：51-52）を参照。

ところが、その彼が大きな転機を迎えたのである。それはこの『精神』第2巻第2分冊刊行直後のことと推察される。というのも、その翌年1859年に執筆した「売買契約における危険についての理論に関する論考Ⅰ」(以下、「売買」Ⅰ論文と略称する。)において、彼は、売主の「損害のない状態を維持すること」が「売買代金の目的」だという、ややひねった理解を根拠にして結論を導き、それに「法律学的構成」を施しているからである（イェーリング 2009 ②：75-77, 86；強調 - 引用者）[6]。

とはいえ、それまで制度の「外」の存在として、それに依拠すべきではないとしていた「目的」を援用するという、「低次の法律学」の「解釈」活動に身を落としたかのようにも見えるこの変化はやはり無視できない。たしかに26歳の時に書いた論文「物を給付すべき者は、それによって生み出された利益をどの程度引き渡さなければならないか？」（イェーリング 2003；以下、「給付」論文と略称する。）における結論が誤りだったと気づき、深く反省したからであろうが、そこには単なる若気の至りに止まらない大きな問題があったことに動揺したのであろう。

しかし、急いで断っておくが、上に引用した『精神』初版における彼の方法論は、この転機の後の第2版において、ほとんど変更を受けず維持されているのである。だから、彼はこの転機を経ても従前どおりの構成法学者であり続けたわけであって、その大きな問題とは、この方法論とは全く関わりのない問題か、それとも、この方法論の大枠は不動のままだが、その中に重大なバグが発見されたか、のどちらかだったということになる。筆者は後者だと考えている。

彼は、1859年の「売買」Ⅰ論文を書くにあたり、若き日の自分の学説が

---

[6] フィケンチャーも、この年に「極めて重大な転機」がイェーリングに訪れたとしている（Fikentscher 1976：123）。また、この「売買」Ⅰ論文に関しては、自由法論の論客 H. カントロヴィッツが、そこでは「方法的自己批判によって啓発された結果、新しい目的論的手続［das neue teleologische Verfahren］が初めて明確に認識され、確実に適用され、自由な法発見が十全な誠実さと率直さにおいて…行われた」と褒めそやしているが（Kantorowicz 1914：87）、この評価は我田引水の嫌いがある。イェーリングは自由法論者が主張するような「自由な法発見」などしていないからである（同旨、笹倉秀夫 1979：349-355 参照。）。

「自然な法感情［Rechts-gefühl］」から異議を申し立てられる「不公正なもの［Unbillige］」だったと確信した（イェーリング2009①：45）。そして、おそらく藁にも縋る思いで法規の「目的［Zweck］」（同前：57）に頼ったのだと思う。それは、その「法感情」が是認する結論を実定法上正統化しなければならないのだが、利用できるのが、残念ながら、「低次の法律学」の領分に属していた「目的」という概念しかなかったからではないだろうか。それでもよい、重要なのは「法感情」に拒絶されるような結論を引き出さないことだ、と決断したのだと思う。

　ただ、この点に関して、指摘しておきたいことがある。「売買」Ⅰ論文で誤りと断ぜられた若き日の「給付」論文だが、そこにおいても、彼は何の迷いもなく自信をもってその誤りとされた学説を唱えていたわけではない、ということである。1844年という、まだどっぷりと概念法学に浸かっていたはずの頃の彼が、自分の結論に対して、「公正感情［Billigkeitsgefühl］」からの疑義を打ち払うことができずじまいだったことを告白しているのである。それは、俗説的な「概念法学」像を真の概念法学と思い込んでいて、若きイェーリングはまさにその俗説的な「概念法学」者だったと思いなしている者にとっては不都合かもしれないが、真実なのである。彼はその論文で、二重売買した売主は、その対象物がその後に偶然に滅失した場合、買主にその代金を請求できるか、という問題に対して、ディゲスタにおけるパウルスの厳格な準則を根拠にした詳細な議論の末、それを肯定する結論に達したのだが、その論文の末尾で次のような煮え切らないことを述べていたのである。

　「…という法文におけるパウルスの意見を正当化する〔自分の行った〕努力…が、幾人かの他のローマの法学者〔特にユリアヌスとアフリカヌス〕の意見を、ある一つの意味で理解するように私を唆したのではないか、という気懸り［Besorgnis］がないわけではない。そのように理解することなど、私がより大きな不偏性［Unbefangenheit］を持っていたならばおそらくなかったであろう。ローマのすべての法律家がパウルスの厳格主義的帰結を共有してくれていたならば、その公正感情［Billigkeitsgefühl］から同意しなかっただろうと思われる帰結を、自分の原理に固執

するあまり認めてしまったのだ、という非難を、もちろん今は覚悟しているが、恐れなくてもすんだであろうに（イェーリング2003④：141、強調-引用者。なお訳文は若干変更した。Vgl. Lange 1927：9-11）。

彼は結果的にはパウルスに従ったのだが、そのことに完璧な自信があってそうしたわけではないのである。そのことを告白してしまうほど迷っていたのである。反対説と言っていいユリアヌスとアフリカヌスの所説の「公正さ[Billigkeit]」に心を惹かれていたにもかかわらず、その「専門的正当化[techinische Rechtsfertigung]」を否認せざるをえなかったのである（イェーリング同前：135）。その15年後、ある船舶二重譲渡事件の鑑定を依頼されて検討に入った時、彼はどれほどこの論文を後悔したことであろう。自分は、ユリアヌスらの所説が公正なものであることをそのとき認めていたではないか。つまり、当時の自分にも間違いない公正感情があったのだ。それにもかかわらず、自分にはその公正感情が是認する結論を「専門的」に「正当化」する方策を当時から現在まで見出すことができなかった。実定法素材をどれほど細かく解剖してみてもその公正な結論の「正当化」に使える（仕える）内在モメントを発見できなかったのである。だから、やむをえず外在的なモメントである「目的」に、公正感情から導かれる結論の活路を見い出そうとしたのではないか。

しかし、厄介なことに、その「目的」が立法者の頭の中のそれであるかぎり、それは言うまでもなく「低次の法律学」の領分に属する。自分が提唱してきた「高次の法律学」が関わりあうものではなかった。したがって、本来ならこの「目的」を援用するわけにはいかない。この難関を突破するには二つの途しかない。「低次」だの「高次」だの、といった区別を撤廃して、法律学は一つだとするか、それとも、その区別を残したまま、「目的」を「高次の法律学」が関わる内在的モメントに引き上げるか、このどちらかである。彼は後者の道を選んだのだと思う。その証拠が、1年前に『精神』第2巻第1分冊初版で詳細に論じた法律学論を1869年の第2版でもほぼそのまま維持した、という事実である。

では、「目的」を「高次の法律学」の領分に属する法内在的なモメントに

第 10 章 「目的法学」とは何だったのか

引き上げる、ということに問題はないのか。もちろん、その「目的」が立法者の「目的」（意思）ならば大問題である。初版の学説からの重大な改説になるからである。そこで彼は、改説をせずになおかつ「目的」に依拠した「高次の法律学」の実践を可能にするために、自分が依拠しようとする「目的」を立法者の頭の中にあるものとは別なものにする必要があったのである。立法者の「目的」は変わらず「低次の法律学」の領分に属する外在的モメントに留まっている。彼の依拠する「目的」は、それとは別に、歴史のある時点に存在した具体的な個人を主体とするものではなく、そのような個人を超越した社会あるいは国家という抽象的な主体の頭の中にあるものであり、その社会が自らの存立のために産みだした法の中で息づいているもの、すなわち法内在的なモメントである。こう理解することで彼は、構成法学の根幹を変えることなく、船舶二重譲渡事件の鑑定で体験した危機的状況から抜け出ることができると考えたのである。『法における目的』は彼のこの構想の結実なのである。

だが、「目的」が本当に法内在的なモメントたりうるかどうかは別にして、何故彼は、「高次の法律学」はそのような内在的なモメントにのみ依拠しなければならない、と考えたのか。その理由を探り当てなければ、『目的』の法学方法論的意味は捉えきれないと思う。

20〜21 世紀の現代人にはなかなか実感しにくいことであるが、19 世紀中葉のドイツの法学者にとって、近代民主政治の基本原理とされるものはとんでもなく重いものと意識されていたはずである。ライン川の向こう側では、すでに 18 世紀末近くに近代市民革命が勝利し、人権宣言が発せられ、19 世紀初頭には統一民法典たる *Code Civil* を始め、いくつかの統一法典が相次いで制定され、紆余曲折はあったものの近代的な統一国家が着実に成長を続けてきた。それに引き換え、川のこちら側すなわちドイツはどうだったか。大革命から半世紀以上経っているのに、自前の統一民法典はおろか、祖国の統一すらまだ実現できていない（ビスマルクの手によりドイツ帝国が成立したのは 1871 年であり、統一民法典 BGB が成立したのは 1900 年である。）。

ライン川を挟んだこの政治的及び法的な高低差を埋め合わせるためには、フランス版 ratio scripta たる統一法典 *Code Civil* の位置に古代ローマ版

ratio scripta たるユスティニアヌス法典を置くとともに、市民革命を経ずとも近代市民国家の実質をわがものにするべく、川の向こう側で確立した近代民主政治の基本原理、とりわけ三権分立制の理念を法律学の中で厳格に実践していく必要がある、と彼らは強く確信したに違いない。フランス人権宣言第 16 条に「権利の保障が確保されず、権力の分立が定められていないすべての社会は、憲法を持つものではない」とある。この条文は金科玉条のように意識されていたはずである。

1906 年に、「裁判官の法創造を素直に告白することだけが、『法と民衆の疎遠』を匡正し得る」として、自由法論を唱えた G. ラートブルフは、当時の法律学（概念法学）が「孤立」していた事情をおよそ次のように分析していた。それを思い切って要約すると、次のとおりである。

裁判官は、「法律の不完全性〔Unvollkommenheit〕」を前にして、フランス民法典第 4 条が規定しているような「裁判拒絶の禁〔Rechtsverweigerungsverbot〕〔なお、当該条文内の「裁判拒絶」の本来の独訳は Justizverweigerung である。〕」によって縛られる一方で、モンテスキューの主張した三権分立論から派生する「法創造の禁〔Rechtsschöpfungsverbot〕」にも縛られる、という二律背反的境遇に置かれている。その境遇の中で今日の法律学は、実際には法創造をしながらそれを「隠蔽〔verbergen〕」する途を採った。つまり、不備な作品から完全な法体系を出現させる「スコラ学」的な「法律の完全性ドグマ」を打ち建てた。しかし、そのことで法律学は孤立してゆき、それに反対する声〔自由法論等〕が高まってきた。裁判と法学は常に変わることなく「法創造的」であったし、これからもそうであろう。だから、それを「隠蔽」するのではなく、「素直に告白」するべきなのだ（ラートブルフ 1958：55-56, 58, 60, 66-68, 70, 71, 74, 75 参照。強調 - 引用者）。

概念法学が彼の言う「隠蔽」に腐心していた、というのはその通りだと思う。その「隠蔽」こそが概念法学の真髄なのである。イェーリングの構成法学はまさに、彼の創意に掛かるその「隠蔽」の新たな手口だと言えよう。そしてラートブルフは、その「隠蔽」がなされなければならなかった理由を明

らかにしてくれているのだ。すなわち、裁判官が「裁判拒絶の禁」と「法創造の禁」の板挟みに遭っていたからだ、というのである。現代のように、裁判による法創造が当然のように行われ、むしろ推奨されているような時代の者たちには、いるわけもない幽霊に怯えて動けない臆病者のように映るかもしれないが、上に挙げたドイツの特殊事情に鑑みれば、あながち軽蔑はできまい。法が「不完全」であることを宣言し、「法創造の禁」を堂々と踏みにじって法創造することは、祖国の近代化そのものを不可能にする危険な振る舞いとして、おそらくモンテスキューの母国以上に、強く嫌忌されていたと思われる。厳格に法と定義されるものに基づいてのみ司法は実践せねばならず、それの外にある何かに、それも「極めて漠然としていて、当てにならない」制度の目的（Jhering 1858：392）に基づくなど、もってのほかだったに違いない。

　だからイェーリングは、その「目的」を確実なものにし、法の中に持ちこまなければならなかったのである。「目的」は法内在的モメントであるから、それに従って決定を導いても、「法創造の禁」は犯していない、と自己弁護できるからである。「法創造の禁」の下での「隠蔽」工作のバグ修正版である。比喩的に言えば、「法律学的構成」という一般道路が迂回していた「目的」山を貫くバイパスをかなり強引に通した、ということになろうか。

3. 目的法学の実像

(1) 目的の法内在化

では、いよいよ『目的』の解剖に取り組もう。

　イェーリングは本書において、「目的」は法に内在しているとする、明らかにアニミズム的な新たな考え方が尤もらしいものに見えるように理論武装をしている。——これがこの未完の大著の眼目である。いや、正確には、眼目だった。

　彼が言うところの「目的」とは、「利己的な自己防衛［egoistische Selbstbehauptung］」という「実践的動機」にほかならないのだが（Jhering 1970a：v,46）、通常の「目的」と行為との関係で言えば、当然この「目的」

は「行為をする者の心中に生き続ける観念」(Jhering 1970a : 3) のはずである。ところが、彼はその観念を行為者の心中には留めておかない。行為を通して行為の産物へと移動させるのである。その離れ業を行うときに用いた概念が「用途〔Bestimmung〕」概念である。彼は、「交換取引」という行為を例として取り上げ、それは、「すべての物を、それがその用途を達成するところへと導くための形式」であるとした上で、次のように述べる。

> 「我々は、物の用途〔Bestimmung〕について語るうちに、我々の学説によれば人に限定される概念すなわち目的概念を純粋に物的なものに転用した。その辻褄はどのようにすれば合うのか？ 答えは明らかだ。〔交換取引に関する〕上の表現で述べていることは、人は物の中に自分の目的に役立つ手段を見出しているということ、したがって、人は自分自身がその物を用いて得ようとしているものをその物の中に、それの用途として、すなわち、それの（主観的〔目的〕に替わる客観的）目的として入れ込んでいる〔hineinlegen〕ということなのである。…物の目的とは、その物でもって自分の目的を追求する人のその目的にほかならない」(ibid. : 52-53 ; 強調－引用者)。

施した多くの強調が示しているように、この一段落は——これまでほとんど注目されてこなかったが——極めて重要な部分である。それは「目的」を法内在モメント化する論理、すなわち『法における目的』の核心が実に端的に表明されているからである。すなわち、生命体、それも高度な頭脳を持つ生命体のみが表象しうる「目的」が、その「目的」の手段たる物の「用途〔Bestimmung〕」に変換された上で、その中に埋め込まれる、という不可思議な現象が描かれているからである。

しかし、この一段落が重要な点は「目的」のこの不可思議な内在化だけではない。むしろそこから先だと言ってよい。彼はこの物における「用途」を、最初は例えば交換取引をする者自身の「目的」そのものだとしているが、それでは自分が低次の法律学とした立法者意思説と変わりない結論になってしまう。

だから、彼がわざわざその「用途」を「（主観的〔目的〕に替わる客観的）

目的」と言い換えている点に注目する必要がある。「目的」は（立法者の）主観を離れ、物に「客観的」に内在する、と言っているのだが、それは単に主観的だったものがそのまま客観的なものになるということではなく、明らかに、物に内在する「目的」は（立法者の）主観とは別な何かになる、という可能性を彼は示そうとしているのである。物の「用途」は、「手段」として「その物を用い」る人——もちろんこの人は不特定多数である——がそこから「得ようとしているもの」というように一般化されているではないか。そのように一般化されないのであれば、「用途」という、主観を離れて客観的に存在していることを意味する概念装置を使う必要はなかったと言ってもよいであろう。「目的」は主観を担う個人から解き放たれたのである。この概念装置を用いる背景には、物の利用者視点からの利用の、法の場合ならば法適用者視点からの法適用の、自由度を高めるという、実に実践的な意図があったのである。彼はこう述べている。

　「**法全体は単一の目的創造物**［Zweckschöpfung］**にほかならない。…そ れ〔その目的〕を探求することが、解釈学に関しても法史学に関しても、 等しく法学の最高の任務である。**」
　しかし、「目的」という「法の基準」は「相対的」である。だから、「**法 は、いたるところで同じ諸規定を公布することはできない、というか、そ れらの規定を民族の状態にも、その文化段階にも、時代の必要とするもの にも合わせなければならない**」のである（Jhering 1970a：342, 344-345；強調 - 引用者）。

つまり、法適用者が、「目的」を援用しつつも立法者に縛られないですむようにする、という実践的な意図である。筆者は先に、イェーリングは立法者意思説に代わる法律意思説を唱えた学者だと思い込んできた、と述べたが（前出 192-193 頁）、どうやらそれは根拠のない思い込みではなかったようである。つまり、彼はこの 2 箇所の引用部分で示されるように、立法者意思説（主観説）を退け、法律意思説（客観説）を唱えている、と理解することができる。もっとも、そのような法律の意思あるいは客観的な目的など、一体誰がどのようにして客観的に確定しうるのか、という疑問は残る。何と言いく

るめようと、結局は客観的だと主張する者がそう称しつつ自らの主観を物の中に「入れ込」む、つまり読み込むことになる他はない。その客観性は証明も反証もできない。だから、本当は、客観説の客観性も名ばかりのものにすぎないのである。

　しかし、それでは法律意思説も主観説と五十歩百歩であることになり、すべてが水泡に帰してしまう。だから彼は、法に内在化した「目的」の主体、すなわちその「目的」を抱懐しそれを実現しようとする本人を主観説のような具体的個人でないもので、抽象的ではあるが、より客観的な外観を持つものにしなければならなかった。そのようなものとして彼が選んだ主体は「社会［Gesellschaft］」であった。彼は次のように述べている。

　　「法の目的［Zweck des Rechts］」は、「社会の生存条件の確保」であって、それすなわち、「社会がすべての法規の目的主体［Zwecksubjekt］だということである。」「法の目的［Rechtszweck］が人間のために実現化されるメカニズム」には、「国家」がその橋渡しをする「間接的」なものがあるが、「法律家はそのメカニズムのために、個々の個人を超越している、より高い法主体の視点を持たないわけにはいかない」（Jhering 1970a：345,360-361；強調－引用者。）。

　個人を超越した社会が、それを構成している個人とは別に独自に自己の生存を確保するという「目的」を持ち、すべての法規を生み出している、という説明である。しかし、社会を、あたかも何らかの具体的な意思を持つ一つの有機的生命体であるかのように想定しなければ、あるいは擬人化しなければ、このようなことは言えない。イェーリング自身も覚悟していたように、この社会という主体は「奇妙な主体［wunderliches Subjekt］」（ibid.：360）であると非難されてもやむをえないものである。だから彼は、この非難をあらかじめ封じるための論理を用意していたのである。それが「目的弁証法［Zweckdialektik］」というものである。ヘーゲルを想起させるような用語法を用いたこの弁証法を彼は次のように説明する。

　　それは、「実際上、目的にとって不可避の弁証法」であって、目的は、

第 10 章 「目的法学」とは何だったのか　213

「最も単純な芽から不可避の必然性をもって少しずつ絶えることなくより高い諸形態と諸形成物が開花する」という道程を辿る、とするものである (Jhering 1970a：74-75)。

用語法とは異なって、内容的にはアリストテレス的な、または社会進化論的なこの道程をより具体的に示すと、以下のとおりである。

　「目的」の最初の「芽」は、動物の場合と全く同じく、「利己主義的自己主張［egoistische Selbstbehauptung］」、すなわち「自己の生存の維持」という「意思目標［Willensziel］」であるが (ibid.：46-47)、目的概念は、「人格から財産へ、その両者から法へ、法から国家へ」と「進化［Evolution］」を遂げるのであって、「その最高の頂に達するまで止まることはない」(ibid.：57)。詳しく言えば、利己主義は「組合［Sozietät］」という、「利己主義と自己否定との間の架橋」、つまり「どっちつかずの地点［Indifferenzpunkt］」を経て「共同利益［Gemeininteressen］」に向かい、教会とともに「共同［Assoziation］の最高形態」である「国家」に到達するのである (ibid.：166, 168, 170)。

こうして彼は、「目的」における個と全との「弁証法」的連続性に基づいて、社会という「奇妙な主体」が実は奇妙ではないこと、信頼に足るものであることを社会進化論的に、あるいは法発生論、国家発生論的に示そうとした。これが成功するならば、個人を超越した社会が目的主体である、との彼の主張は信憑性を身に纏うかもしれない。しかし、個から共同への「目的」のこのような展開はありえないし、ありえたとしても、それを「進化」と呼んで良いかは疑問であると言わざるをえない。筆者には、単に、人間における社会形成、国家権力形成の必然性を、「利己主義的自己主張」を軸にして語っているにすぎないと思われる。ホッブズ的物語の要素もここには入っているかもしれない。

ただ、彼の構成法学は、実際には行っているところの法創造的な欠缺補充を、そのようなことは不可侵の三権分立原則に悖るという判断から、隠蔽して、つまり、行っていないように見せかけながら実行する方法論なのであっ

た。誤解を恐れず言えば、近代国家を目指す国における裁判官に宛てられた、法の欠缺補充の＜詐欺＞的実行のマニュアルなのである。しかし、誰を欺罔に陥らせているのかというと、その欠缺を補充されている法と三権分立原則それ自体である。当事者でも、判決に注目している世間でも、為政者でもない。彼らにはこの手続はすっかりネタのばれた手品にすぎないのである。

だから、この基本的スタンスが変わっていないのであれば、社会を目的主体だとする、『目的』における彼の怪しげな理屈は、「法律学的分析」「論理的濃縮」「法律学的構成」の3段階を経るという、いわば化学的な比喩で表現した手品のような操作によって法素材を形成するとする、『精神』における表向きだけ科学的な理屈とも同根なのである。どちらも実際には不可能なこと、ありえないことに変わりはない。

そもそも、実定法素材を分析し濃縮しそこから法規を構成したとしても、もともと実定法の中にあったもの以外の法規など出てくるはずもない。もしそのようなやり方で法の欠缺が補充される、と言うならば、もともとその法には欠缺はなかったのである。しかも、「目的」が物の中で息づいているなどとするのは、＜一球入魂＞を文字通りに受け取るような非科学的な思い込みにすぎないであり、しかも「社会」という、肉体を持たないが故に目に見えない生命体がどこかに存在し、それがその「目的」の生みの親であるとするなど、乱心と言う他ない。

つまり、どちらも、欠缺補充をしているにもかかわらず、法創造の禁には反していないと言いくるめるための、本来なら全く成り立たない論理にすぎないのだが、彼は、それなりの尤もらしさを印象づける必要性から、そのマニュアルを作成したのである。『目的』に至って彼は、これまでの科学的な尤もらしさだけでなく、それに神話的な尤もらしさを加えるバージョンアップをしただけである。だから、彼は決して子供っぽいアニミズム、あるいはオカルト的現象を他愛なく信じて『目的』を書いたわけではなかったことは確かである。

とはいえ、科学の時代とも言われる19世紀のヨーロッパに生きるハイグレードな知識人であるイェーリングでさえも、「目的」の内在化と、それの

立法者からの切り離し、社会の目的主体化を根拠づけるためには、さらに目を覆いたくなるようなオカルト的な説明を利用しないわけにはいかなかった。実は彼は『目的』において「神」まで動員して地ならしていたのである。彼は本書の始めの方で次のようなことを述べていた。

> 「世界の動力」は原因ではなく「目的」であると私は確信する。そして、「世界の中に一つの目的を仮定することは…神を仮定することと同義である」(Jhering 1790a：viii；強調－引用者)。
> 「意思は世界における真に創造的な力、すなわち、自己形成する力である──神においてそうであるが、それを模倣して、人間においてもそうである。／この力の梃となるものが目的である」(ibid.：18)。

彼はこのように、「目的」をあらかじめ神的なものとして聖別していたのである。とすれば、それが物の中で息づいているという想定も宜なるかなである。そして、社会がその目的の主体だと言うことも、すでに世界の中に神が存在しているということを仮定しているのならば、ある意味で、無理もないことだと思われる[7]。

(2) 司法制度論

こうしてかなり怪しげな理屈を弄してイェーリングは目的を法内在化させ、現在よく知られている法律意思説の論理の骨格を描いた。だが、そうすることで彼は、自分が若き日に詳細に構築した構成法学の手続の流れの脇に、「目的」論的な高速バイパスを開通させただけなのだ。だから彼は決して、よく言われるように構成法学つまり概念法学から目的法学へと「転向」したわけではない、というのが筆者の見方である[8]。この見方を裏づけると

---

7) 彼のこの議論はこれまでのイェーリング研究の中でほとんど注目されてこなかったが、『目的』の邦訳者の一人である和田小次郎はおそらくその唯一の例外であるが、この議論を紹介するのみで、法学方法論の観点からの分析はしていないのが残念である（和田小次郎 1950：148-150 参照）。
8) O. ベーレンズはこの変化を、「理論」、「概念性」、「構成」が「支配的役割」から「目的」への「奉仕的な役割」に変化しただけだと捉える（Behreds 1987：255）が、「構成」がどうしたら「目的」に「奉仕」しうるのか、その詳細が不明である。

思われる彼の証言が実は、そのいわゆる「転向」から約20年経って執筆された『目的』の第8章第11節「法‐規範の契機」の中にあったのである。そこで彼は、行政との比較において司法制度について語っているのだが、この部分は法学方法論の観点からイェーリング法思想を見る上で大変重要である[9]。

　では、イェーリングが展開したその司法制度論をここに要約的に再現しよう。

　彼によると、法は「個別的命令」の第1段階から、「片方向的拘束規範」の第2段階、そして、「規範の双方向的拘束力」の第3段階へと発展してゆくのだが、この最後の段階は、「国家権力自体がそれによって発せられた規範を尊重する」段階である、とされる（Jhering1970a：264, 270, 278）。その意味で、この最終段階として彼が想定しているのが西欧的な近代国家であることは明らかであろう。ところで彼は、この近代国家にあって国家権力による規範の尊重に対する「外面的保障」として機能するのが「司法［Rechtspflege］」だとしたうえで（ibid.：295）、その「司法」について以下のように述べる。その部分は、彼が、数年前に念願の統一を果たしたとはいえ、未だ統一法典が実現しておらず、古代ローマの学説などをその代替法源として使用しなければならないドイツの現状において、社会の必要に導かれて裁判官は法の欠缺補充を行わなければならないのは当然のことと考えている一方で、たとえその法源がフランスのような市民革命を経た民主的立法とは言えないものであったとしても理念的にはドイツ国民の代表者を通じて制定されたものと仮定して扱わねばならず、近代民主政治確立には不可欠な三権分立の原則すなわち、後にラートブルフが言うところの「法創造の禁」には絶対

---

[9] だが、残念ながらこの部分はこれまで研究者の注意をほとんど引きつけてこなかった。筆者が知るかぎり、R. オゴレクが、イェーリングは一貫して「機械的裁判官像」を拒否していたことを論証する過程で、いくつかの章句を引用している（Vgl. Ogorek：1986：229）のと、やはり『目的』の翻訳者の一人である和田小次郎が「この著の最も良い部分である」として、彼が司法制度を分析している部分のあることに言及している（和田1950：141参照）程度である。ただオゴレクも「後期」イェーリングの目的思考と構成法学が方法論的にどうつながっているのかを示さなかったし、わが和田も「最も良い」と述べるだけで、その理由については論じていない。

第10章 「目的法学」とは何だったのか　217

服従を誓わなければならないと考えるところの19世紀ドイツ人法学者だった、ということを如実に示してくれる。かなり長くなるが、ほとんど等閑に付されてきた箇所だ思われるので、まずはここに詳しく再現することにする（強調－引用者）。

　国家権力自身による規範の尊重に対する「外面的保障」としての「司法の特徴」には、「目的の内的特徴」と、その「手段と形式の外的特徴」という二つの契機があるが、前者の点で司法がその他の部門と異なるのは、「それがもっぱら法を実現することになっている、ということである。——それのモットーは、それ以外の何物でもなく、法を［das Recht, und nichts als das Recht］、である。…しかし、行政官庁においては、さらに、合目的性［Zweckmäßigkeit］が第2の要素として法に付け加わる」（Jhering 1970a：301-302）。
　「裁判官を可能なかぎり制定法に拘束するという努力」が原因となって、「法の歴史において、それもその様々な段階のすべてにあって何度も繰り返されてきたところの制度」は、「法律への明示的な関連づけ［ausdrückliche Bezugnahme auf das Gesetz］の要求」であり、それは「訴訟上の合法主義［prozessualische Legalismus］のシステム」と呼ばれうる。この制度は、「裁判官の恣意を排除し、裁判官に、自分の権力が及ぶのは法律がそれを自分に与えたかぎりのことにすぎない、ということを常に想起させることを狙いとして、…実務が法律の枠を超えて法を継続形成すること［Fortbildung des Rechts］を非常に困難にし」た。この帰結は、刑法にとっては法的安定性の保障として望ましく見えるかもしれないが、「民法にとっては決定的な障害［entschiedenen Übelstand］を内包しているものである。」というのも、そこでの「判決理由」は「比較にならないほど合目的的な［ungleich zweckmäßigere］形式」を要求するからである（ibid.：306-307）。
　だから、「あらゆる個々のケースのための詳細な諸規定」を設けるなどというのは、「法律の適用を純粋に機械的なものにするという思想」による、「一層不適切な方法」で、それでは「裁判官の感覚を鈍磨させる」だ

けで終わってしまう (Jhering 1970a：307)。

〔陪審裁判所（刑事）に対する批判として。〕「法律に対する従順は裁判官の第一の徳である」(ibid.319)。「犯罪構成事実が陽光のように明らかであるにもかかわらず陪審員が被告人に無罪判決を下したケース」があるが、これは「法律に対する公然たる侮蔑」であり、「法律と秩序に対する公然たる反抗」であって、それでは「法の安定性」が途絶え、法律の代わりに「恣意、偶然」が居座ることになる (ibid.：322-323)。

「罪刑法定主義」という原則があるからそうなるのだが、その原則が「法の最高目標」である「正義の実現」を妨げるのは正当ではない。だから、「裁判官に実定法律を免除することが正義にのみ役立ち、恣意にも役立つことのないようにする保障」として、「法律を超越した至上の法廷」すなわち「正義の法廷」の設置が必要であろう。そうすることによって「一つの裁判官庁による」「刑事司法の個別化」が可能になる (ibid.：334,336-337)。

ところが、「今日のわが民事司法にその制度〔正義の法廷〕は無縁である。」すなわち、「民事司法において我々は、法律の確固たる適用を要求し、場合によっては生じうる非情なことや不公正なこと〔etwaigen Härten u. Unbilligkeiten〕は甘受するのである。裁判官の形式的正義の安定性〔Sicherheit der formalin Gerechtigkeit〕は、その背後に恣意があまりにも容易に身を隠しうる、予測不能の実質的な正義〔unberechenbare materielle Gerechtigkeit〕の〔もたらす〕利益よりも我々にとっては上に位置する。」(ibid.：338)

必要とはいえ、異例なほど長い引用となってしまったので、ここに再現した彼の議論を次のようにさらに要約して整理してみた。すなわち、

近代国家における司法は、「訴訟上の合法主義」と纏めることのできる「法律への明示的な関連づけの要求」によって特徴づけられる。これは「民法にとっては決定的な障害」だった。というのは、それは「裁判官の恣意を排除」すること、すなわち、裁判官が「法律の枠を超えて法を継続形成する

こと」を非常に困難にすることを目指しているからである。つまり、「形式的正義の安定性」が重視され、「実質的正義」は、「予測不能」で、「恣意」の隠れ蓑の可能性もあるとしてその後塵を拝することになり、だから、「非情なことや不公正なこと」を甘受することも時には起こるからである。

　イェーリングが、実務の観点から悩み苦しみながらしぶしぶとではあるが、民法の領域については、三権分立の原則を、ラートブルフの言う「法創造の禁」を、否定できないものとして受け入れていることが見て取れるであろう。彼がそれを受け入れるのは、「法律への従順」を「裁判官の第一の徳」と考えているからである。刑事法の領域では「法律を超越した」「正義の法廷」の設置によって通常裁判所での「罪刑法定主義」との両立を図り「刑事司法の個別化」を可能にする、というアイデアを得たが、民事法の領域には「正義の法廷」と同様の制度は思いつかなかったのであろう。やむをえず通常裁判所での解釈方法の中での処理を考えなければならなかったと思われる。比喩を用いれば、これまで使い続けたコルセットが大変窮屈になったが、それを着用しなければ今晩の舞踏会に出られないので、かなり無理をして着用しようとしている貴族のお嬢様のようでもある。その際、もちろんそのコルセットに一工夫を凝らした。その工夫が「目的」という仕掛けだ、と筆者は見立てている。

　それはともかく、彼の目的法学が、いや、それを含む彼の法学方法論の歴史全体がどのようなものであったかを確定するとき、この『目的』における司法制度論に触れないわけにはいかないはずである。すでに「目的」を援用した法解釈を実践していた彼は、それまでの自分の方法論との整合性を保つために、この『目的』において、その「目的」を法内在化させる、という理論武装を遂行した。それは、この司法制度論で明らかになったことだが、近代の法学者として、「裁判官の形式的正義の安定性」を「実質的正義」よりも上に位置づけていたからである。もちろん彼にとって最も大事な点は、前者の顔を立てつつ両者をどのように整合させるのか、これであったのだ。

(3) 導きの星としての目的論

彼は、『目的』の第2版を刊行して3年後の1889年に『占有意思論［Der Besitzwille］』（以下、『占有』と略称する）を著わしている。この著作はサヴィニー等に代表される従来の占有理論の批判を試みたものであるが、その書名の副題として、「法学的方法の通説の批判［Eine Kritik der herrschenden juristischen Methode］」とあるように、「占有」という個別解釈問題を扱いながら、彼の問題意識の中心近くには法学方法論全体を革新するということがあったようではある。だから、もしそこで革新された方法論が詳らかにされているならば、それは彼の方法論の最晩年の到達点を伝えていることになるのだが、筆者はそのことに疑問を感じている。彼は主観的には目的論的方法を提示しているつもりなのだろうが、それは方法論というより、「目的」を「導きの星」にすべし、とのモットーの繰り返しのようにしか見えない。

彼はまずその序文で次のように本書の問題意識を語っている。

> 占有意思に関する学説を扱うことにしたのは、それを例にして、「法律学における二つの方法、すなわち、形式主義的ないしは詭弁的［dialektische］方法と現実主義的ないしは目的論的方法、の対立を説明するため」であった。主題と副題との関係は「前者が第2で、後者〔法学的方法の通説の批判〕が第1である。」（Jhering1968：ix）
>
> 自分の学説を展開する際、「現実主義的方法の正当性と多産性［Fruchtbarkeit］にハイライトを当てる」ことを心がけた（ibid.：xiv；強調－引用者。）。

本書は表面的には占有意思という民法上の特殊問題に関する研究書ではあるが、それよりもむしろ法学方法論上の問題提起をする研究書としての側面こそ重要であると、つまり、主題よりも副題の方が主であると、他でもない著者自身が述べているわけである。本書は全体で540ページの大著であるが、彼が主たる主張だとしたその法学方法論上の纏まった議論は最後の「最終結論」章に集約されている。だが、そこで彼は、期待に反して、「現実主義的ないし目的論的方法」における法律解釈マニュアルを読者に示してはくれなかった。だから、イェーリングが「概念法学」を自己批判的に克服して

「目的法学」を打ちたてたという理解は、本書によっても立証されえないことになろう。

　彼は、その冒頭で、占有意思に関する通説が自分には支持できないことを証明できたと思うが、「そこから、通説的方法が支持できないことに関して何が生じたか？」と問題を立てて、その方法の6つにわたる「罪業 [Sünden]」の次のようなリストを挙げた (Jhering 1968 : 535-537 ; 強調 – 引用者)。

1. 法源における矛盾証言の見落とし。
2. ローマの法律家の**純学理的抽象化の無批判な受け入れ**。
3. 問題の歴史的側面の完全な無視。
4. 証明問題に関する完璧な沈黙。
5. 問題の立法的・政治的側面に対する**徹底的な軽蔑**、すなわち、ことがらがローマ法においてそう思い込まれていた形態に対して実践的な批判をしようとする傾向がみじんもないこと。
6. 固定された純形式主義的な視点を強引に貫徹すること – 言語や普通の思考の誤用 – 証明されない前提 – 欠陥のある結論 – 自家撞着に陥るご都合主義的論理 – 要するに、それが唯一その点では完全無欠でいなければならないはずの論理との関係でさえ不適切であること。

　彼は、ドイツの法律学は、もし概念の代わりに「目的をその導きの星 [Leitstern] に」していたならば、これらの罪業を犯さず、「邪道 [Abweg]」に陥らないですんだ、とすぐには言えないとしてはいるが (ibid. : 537)、その「目的」という「導きの星」の重要性を力説している。

　しかし、この「罪業」リストを見ても分かるように、彼が通説に向けて放っている攻撃の矢は、学説としてのその出来の悪さに向けられている、と言ってよいのではないだろうか。現代でも普通に行われている、対立説に対する批判における論点とあまり変わりはないと思われる。とりわけ、1. 4. 6. の罪がそうである。筆者が強調を施した 2. 3. 5. の罪と言えども、たしかに方法論的欠陥を意味しているかのように見えないこともないが、そうでは

なくて、法律学者という主体の側の問題点と捉えた方がよいだろう。すなわち、それらは、適用すべき法の特殊19世紀ドイツ的問題に対する意識の欠如を、つまり、人類の奇跡と言ってもいいほどの珠玉の法規の宝石箱だとはいえ、古代ローマの法、というよりローマ時代の複数の法学者のカズイスティックな学説集を、それから千数百年も経った近代に、それも異国の経済社会に適用しなければならないという、ドイツが背負わされた極めて困難な問題に対する意識の欠如を意味しているものと見ることができ、必ずしも方法論の問題ではないように思われる。とはいえ、彼が批判した学者たちがこの意識を本当に欠落させていたのか、疑問なしとしないが。

彼はそう思い込んでいるようだが、この6項目は方法論的批判とは言いにくいものである。彼が本書で展開したのは、占有意思に関する通説に対する徹底した批判と反対説の提示の他は、ひたすら「目的」を「導きの星」として仰いでいれば道を誤ることはない、というほとんど宗教的な説教である。「導きの星」として仰ぐのはいいとして、具体的に大地のどこに足を置いたらいいのか教えてはくれなかった。

おわりに

イェーリングは本当に「概念法学」から「目的法学」へと「転向」したのか、という問題意識の下、筆者は、「概念法学」の実像の発掘調査をほぼ終えて、「目的法学」の調査を行ったが、やはり結論は変わらなかった。イェーリングは転向していない。構成法学という欠缺補充方法論、あるいは三権分立原則のコロラリーである法創造の禁の下でも、社会に不適合と認定された法規に基づいて社会適合的な法創造を行う方法論を彼は捨ててはいない。ただ、概念形成という、実定法規の文言に少なからず縛られるために相当に高度なテクニックを必要とする正規ルートに替えて、出発点と終着点は同じだが、途中、「目的」の援用という、援用者に認められる自由の度合いがかなり高いが故に、より簡単なバイパス・ルートを、必要に迫られて開発したにすぎない。彼は概念法学者であり続けたのである。

【引用文献表】

碧海純一
1973 『新版 法哲学概論』弘文堂。
Anonymus
1842a "Die Hauptwendungen im Entwicklungsgange der modernen Staatswissenschaft," in *Literarische Zeitung*, No. 29, Sp. 685-690, No. 30, Sp. 705-708.
1842b "Die 'historische Schule' nach ihrer Stellung in sowohl den wissenschaftlichen also den praktisch-politischen Gährungen der Gegenwart," in *Literarische Zeitung*, No. 36, Sp. 825-828, No. 37, Sp. 849-853, No. 38, Sp. 865-869.
1843 "Die neuern Angriffe auf das römische Recht," in *Literarische Zeitung*, No. 58, Sp. 921-927, No. 95, Sp. 1517-1522.
1844a "Die Stellung der Jurisprudenz zur Gegenwart," in *Literarische Zeitung*, No. 7, Sp. 101-105.
1844b "Die historische Schule der Juristen," in *Literarische Zeitung*, No. 13, Sp. 197-201, No. 26, Sp. 405-410, No. 34, Sp. 533-536, No. 36, Sp. 565-569.
1845 "Römische und moderne Jurisprudenz," in *Literarische Zeitung*, No. 75, Sp. 1189-1193, No. 91, Sp. 1441-1448; (1846) No. 5. Sp. 73-80, No. 19. Sp. 297-304.
芦部信喜
1976 「議員定数配分規定違憲判決の意義と問題点」ジュリスト 第617号 36-54頁。
Behrends, Okko
1987 "Rudorph von Jhering (1818-1892): Der Druchbruch zum Zweck des Rechts," in *Rechtswissenschaft in Göttingen: Göttinger Juristen aus 250 Jahren*, hrsg. v. Fritz Loos, Göttingen: Vandenhoeck & Ruprecht, SS. 229-269.
Bydlinski, Franz
1982 *Juristische Methodenlehre und Rechtsbegriff*, Wien: Springer-Verlag.
団藤重光
1973 『現代法学全集 1 法学入門』筑摩書房。
Ehrlich, Eugen
1888 "Über Lücken im Recht," in Ehrlich 1967, SS. 80-169.
1903 "Freie Rechtsfindung und freie Rechtswissenschaft," in *Ehrlich 1967*, SS. 170-202.
1912 "Die Neuordnung der Gerichtsverfassung," in *Deutsche Richterzeitung*, IV Jahrgang, Nr. 11, Sp. 437-465.
1913 *Grundlegung der Soziologie des Rechts*, München u. Leipzig: Dunker & Humblot.
1966 *Die juristische Logik*, Neudruck der 2. Aufl. (Tübingen, 1925, orig., 1918), Aalen: Scientia Verlag.
1967 *Recht und Leben, Schriftenreihe des Instituts für Rechtssoziologie und Rechtstatsachenforschung der Freien Universität Berlin*, Band 7, Berlin: Dunker & Humblot.

1968 "Die richterliche Rechtsfindung auf Grund des Rechtssatzes. Vier Stücke aus dem in Vorbereitung begriffenen Werke: Theorie der richterlichen Rechtsfindung," in *Jherings Jahrbücher für die Dogmatik des bürgerlichen Rechts*, Zweiter Folge, 31. Band (orig., 1917), Frankfurt a. M. : Sauer & Auvermann, SS. 1-80.

エールリッヒ、オイゲン (Ehrlich, Eugen)
1984 『法社会学の基礎理論』川上倫逸・M. フーブリヒト訳、みすず書房。

Fikentscher, Wolfgang
1973 "Eine Erstlingsarbeit Rudolph v. Iherings entdeckt?," in *Historisches Jahrbuch*, im Auftrag der Görresgesellschaft, hrsg. von Johannes Spörl, 93. Jg., SS. 374-376.
1976 *Methoden des Rechts in vergleichender Darstellung, Band III Mittereuropäicher Rechtskreis*, J.C.B. Mohr (Paul Siebeck) : Tübingen.

Flavius, Gnaues (Kantorowicz, Hermann)
1906 *Der Kampf um die Rechtswissenschaft*," Heiderberg : Carl Winter's Universitätsbuchhandlung (邦訳：田村五郎 1958：77-132).

Fuchs, Ernst
1909 *Die Gemeinschädlichkeit der konstruktiven Jurisprudenz*, Karlsruhe : G. Braun'schen.

Hart, H. L. A.
1983 "Jhering's heaven of concepts and modern analytical jurisprudence," in his *Essays in jurisprudence and philosophy*, Oxford : Clarendon Press (orig. 1970), pp. 265-277.

長谷川史明
1982 「イェーリング著『法律家の歴史学派』について」明治大学大学院紀要法学編 第19巻第1号 149-160 頁。

五十嵐清
1979 『法学入門』一粒社。

石井紫郎
1971 「座談会 基礎法学と実定法学」ジュリスト増刊『理論法学の課題』有斐閣 所収、5-28 頁。

石部雅亮
1988 「法律の解釈について——サヴィニーの解釈理論の理解のために」原島重義編 『近代私法学の形成と現代法理論』九州大学出版会 所収、57-117 頁。

磯村哲
1975 『社会法学の展開と構造』日本評論社。

Jhering, Rudolf von
1844 *Abhandlungen aus dem römischen Rechts*, Leipzig : Breitkopf & Härtel.
1847 *Civilrechtsfälle ohne Entscheidungen : Zu akademischen Zwecken hrsg. von Rudolf Jhering*, 1. Heft, enthaltend 100 Rechtsfälle vom Verfasser und 36 vom verstorbenen G. F. Puchta, Leipzig : Breitkopf & Härtel.
1852 *Geist des römischen Rechts auf den verschiedenen Stufen seiner Entwicklung*,

	Bd. Ⅰ, 1. Auflage, Leipzig : Breitkopf & Härtel.
1854	*Geist des römischen Rechts auf den verschiedenen Stufen seiner Entwicklung*, Bd. Ⅱ -1, 1. Auflage, Leipzig : Breitkopf & Härtel.
1857	"Unsere Aufgabe," in *Jahrbücher für die Dogmatik des heutigen römischen und deutschen Privatrechts*, Bd. Ⅰ, SS. 1-52.
1858	*Geist des römischen Rechts auf den verschiedenen Stufen seiner Entwicklung*, Bd. Ⅱ -2, 1. Auflage, Leipzig : Breitkopf & Härtel.
1861	"Friedrich Karl von Savigny," in *Jahrbücher für die Dogmatik des heutigen römischen und deutschen Privatrechts*, Bd. 5, SS. 354-377.
1865	*Geist des römischen Rechts auf den verschiedenen Stufen seiner Entwicklung*, Bd. Ⅲ -1, 1. Auflage, Leipzig : Breitkopf & Härtel.
1866a	*Geist des römischen Rechts auf den verschiedenen Stufen seiner Entwicklung*, Bd. Ⅰ, 2. Auflage, Leipzig : Breitkopf & Härtel.
1866b	*Geist des römischen Rechts auf den verschiedenen Stufen seiner Entwicklung*, Bd. Ⅱ -1, 2. Auflage, Leipzig : Breitkopf & Härtel.
1869	*Geist des römischen Rechts auf den verschiedenen Stufen seiner Entwicklung*, Bd. Ⅱ -2, 2. Auflage, Leipzig : Breitkopf & Härtel.
1871	*Geist des römischen Rechts auf den verschiedenen Stufen seiner Entwicklung*, Bd. Ⅲ -1, 2. Auflage, Leipzig : Breitkopf & Härtel.
1879	*Vermischte Schriften juristischen Inhalts*, Leipzig : Breitkopf & Härtel.
1968	*Der Besitzwille, Zugleich eine Kritik der herrschenden juristischen Methode*, Neudruck der Ausgabe Jena, 1889, Aalen : Scientia Verlag.
1970a	*Der Zweck im Recht*, Erster Band, Herausgegeben mit einem Vorwort und mit zwei bisher unveröffentlichten Ergänzungen aus dem Nachlaß Jehrings versehen von Christian Helfer, New York : Georg Olms Verlag / Wiesbaden : Breitkopf & Härtel (orig., 1877).
1970b	*Der Zweck im Recht*, Zweiter Band, Herausgegeben mit einem Vorwort und mit zwei bisher unveröffentlichten Ergänzungen aus dem Nachlaß Jehrings versehen von Christian Helfer, New York : Georg Olms Verlag / Wiesbaden : Breitkopf & Härtel (orig., 1885).
1980	*Scherz und Ernst in der Jurisprudenz: Eine Weihnachtsgabe für das juristische Publicum*, Unveränderter reprografischer Nachdruck der 13. Aufgabe, Leipzig, 1924 (orig., 1884), Darmstadt : Wissenschatliche Buchgesellschaft.

イェーリング、ルドルフ、フォン (Jhering, Rudolf von)

1930	『イエリング法律目的論 上巻』和田小次郎訳 早稲田法学 別冊第2巻 (*Zweck im Recht*)。
1936	『イエリング法律目的論 下巻』和田小次郎訳 早稲田法学 別冊第6巻 (*Zweck im Recht*)。
1946	『法における目的 (一)』潮見俊隆・唄孝一訳 世界古典文庫124、日本評論社 (*Zweck im Recht*)。
1948	「イェーリング『ローマ法の精神』第2巻 邦訳 (1-5)」比較法制史研究会訳 季刊法律学 第3号 455-473頁、第4号 660-676頁、第5号 824-852頁、第7号

86-111頁、第8号115-139頁（*Geist des römischen Rechts auf den verschiedenen Stufen seiner Entwicklung*, Bd. II -1, 5. Auflage, Leipzig : Breitkopf & Härtel, 1894.)。

1950 『ローマ法の精神 第1巻 (1)』原田慶吉監訳 有斐閣（*Geist des römischen Rechts auf den verschiedenen Stufen seiner Entwicklung*, Bd. I , 6. Auflage, Leipzig : Breitkopf & Härtel, 1907.)。

1990 ①② 「我々の任務（上）（下）」大塚滋訳 東海法学 第5号、149-176頁、第6号171-203頁（Jhering 1857)。

1993 「フリードリッヒ・カール・フォン・サヴィニー」大塚滋・高須則行共訳 東海法学第10号 67 - 98頁（Jhering 1861)。

1996 ①②③ 「法学者の概念天国にて――白昼夢（上）（中）（下）」大塚滋・高須則行共訳 東海法学 第15号167-198頁、第16号255-294頁、第17号187-210頁（"Im juristischen Begriffshimmel : Ein Phantasiebild," in Jhering 1980, orig., 1884)。

1997a ①② 「再び現世にて――事態はどのように改善されるべきか」大塚滋・高須則行共訳 東海法学 第18号79-103頁、第19号133-174頁（"Wieder auf Erden : Wie soll es besser werden ?," in Jhering 1980, orig., 1884)。

1997b 『イェーリング 法における目的（第1巻前半 第2巻一部訳と解題）』山口迪彦編訳 信山社。

1999 ①②③④ 「今日の法律学に関する進展の書簡――差出人氏名不詳 (1) (2) (3) (4完)」大塚滋・高須則行共訳 東海法学第21号 133 - 168頁、第22号147-184頁、第23号143-170頁、第25号35-74頁（"Vertrauliche Briefe über die heutige Jurisprudenz. Von einem Unbekannten," in Jhering 1980, orig., 1861-1866)。

2003 ①②③ 「物を給付すべき者は、それによって生み出された利益をどの程度引き渡さなければならないか？（上）（中）（下）」大塚滋・高須則行共訳 東海法学 第29号119-142頁、第34号83-135頁、第41号101-142頁（"In wie weit muß der, welcher eine Sache zu leisten hat, den mit ihr gemachten Gewinn herausgeben?," 1844)。

2009 ①② 「売買契約における危険についての理論に関する論考Ⅰ」大塚滋・高須則行共訳 東海法学 第42号43-65頁、第43号67-90頁（"Beiträge zur Lhere von der Gefahr beim Kaufcontract" I , 1859)。

堅田剛
1989 「イェーリング、あるいは冗談法学」獨協法学 第28号47-68頁。

河上倫逸
1989 『法の文化社会史――ヨーロッパ学識法の形成からドイツ歴史法学の成立まで』ミネルヴァ書房。

川島武宜
1975 『科学としての法律学』弘文堂。

Kantorowicz, Hermann
1914 "Iherings Bekehrung," in *Deutsche Richterzeitung*, IV . Jahrgang. Nr. 2., Sp. 84-87.

Kirchmann, Jurius Hermann von
- 1847 *Die Wertlosigkeit der Jurisprudenz als Wissenschaft*, Wittenburg in Mecklenburg : Pythia-Verlag. （邦訳：田村 1958：7-49）

Klemann, Bernd
- 1989 *Rudolf von Jhering und die historische Rechtsschule*, Frankfurt / Main : Verlag Peter Lang.

Krawietz, Werner
- 1976 "Zur Einleitung: Juristische Konstruktion, Kritik und Krise dogmatischer Rechtswissenschaft," in *Theorie und Technik der Begriffsjurisprudenz*, hrsg. v. Werner Krawietz, Darmstadt : Wissenschaftliche Buchgesellschaft, SS. 1-10.

来栖三郎
- 1954 「法の解釈と法律家」私法 第11号 16-25頁。

ケルゼン、ハンス（Kelsen, Hans）
- 1935 『純粋法学』横田喜三郎訳 岩波書店（*Reine Rechtslehre*, 1 Aufl., 1934）。

ランダウ、ペーター（Landau, Peter）
- 1993 「プフタとアリストテレス――歴史法学派の哲学的基礎および私法学者としてのプフタの方法について」笹倉秀夫訳 大阪市立大学法学会雑誌 第39巻第2号 335-379頁（"Puchta und Aristoteles ― Überlegungen zu den philosophischen Grundlagen der historischen Schule und zur Methode Puchtas als Zivilrechtsdogmatiker"）。

Landsberg, Ernst
- 1910 *Geschichte der deutschen Rechtswissenschaft*, Abt. 3 Halbband 2, Text, München : R. Oldenbourg Verlag (2. Neudruck der Ausgabe München 1910, 1978, Aalen : Scientia Verlag).

Lange, Harry
- 1927 *Die Wandlungen Jherings in seiner Auffassung vom Recht*, Berlin-Grunewald : Dr. Walter Rothschild.

Larenz, Karl
- 1991 *Methodenlehre der Rechtswissenschaft*, Sechte, neu bearbaitete Auflage, Berlin : Springer-Verlag.

Losano, Mario G.
- 1970 "Bibliographie Rudolph von Jherings," in *Jherings Erbe : Göttinger Symposion zur 150. Wiederkehr des Geburtstage von Rudolph von Jhering*, hrsg. von Franz Wieacker und Christian Wollschläger, Göttingen : Vandenhoeck und Ruprecht.
- 1977 *Carteggio Jhering - Gerber (1849-1872)*, Milano : Dott. A. Giuffrè Editore.
- 1984 *Studien zu Jhering und Gerber*, Teil 2, Ebelsbach : Verlag Rolf Gremer.

Luhmann, Niklas
- 1974 *Rechtssystem und Rechtsdogmatik*, Stutgart : Kohlhammer Verlag.

ルーマン、ニクラス（Luhmann, Niklas）
- 1987 『法システムと法解釈』土方透訳 日本評論社（Luhmann 1974 の邦訳）。

Merkel, Adolf

1893 "Jhering," in : Jherings Jahrbücher für die Dogmatik des heutigen römischen und deutschen Privatrechts, 32er Band, Jena, SS. 6-40.

峯村光郎
1932 「ルドルフ・フォン・イェーリングと目的法学」法学研究 第11巻第2号116-164頁。

村上淳一
1964 『ドイツの近代法学』東京大学出版。
1976 「ドイツ法学」碧海純一・伊藤正己・村上淳一編『法学史』東京大学出版 所収、117-173頁。
1983 『〈権利のための闘争〉を読む』岩波書店。

西村稔
1979 「ドイツ法社会学成立論序説——エールリッヒを中心として」法制史研究 第28号35-69頁。

西埜章
1984 「予防接種判決と損失補償」ジュリスト 第820号35-39頁。

能見善久
1996 「法律学・法解釈の基礎研究」中川良延他編『日本民法学の形成と課題 上』有斐閣所収、41-78頁。

Ogorek, Regina
1986 *Richterkönig oder Subsumtionsautomat? : Zur Justiztheorie im 19. Jahrhundert*, Frankfurt / Main : Vittorio Klostermann.

大津亨
1990 「法社会学における『国家と法』——オイゲン・エールリッヒを出発点とした一試論」東京都立大学法学会雑誌 第31巻第1号35-115頁。

Pleister, Wolfgang
1982 *Persönlichkeit, Wille und Freiheit im Werke Jherings*, Ebelsbach : Verlag Rolf Gremer.

Radbruch, Gustav
1906 "Rechtswissenschaft als Rechtsschöpfung: Ein Beitrag zum juristischen Methodenstreit," in *Archiv für Sozialwissenschaft und Sozialpolitik*, Bd. 22, SS. 355-370(邦訳：田村1958：55-75頁。).
1914 *Grundzüge der Rechtsphilosophie*, Leipzig : Verlag von Quelle und Meyer.

Rehbinder, Manfred
1986 *Die Begründung der Rechtssoziolgie durch Eugen Ehrlich*, Zweite, völlig bearbeitete Auflage, Berlin : Duncker & Humblot.

R. J.
1847 "Die Bedeutung von Christian Thomasius," in *Literarische Zeitung*, No. 18, Sp. 281-287.

六本佳平
1986 『法社会学』有斐閣。

リュッケルト、ヨアヒム (Rükert, Joahim)
1992 「サヴィニーの法学の構想とその影響史——法律学・哲学・政治学のトリアー

デ」耳野健二・西川珠代訳、比較法史学会編『比較法史研究の課題』未来社 所収、224-255 頁。

笹倉秀夫
 1979 『近代ドイツの国家と法学』東京大学出版会。

佐藤功
 1966 「議員定数不均衡違憲判決の問題点」法学セミナー 1976 年 6 月号 8-15 頁。

Savigny, Friedrich Carl von
 1967 *Vom Beruf unserer Zeit für Gesetzgebung und Rechtswissenschaft*, Hildesheim : Georg Olms Verlagsbuchhandlung (orig. 1814).
 1981 *System des heutigen römischen Rechts*, 1. Bd., Aalen : Scientia Verlag (orig. 1840).

塩野宏
 1984 「賠償と補償の谷間」法学教室 第 47 号 27-31 頁。

田村五郎（訳）
 1958 『キルヒマン・ラートブルフ・カントロヴィチ　概念法学への挑戦』有信堂。

田中成明
 1971 「法と裁判」『現代法律学全集 1 法律学概論』青林書院新社 所収、68-98 頁。

和田小次郎
 1950 「イェリング」『法律思想家評伝』日本評論社所収、123-157 頁。

Wieacker, Franz
 1942 *Rudolf von Jhering, Eine Erinnerung zu seinem 50. Todestage*, Leipzig : Kohler & Amelang.
 1952 *Privatrechtsgeschichte der Neuzeit*, Göttingen : Vandenhoeck & Ruprecht.
 1967 *Privatrechtsgeschichte der Neuzeit unter besonderer Berücksichtigung der deutschen Entwicklung*, Göttingen : Vandenhoeck & Ruprecht.

ヴィーアッカー、フランツ（Wieacker, Franz）
 1961 『近世私法史』鈴木祿弥訳、創文社（Wieacker 1952 の邦訳）。

Willhelm, Walter
 1958 *Zur juristischen Methodenlehre im 19. Jahrhundert : Die Herkunft der Methode Paul Labands aus der Privatrechtswissenschaft*, Frankfurt / Main : Vittorio Klostermann.

Wolf, Erick
 1963 *Große Rechtsdenker, Der deutschen Geistesgeschichte*, 4. Aufl., Tübingen : J. C. B. Mohr (Paul Siebeck).

矢崎光圀
 1975 『現代法学全集 2 法哲学』筑摩書房。

山田晟
 1956 「ドイツ普通法理論」『法哲学講座 第 3 巻』有斐閣 所収、171-197 頁。

山口廸彦
 1977 『イェーリング法思想研究 (1)』自家版。

山中康雄
 1956 「概念法学であることの反省──民法の解釈──」季刊法律学 第 22 号 3-18 頁。

人名索引

【ア行】

碧海純一　2
芦部信喜　5
アフリカヌス（Africanus）　205, 206
アリストテレス（Aristotelēs）　93, 213
石井紫郎　2
石部雅亮　201
磯村哲　2, 3, 27, 35, 43, 44
ヴァルター（Walter, Ferdinand）　109
ヴィーアッカー、フランツ（Wieacker, Franz）　17, 19, 51, 65, 66, 149, 167, 178
ヴィルヘルム、W.（Willhelm, Walter）　149, 154
ヴィントシャイト、ベルンハルト（Windscheid, Bernhard）　2, 52
ヴェヒター（Wächter, Karl G. v.）　169
ヴォルフ、エリック（Wolf, Erick）　52, 65, 167, 178, 203
ヴォルフ、クリスチャン（Wolf, Christian）　93
エールリッヒ、オイゲン（Ehrlich, Eugen）　2, 3, 12, 16, 18, 21, 23-30, 33-36, 38, 41-46, 203
エルヴァース（Elvers, Rudolf）　179
大津亨　35
オゴレク、レジーナ（Ogorek, Regina）　55, 56, 120, 154, 191, 216

【カ行】

カウルフス（Kaulfus）　77, 109
堅田剛　167
カルヴァン（Calvin, Jean）　69
ガンス（Gans, Eduard）　180
カントロヴィッチ、ヘルマン（フラヴィウス、グナウエス）（Kantorowicz, Hermann / Flavius, Gnaues）　2-3, 12, 15, 16, 49, 65, 94, 95, 98, 149, 204
キールルフ（Kierulff, Johann Friedrich Martin）　107, 179
ギルタンナー（Girtanner, Wilhelm）　179
キルヒマン、ユリウス（Kirchmann, Jurius Hermann von）　2, 12-14
クラヴィーツ、ヴェルナー（Krawietz, Werner）　47, 63
クリスチャンセン、J.（Christiansen, Johann Jacob Christian Friedrich）　84, 107
来栖三郎　2
クンツェ、M.（Kuntze, Michael）　98
ケルゼン、ハンス（Kelsen, Hans）　iii, 201
ゲルバー（Gerber, Carl Friedrich Wilhelm von）　98, 149

【サ行】

サヴィニー、F.C.v.（Savigny, Friedrich Carl von）　23, 24, 31-33, 42, 45, 57, 81, 82, 85, 97, 100-102, 104, 110, 123, 138, 142-145, 151, 152, 154, 157-163, 170, 183, 187, 193, 201, 220
笹倉秀夫　2, 18, 66, 149
シェーン（Schön）　73
シェリング（Schelling, Friedrich Wilhelm Joseph von）　70, 101
シュタイン（Stein, Lorenz von）　73
シュナーベル（Schnabel, Georg Norbert）　179
シュロスマン（Schlossmann, Siegmund）　170
シラー（Schiller, Johann Christoph Friedrich von）　178
末弘厳太郎　3
スペンサー（Spencer, Herbert）　200
ゼル（Sell, Wilhelm）　179
ゾイフェルト（Seuffert, Johann Adam von）　185

【タ行】

ダーウィン（Darwin, Charles Robert）　200
田村五郎　12
ダンテ（Dante Alighieri）　69
ツァジウス（Zasius, Ulrich）　34
ティボー、A.F.J.（Thibaut, Anton Friedrich Justus）　81, 201
テール（Thöl, Johann Heinrich）　24
トマジウス、クリスチャン（Thomasius, Christian）　66, 92, 93, 111, 112

【ナ行】

ナポレオン（Napoléon Bonaparte）　72
ニーブール（Niebuhr, Barthold Georg）　73

人名索引

西村稔　42

【ハ行】

バーク、E．(Burke, Edmund)　70-71
ハート、H.L.A.(Hart, Herbert Lionel Adolphus)　167
バイメ (Beyme, Carl Friedrich von)　73
パウルス (Paulus)　205, 206
長谷川史明　66
バッハオーフェン (Bachofen, Johann Jakob)　179
ハラー、K.L.v.(Haller, Karl Ludwig von)　72-74
バルトルス (Bartolus de Saxoferrato)　4
ビスマルク (Bismarck-Schönhausen, Otto Eduard Leopold Fürst von)　207
平井宜雄　131
ファン　アッセルドンク (van Asseldonk, G.A.E.G.)　98
ファンゲロウ (Vangerow, Karl Philipp Adolph von)　179
フィケンチャー、W.(Fikentcher, Wolfgang)　53-55, 66, 98-106, 149, 201, 204
フィヒテ (Fichte, Johann Gottlieb)　70, 71, 74
フーゴー、G.(Hugo, Gustav von)　83, 105, 107
フシュケ (Huschke, Philipp Eduard)　180
フックス、エルンスト (Fuchs, Ernst)　2, 130, 203
プフタ、ゲオルク (Puchta, Georg)　2, 23, 24, 31-33, 42, 45, 49, 50, 52, 55, 56, 68, 84, 92, 95-97, 107, 122, 123, 131, 132, 152-154, 157, 158, 178, 179, 182, 187, 193
プライスター、ヴォルフガング (Pleister, Wolfgang)　66, 98, 104, 106-112, 120
フランク、ジェローム (Frank, Jerome)　4, 130-131
フリードリッヒ大王 (Friedrich der Große)　70
ヘーゲル (Hegel, Georg Wilhelm Friedrich)　70, 74, 80, 101, 102, 200, 212
ベーレンズ、オッコ (Behrends, Okko)　56, 57, 98, 149, 215
ベッカー (Bekker, Ernst Immanuel)　178
ベッキング (Böcking, Eduard)　178
ヘック、フィリップ (Heck, Philipp)　2, 199
ベンサム (Bentham, Jeremy)　200
ホッブズ (Hobbes, Thomas)　213

【マ行】

マキャベリ (Machiavelli, Niccolò)　69
マルクス、カール (Marx, Karl)　40, 43
峯村光郎　191
ミュラー、Ad.(Müller, Adam)　70, 74
村上淳一　2, 3, 18, 120
メルケル、アドルフ (Merkel, Adolf)　51
モンテスキュー (Montesquieu)　14, 42, 208, 209

【ヤ行】

山口廸彦　67, 193
山田晟　2, 19
山中康雄　1, 3
ユリアヌス (Julianus)　205, 206

【ラ行】

ラートブルフ、グスターフ (Radbruch, Gustav)　12, 14, 15, 97, 208, 216, 219
ラッサール (Lassalle, Ferdinand)　180
ラメー、ピエール (Ramée, Pierre de La)　93
ラレンツ、カール (Larenz, Karl)　50, 149, 199
ランゲ、ハリー (Lange, Harry)　49, 50, 65, 94-98, 120, 128, 141, 149, 153, 154, 178, 203
ランズベルク、E.(Landsberg, Ernst)　48, 65, 149, 153, 167, 178
ランダウ、ペーター (Landau, Peter)　132
ルートヴィッヒⅡ世 (Ludwig II)　69
ルーマン、ニクラス (Luhmann, Niklas)　62
ルソー (Rousseau, Jean-Jacques)　70
ルター (Luther, Martin)　69
ルドルフ (Rudorff, Adolf Friedrich August)　178
レービンダー (Rehbinder, Manfred)　27, 43, 44
六本佳平　21
ロザーノ、マリオ (Losano, Mario)　66, 98-100, 104, 109

【ワ行】

和田小次郎　193, 215, 216

事項索引

【ア行】

あらゆる法律学の永遠の任務　34, 38-41, 43
法律意思説　192, 211, 212, 215

【カ行】

概念数学　23, 24, 30, 31, 33, 34, 43
概念法学　iii, iv, vi, 1-3, 5, 6, 9, 10, 12, 15-19, 21-36, 38-43, 46-58, 61-64, 66, 95-97, 102, 113, 115, 116, 119-122, 124, 125, 128, 129, 132, 133, 137, 141, 144, 145, 149, 152-155, 157, 160, 162, 166, 167, 169, 171, 173, 174, 177-179, 186-189, 191-193, 198-202, 205, 208, 215, 220, 222
学問的法生産　55, 56
機械的法学　203
具体的妥当性　142, 172
形式論理崇拝（形式論理至上主義）　21, 62, 122, 149-151
後期註釈学派　22, 29, 37
後期普通法法律学　25
高次の法律学　57, 136, 139, 150, 151, 178, 203, 206, 207
構成　4, 6, 9, 15-19, 23, 25-27, 31, 36-41, 43, 48-50, 52-55, 57, 58, 62, 63, 127-130, 133, 135, 137, 139, 146, 150, 151, 153-155, 159, 169, 179, 186, 202, 215
　-的概念法学　95
　-法学　2, 4, 5, 9, 18, 19, 22, 24, 28, 29, 47, 113, 121, 133, 137, 139, 140, 141, 145-147, 153, 163, 198, 201, 202, 204, 207, 208, 213, 215, 216, 222

【サ行】

裁判拒絶の禁　14, 208, 209
三権分立制（の原則）　208, 214, 216, 219, 222
自然史的方法　50, 52, 56, 127, 129, 130, 133, 135, 136, 152, 154, 203
実生活からの疎隔（実生活に無頓着：Lebensfremdheit）　21, 29, 55, 62, 122, 132, 149, 151, 152, 174,188,189
実定法素材による掩蔽　136, 146, 202
社会学的法律学　62
社会契約論　73
社会進化論　213
自由法論（学、運動）　iii, 2, 3, 12, 19, 27, 28, 31, 33-35, 40-42, 44, 45, 139, 202, 204, 208
受動的法律学　97, 139
純粋法学　201
資料非適合性　150, 151
生産的法律学　50, 97, 103, 139
前期普通法法律学　22, 24-26, 28, 34

【タ行】

註解学派　4
註釈学派　22, 29
通俗的（俗説的・通説的）概念法学、概念法学のステロタイプ　2, 3, 96, 97, 108, 113, 126, 127, 140, 141, 145, 150, 152, 153, 163, 164, 168, 170-172, 203, 205
体裁への拘泥　140
低次の法律学　57, 136, 150, 203-207, 210
転向　iv, 47, 49-51, 56, 58, 63, 64, 115-117, 119-127, 129, 131-136, 139-141, 144, 145, 147, 149, 153, 157, 159, 161-164, 168, 169, 173, 178, 192, 199, 202, 215, 222

【ハ行】

パンデクテン法学的隠花社会学的司法スコラ学　2, 19, 130, 203
評価法学　47, 63, 191
普通法法律学　16, 23, 25, 30, 36-39, 41
フランス人権宣言第16条　208
法学的美しさ　146, 202
法実証主義　iii, 201, 202
法創造の禁　15, 208, 209, 214, 216, 219
法体　136, 138, 154, 201, 202
法的安定性　142, 172, 217
法適用関係の関係化　62
法のアルファベット　135-137, 142
法の無欠缺制信仰　21, 62, 149, 152
法律学的技芸　86, 89, 103, 110, 111, 113, 119, 126, 144
法律学的構成　15, 17, 23, 26, 27, 36, 37, 39, 40, 50, 55, 63, 125, 127, 135, 136, 146, 150, 153, 154, 202, 204, 209, 214

法律学的分析　　135, 136, 214
法律学的弁証法　　122, 134
法律学的論理　　16, 26, 30, 39, 40, 42, 44, 56, 128
法律学方法論争　　63

【マ行】

民法学的ミイラ崇拝　　123, 150, 152
盲目的文字ファナティシズム　　151, 152
目的法学　　3, 18, 47-50, 52, 55-58, 63, 102, 113, 116, 119, 137, 149, 153, 155, 157, 160, 163, 170, 174, 191, 192, 198, 199, 209, 215, 219, 221, 222
文字法学　　50
物の用途　　210, 211

【ヤ行】

jus singulare　　127-129, 141
ユスティニアヌス法典　　159, 161, 208

【ラ行】

ratio juris　　127-129, 138, 141, 142
利益法学　　3, 24, 47, 56, 62, 63, 191, 199
立法者意思説　　193, 210, 211
歴史法学　　23-26, 30-34, 38, 42, 43, 49, 50, 65, 81, 95-97, 99, 104, 106, 154, 157, 158, 178, 181, 188
論理的濃縮　　135, 136, 214

著者紹介

大 塚　　 滋（おおつか　しげる）

1948年　東京都生まれ
1970年　中央大学法学部法律学科卒業
1986年　東海大学法学部法律学科助教授
1990年　東海大学法学部教授を経て
2016年　東海大学名誉教授

著書

『法人類学の地平──千葉正士教授古稀記念』（共編著、成文堂、1992年）
『説き語り法実証主義』（成文堂、2014年）

主要論文

「イデオロギー批判としての法解釈」（長尾龍一他編『新ケルゼン研究』木鐸社所収、1981年）
「社会契約への道──ロールズ正義論研究序説」（東海大学法学研究所年報第2号、1986年）
「一解釈方法としての『擬制』」（東海法学第13号、1995年）
「日本型法学部の法学教育に関する反省と提案」（東海法学第33号、2005年）
「法哲学の価値」（法律時報第77巻第10号、2005年）

主要翻訳

L. L. フラー著『法的擬制』（東海法学第7、8、9、10、12号、1991-1994年）
L. L. フラー著『裁判の諸形態と限界』（東海法学第18、19、20号、1997-1998年）

イェーリングの「転向」　　新基礎法学叢書9

2016年8月20日　　初 版第1刷発行

著　者　　大　塚　　　滋
発行者　　阿　部　成　一

〒162-0041　東京都新宿区早稲田鶴巻町514番地
発行所　　株式会社　成　文　堂

電話 03(3203)9201　FAX 03(3203)9206
http://www.seibundoh.co.jp

製版・印刷　シナノ印刷　　　　　　製本　佐抜製本
©2016　S. Otsuka　　　Printed in Japan
☆乱丁本・落丁本はおとりかえいたします☆
ISBN978-4-7923-0595-6 C3032　　　　　検印省略

定価（本体4500円＋税）

新基礎法学叢書 刊行のことば

　このたび、以下に引用する阿南成一先生の基礎法学叢書（1970年～1998年）刊行のことばの精神を引き継ぎ、新基礎法学叢書の刊行を開始することにした。そのめざすところは、旧叢書と異ならない。ただし、「各部門の中堅ならびに新進の研究者」という執筆者についての限定は外すことにした。基礎法学各部門の「金字塔をめざして」執筆する者であればだれでも書くことができる。基礎法学の研究者層は大変薄いこともあり、それ以外の法学部門の研究者だけでなく、哲学、歴史学、社会学等の専門家、さらには、教養あるすべての人々にも、読んでいただけるような内容になることを期待している。

　2012年1月　　　　　　　　　　　　　　　京都大学教授　　亀 本　　洋

基礎法学叢書 刊行のことば

　現代は《変革の時代》であり、法律学も新たに生まれ変わろうとしている。かかる時代にあって、法哲学・法史学・比較法学・法社会学等のいわゆる基礎法学への関心も高まり、これらの学問の研究は、ますます重要性を加えつつある。

　しかし、いずれの学問分野においても、基礎的研究の重要性が説かれながら、その研究条件は、応用的ないし、実用的研究に比して、必ずしも恵まれていない。このことは基礎法学についても同様かと思われる。

　それにもかかわらず、基礎法学の研究は、こんにちことのほか重要であり、幸い全国各地には基礎法学の研究にたずさわる研究者が熱心に研究活動をつづけている。そこで、ここに《基礎法学叢書》を企画し、これを、基礎法学の各部門の中堅ならびに新進の研究者の研究成果の発表の機会とし、以って基礎法学の発展を期することとした。

　この基礎法学叢書として今後二～三のモノグラフィーを逐年刊行の予定であるが、それらはいずれも基礎法学部門の専門、学術的な研究成果であり、各部門の発展途上における金字塔をめざして執筆されるものである。

　本叢書が基礎法学の発展に寄与できれば幸いである。

　昭和43年2月　　　　　　　　　　　　　　大阪市立大学教授　　阿 南 成 一